1

「文字」を巡って
漢字からクレオール文字まで——松岡正剛さんとの対話

「文字」を巡って——014
息づく文字たちとの、新たな出会いを…漢字が秘める、ただならない情熱…
一文字ずつが世界模型…漢字に潜む場の「×」と「+」による四等分…
タブローとしてのテーブル、漢字型の卓…
手書きに残る、アルファベットが秘める思い…
「世界のへそ」のような場に生まれる漢字…一文字のなかを、風が吹き抜け気が流れる…
身体の運動軌跡が文字になる…舞い踊る、芹沢銈介の文字…
活字による文字表現の可能性をデザイン語法に…
除去の対象であるノイズに注目する…文字を超えた文字表現がある…
音や声の表現に対する、アルファベット文化圏の悶え…
増殖するクレオール文字と漢字への憧れ…
デジタル・フォントが拓く、文字と記号の結婚…
伏せ字、返り点、ルビ、作字、筆字の妙…

2

人間・線・音のつながり——漢字のカタチ①——074

森羅万象のざわめきを映す——漢字のカタチ②——094

3

方形の大地に根をのばす——漢字のカタチ③——124

印《しる》す文字、祀《まつ》る文字、奏《かな》でる文字——漢字のカタチ④——150

4

木の音、本の響き——182

文字の海、魚が吐く——原稿用紙の謎①——186

マカラの渦、豊穣の海——原稿用紙の謎②——190

うねり・波うつ宇宙山——山文字の謎①——194

産まれ・増殖する「三つ山」の気——山文字の謎②——198

「手」文字の象《カタチ》——202

日・月、両眼の輝き——206

「壽」「福」融合——210

5

壽字爛漫《じゅじらんまん》、変幻する文字——漢字のカタチ⑤——216

壽字爛漫、森羅万象と照応する——漢字のカタチ⑥——242

漢字の形、身体の記憶とむすびつく——漢字のカタチ⑦——264

◉

初出一覧——292

あとがき——294

著者紹介——298

【編集付記】

●——本書『文字の靈力』は、著者・杉浦康平による執筆、およびインタビュー、対談、講演等の中から選出し、構成したものである。

●——再録にあたり、著者自ら見直し、修正・加筆した。図像や写真についても再構成している。出典はできるだけ、それぞれに付した。

●——文中の○囲み数字は図像に対応し、★印数字は脚注に対応する。

●——初出の媒体名や掲載年は、本文それぞれの末尾に記した。さらに詳しくは巻末の初出一覧へ。

はじめに

文字の生息圏を歩く——風と微塵と身振りのなかで……

◉アジアを旅し、人びとに出会い、吹きわたる風に触れつづけている。

滔々たる大河の流れや、湧き立つ山容に霊気みちる内陸アジア。

獣たちがすばやく走り去り、植物の豊穣の吐息にむせかえる熱帯アジアをへて、ときに、荒涼たる砂漠の砂に焼きつけられるイスラム圏へと足をのばす。

◉一旅ごとに、数えきれないほどの、風変わりな相貌をもつ文字たちとの心ざわめく出会いがあった。彼等は、日常の棲家であるべき紙や書物・街角の壁面などから抜けだし、思いがけない場所や物のなかに隠れこみ、ふと姿を現して私を驚かせる。

そうした、隠れこむ文字たちとの鮮烈な出会いのいくつかを、思いつく

米粒をでつくる聖紋を捧げ、祈る、ジャイナ教信者。インド、ボンベイの寺院にて。

ままに記してみたい。

◉一つの情景が、私の網膜にしっかりと焼きついている。異郷の地の、光さす朝靄《あさもや》のなかで太極拳を静かに舞う、一人の古老の姿である。

老人のしなやかな動きは、体内から湧きたつ律動のうねりに身をまかせ、身体の重心をゆっくりと移動している。ふわりと漂う雲のごとく自在にゆれる身のこなしには、万物流転・輪廻転生の宇宙的悠久の時の流れに合一するかのような、おおらかな気迫が満ちていた。

渦巻きをゆっくりと拡張し解きほぐしてゆくかのような、老人の手の動き。じっとみつめていた私の眼の中で、突然、その指先の動きの上に、熟達した書家の墨をふくんだ筆先の動きがぴたりと重なってみえた。靄る空間のただなかに、ゆれ動く老人の指先が、眼には見えぬ文字を書きあげているのではないか…と思われたのである。

◉まろやかな身体は静かにうねり、動きつづける。太極拳の習熟をへて鋭敏になった老人の指先から凛とした靈気が放射され、目にみえぬ宇宙気流の断面、陰陽の対流が生みだす風の境界面を触知するかのように感じとられたのである。

◉私は悟った。

清冽な書が記す紙の上を走る点・面の軌跡とは、こうした自然気のゆらぎをなぞる全身的行為の、二次元への投影なのではないのか。文字とは、自然と人間との、深々とした交感運動の結晶として生まれでたものではないか。

文字の枝葉には、人間の究極のふるまいの総体が、封入されているに違いない…と確信した。

◉私が出会ったインドの著名な書家（カリグラファー）は、目のまえで、太々しい音声を吐きだしながら、雄渾なシッダム文字（悉曇《しったん》、サンスクリットの古代文字）を一息に書きあげた。

葦ペンを握る彼の手の中で、その声の響きにのって文字に生命が吹きこまれたかのように、一点一画の画線が生き生きと起ちあがる。黒々とうねり角ばる文字が、見事に形をととのえてゆく。

呼吸と発声によって体内から湧きあがる宇宙気の活発な動きが、この書家の五感をひらかせ、全肉体をつき動かして、文字に鮮やかな躍動感と深い隈取りをもたらしている。

◉音声は、吐気にのって放たれる。吐く息によって体内気は凝集し、全身が天頂から大地へと下降する感覚にみたされる。インドの書家の力漲るふるまいによって、天の啓示を記すべく生まれ出た文字は、声を放つ呼気とともに地上へと引き寄せられ、人々の眼前に立ち現れることになったのだ…と知らされた。

◉もう一つのインド体験がある。インド固有の宗教であるジャイナ教の寺院を訪れたときに眼にしたものだ。

白い大理石にとりかこまれた聖堂の内陣には、ひんやりと澄んだ靈気が充満していた。本堂に入ると、ジャイナ教信者は、まず腰の布袋から一握りの米粒をつかみ出す。掌をしぼり、米粒を少しずつ大きな祈祷台の上に落としながら、十文字の形にならぶ五つのまるい小山をつくりあげ

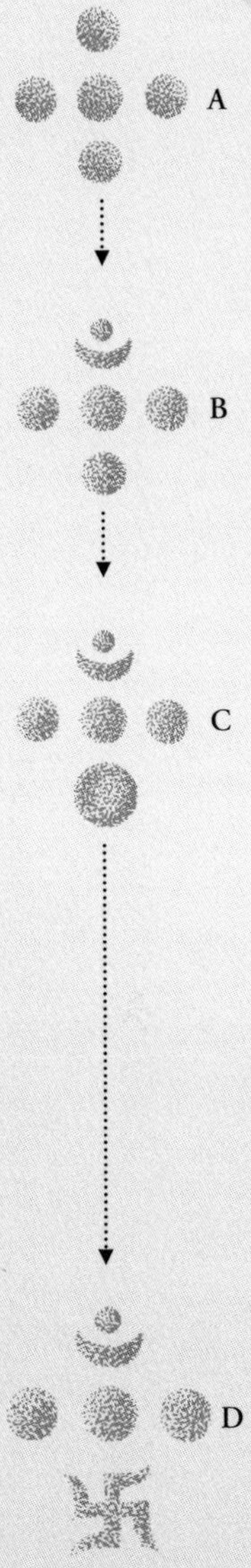

た↓A。とみるまもなく、一番上に配された米粒の小山を、指先で真二つに切り裂いてしまう↓B。米粒の山からは、丸い点と半月形に二分された日・月の光輪が、鮮やかに誕生したのである。

ついで指先は中央三つの塊をとびこえ、やや大き目の下の小山へとむかう。まず指先で米粒の山をつぶし、丸い円盤へと変容させる↓C。つぎに四方位から、中心がずれた四つの切りこみを入れる。その瞬間、円盤は右まわりの卐紋へと変幻をとげた↓D。豊穣の乱流を胎生する見事な「ジャイナスヴァスティカ」が顕現したのである。

◉この間、約二十秒。輪廻する世界を象徴する卐紋とその上に並ぶ三つの小円が、解脱への道をさし示す。上方に輝く叡智の三日月と、神《シッダ》(成就者)の光(円点)。一瞬の閃きをみせた指先の動きが、米粒の山を聖紋へ、宇宙

記号へ…と変容させた。

米粒は、微塵を象徴する。ジャイナ教徒は、全宇宙に充満する無限の微塵のふるまいに、存在の根源をみた。原子のようなこの微小物質は、たえまなく震動しつづけ、業を孕《はら》み、色味香触に感応し、幽かな聞きえぬ声を放つという。

だから、米粒で聖紋を描きあげた信者たちは、その直後、朗々たる音声を張りあげてマントラ(呪文)聖音をとなえ、聖紋に息を吹きこみ、神々へと捧げるのである。

◉ジャイナ教には、聖堂の床いっぱいに神々の像がひろがり、描かれる、アルポナと呼ばれる米粒のマンダラがある。米粒は、聖火にゆらめく無数の呪字をも組みあげる。米粒という、それ自身が生命をもつ微塵の集合体が無数にあつまり、より微細なもののふるまいを映しだす。

微塵が凝集して、文字と化す。文字は内なるブラウン運動で加熱され、微震しつづけるのである。

◉人のふるまいをのせ、全存在を映し出す文字、声の波動とともに天の啓示を請来する文字、そして微塵を体内化して凝集する文字…。

いずれもが、音素や形態素としてあつかわれた記号としての文字でなく、呼吸し血脈さえもつ、凛々と気を漲らせる生きた文字であった。

◉はるばると訪ね歩いたアジアの地で、私の感性が触知した文字の姿。

しかしこれらは、深遠な文字の生息圏に潜むもののほんの一握りの存在

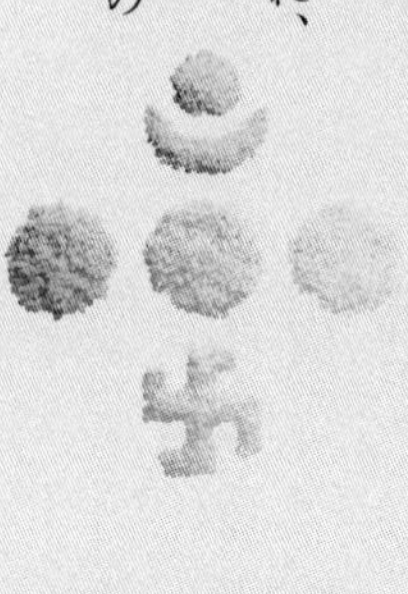

にすぎない。深遠な闇に向って聞き耳をたてると、さまざまな文字がうごめきはじめ、次第にその姿をあきらかにする。たとえば身体護符と化し、人肌や顔に書きこまれて棲みつく、タイやミャンマーの文字がある。巫祝舞踏（シャナ）を舞うチベット僧たちの冠に印され、聳えたつ宇宙山を睥睨《へいげい》し、全宇宙を呑みつくす文字がある。聖なる酒を体内化し、豊穣水へと変換する中国の壺文字もある。呪唱の響きにうち震え、宇宙気の波動を縫いあげる文字や、天星の動きを鋭敏にとらえ、時の吉兆を占う文字がある。生きもののふるまいを模し、叫びを放ち、交わり、遊び戯れる文字もある。

こうした異形のたたずまいをもつ文字に出会うたびに、「文字は生きものだ」……という強い実感が私を包みこんだ。

◉文字たちは鉱物と次元を共有する骨格（固体）をもち、植物と次元を共有する体液（液体）を漲らせ、動物と次元を同じくする呼吸（気体）によって息づいている。しなやかに伸びる一点一画のふるまいは玄妙な靈気を孕み、震えている。

文字たちが語りだすこのような呪詛的な肉声に、しばし耳を傾けていただきたい。

杉浦康平

「漢字には、かつての記憶を絶対に手放したくないといった造形の魂胆を感じます」（松岡）

「複雑な点画はむしろ自分たちの身体のなかに焼きつけられていたもの。
それが知らず知らずのうちに
目のまえに引きずりだされ、写し取られている」（杉浦）

「アルファベットも翩翻《へんぽん》の文字という風情にチャレンジしてもらうと面白いんですけどね」（松岡）

1

◉「文字」を巡って――漢字からクレオール文字まで

――松岡正剛さんとの対話

「文字」を巡って——漢字からクレオール文字まで——

松岡正剛さんとの対話

松岡正剛［まつおか・せいごう］編集工学研究所所長、イシス編集学校校長（http://1000ya.isis.ne.jp）。一九四四年、京都生まれ。七〇年代初めに杉浦と出会い、オブジェ・マガジン『遊』創刊（一九七一—八二年・工作舎）、編集長をつとめる。八〇年代より「編集工学」という新領域を発案・構想、情報文化と情報技術をつなぐ研究分野に広く携わる。主な著書に『空海の夢』（春秋社）、『フラジャイル』（筑摩書房）、『知の編集工学』（朝日新聞社）、『松岡正剛千夜千冊』（求龍堂）、『白川静　漢字の世界観』（平凡社新書）ほか。無類の本好きならではの視点により、書店「松丸本舗」（丸善丸の内本店4階）を企画、二〇〇九年から二〇一二年九月まで開設。人と本をつないだ奇跡の本屋の挑戦。『松丸本舗主義』（青幻舎）を著す。

息づく文字たちとの、新たな出会いを…

松　いまタイポグラフィの状況というものを見ていると、活字からコールドタイプを経てデジタル・フォントまでの動向のすべてに関心をもとうとしている人がほとんどいないことに気づきます。これはちょっと意外です。デジタル・フォント好きのパソコン主義者はそれなりにいますが、彼らがルーン文字とか楔形《くさびがた》文字に関心を持つかというと、そうではない。むしろ一種のデコラティヴ・フェイスのようなものに関心がある。活字の生い立ちから離れようとして、活字にあまり関心を持たないデザイナーも多いのです。

したがって、いま新たに文字文化やタイプフェイスの動向を総合的に語ろうとすると、タイポグラフィック・デザインや文字設計をしてきた人たちの領域からではなく、たとえばウンベルト・エーコ（→★1）が普遍言語や完全言語を考えたとか、ボルヘス（→★2）が文字の図書館のようなコスモロジーから失われた文字を観相しているとか、そういうような視点が必要になってしまいます。そうすると実作から遠い観念的なタイポグラフィック・ステートというか、タイプフェイスの王国みたいなものを夢想するしかなくなるんです。

しかし私たちは、何もわざわざ観念の王国を持ち出さなくとも、太古から今日に及ぶ波乱万丈の文字文化というものを内在させてきた。それが〈漢字〉に始まる歴史です。

たとえばエーコやボルヘスのような視点を取る傾向のある白川静さんとか中野美代子さんなどは、現代の中国文字の簡略体文字を気にしつつも、かつ太古の文字発生の物語というのも忘れないという視点で文字文化論をお書きになっている。つまり漢字がもたらしたものは、文字文化に関するわれわれの想像力のすべてを内包していると思えるわけです。

ということで、「文字」を議論するにあたって、ひとまず漢字の語り方をもう一度点検するところから始めましょうか。

★1―ウンベルト・エーコ（一九三二―・イタリア）小説『薔薇の名前』が世界的に知られる。記号論哲学者、中世研究者。

★2―ホルヘ・ルイス・ボルヘス（一八九九―一九八六・アルゼンチン）文字と書物の結合法をテーマにするなど前衛的な作家・詩人。

杉 ボルヘスやエーコ、カイヨワや白川さん、中野さん…は、それぞれの立場で独自の言語学、文字学といったものを極められた賢者たちですね。こうした達人たちの着想の根源には、文字に対する「驚き」が潜んでいると思います。

①—ウル王朝初期（BC二五〇〇年頃）の粘土板。葦の茎を押しつけた爪形や、丸い穴は、取引きの数量を表し、鋭い線刻の記号は商品（大麦）や人名、文書の種類を記したもの。多彩な記号の複合体が、大麦の商取引の内容を生き生きと記録している。A・ロビンソン『文字の起源と歴史』創元社より。

つまり、知りつくしたものとしての文字、手垢にまみれた道具としての文字に触れるというのではなくて、ふたたび未知の文字に出会う新鮮な驚きというか、文字が内包するただならぬ力に再会してしびれている→①。パッと眼が輝くような出会いと再発見が、達人たちの発想を突き動かしているのではないですか。本のなかに棲みつき、あるいは建物の表面に付着し、人の言《こと》の葉《は》に乗って空中を漂う文字がある。それぞれに一つの生き物として息づく文字たちとの、新たなる出会いをしているのだと思います。

②—「靈」の篆文

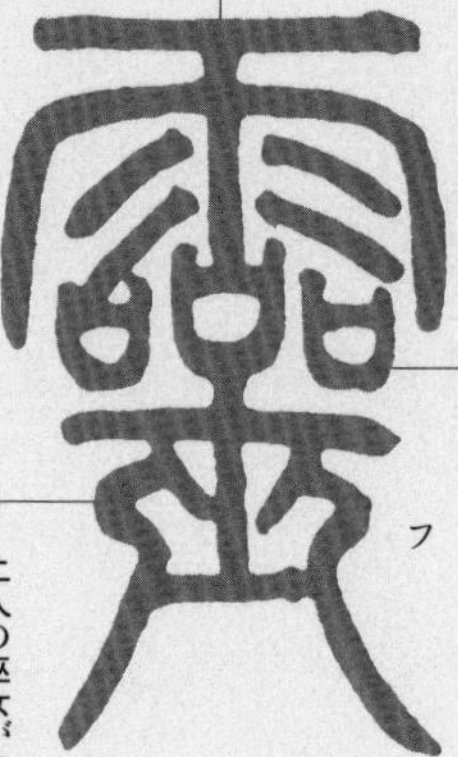
天から
落ちる
慈雨を
待つ雨冠。
レイ
二人の巫女が向かい合って
祈る姿が、左右相称に描かれている。
三つの𠙵（サイ）型は巫女や巫覡が呪術を
発揮するための祈祷用の祭器をあらわす。
ここでは雨請が祈られる。

★3—中島敦
（一九〇九—四二）小説家。
中国古典に精通していた。

★4—白川静
（一九一〇—二〇〇六）
甲骨文・金文から漢字を
解き明かす。
漢文学、古代漢字学者。

たとえば中島敦（→★3）の小説『文字禍』は、楔形文字を見つめていたバビロニアの老学者が、突然眼のなかで、文字の一点一画が縦横《たてよこ》の棒へと解体してしまうという話ですね。そのとき、このばらばらな点画を結びつけ、意味や音を生みだすものは、文字靈ではないか…と思いいたる場面がある。

それはやはり、人間の存在にまつわるいっさいのものが、文字を媒介にして立ちあがってくるのを眼のあたりにする…、そういう瞬間であったと思います。

松 字に秘められた力が、社会や空気や喜怒哀楽をこえて何かを切り結ぼうとしているのでしょうね。

漢字が秘める、ただならない情熱…

杉 そこでいきなり、「文字の靈力」という話をしてしまいますが、ぼくは現在では「霊」となってしまった文字の旧字「靈」が好きで、どうしても口を三つ並べたくなるんです↓②。現在の字形ではこれが省略されて、やや力が抜けてしまうのだけれど…。

白川静さん（↓★4）の甲骨文字学というのは、まさに驚異の着想でした。「靈」の文字を形成している三つの口、この𠙵《サイ》というなにげない形の並列が、じつはとんでもなく深い意味を持つ、人間と超越的なものを結びつける祭具だと読み解かれた。

ところで漢字は、一つの文字を構成するのに、なぜあのような複雑な道具立てがいるのでしょうね。雨冠の下に口が三つ並んでいたり…。

松 その下に巫覡《ふげき》がいたりして…。

杉 そうそう！　その巫の字が、女の文字にとりかわったりもする。ただならない字画をあんころ餅のように惜しげもなく積み重ねて、一つの概念に溶けこませる。この、重ね合わせて溶けこませてゆくイメージは、文字の世界に類例がない力技《ちからわざ》ではないですか。

松　漢字にはかつての記憶を絶対に手放したくないといった造形の魂胆を感じますよね。そのために、多くの民族文字が数十個の文字に簡素化できるのに、漢字だけが数万個に及ぶ。それでも平気なんですね。

杉　それぞれのエレメントが、互いに接合しあい、響応しあう。まるで恋に落ちたかのような、ただならない情熱で結びつく。さきほどのバビロニアの老学者が見た文字は一点一画がばらばらになってゆくのだけれど、このばらばらなものを結びつけると老学者が直観した文字の霊力というものが、漢字という文字体系にはたっぷり隠れていると思うんです→③。

松　そういう感覚は、いまはどんどんなくなりつつありますね。デジタル・フォントとかコンピュータ文字の場合、漢字をドットに置き直して再生しようとしますね。そうすると、マシンの容量によってはそんな複雑なことはできないので、別のものに変わっていくのです。たとえば「8」という数字

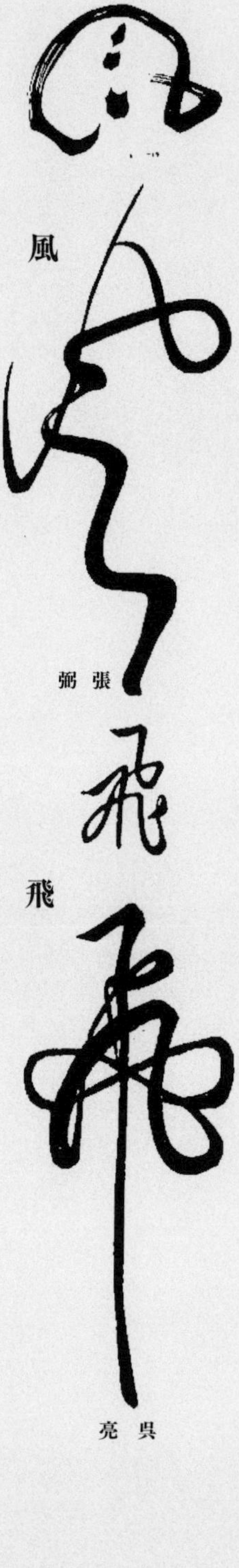

風　張弼

飛　呉亮

③— 「風」と「飛」文字の草書体。中国の書家たちの筆の動きが、一点一画の漢字の字画を一息の流れで結いあげる。

④——キルヒャーが著した『支那図説』には、当時の知識人が見た奇妙な「漢字観相学」が示されている。武田雅哉『蒼頡たちの宴』筑摩書房より。

は角ばった表示になり、「風」という文字からは柔らかさが消えていく。それは漢字の歴史ではない電子技術の歴史がそこに接ぎ木されたからであって、漢字本来のなかに潜んでいるものというのは、いま言われた文字靈のようなものとか、中島敦が指摘した文字の呪いみたいなものなんでしょうね。

一文字ずつが世界模型…

杉　ドット化に向かう考え方の基本には、グリッドやメッシュといった基本構造が潜んでいます。メッシュと漢字は、じつは深いところで結びついているのだけれど、それがドット化といったとたんに、点の集合や直交格子のイメージに取り変わってしまいますね。

でもあらためて漢字の面白さの根源は何か…と問うと、中国の人たちは即座に、それは絵だという。単なる点群、あるいは一点一画の集積ではなくて、絵とか相という全体像として見とるという。つまり漢字には、ドットまで解体してはならないという、グリッドやメッシュとは次元を異にする強い意志があるんですね。

松 二十年ほどまえに中野美代子さんに、アタナシウス・キルヒャー(→★5)の『支那図説』→④を見せたときに、こんな話になったんです。キルヒャーのようなバロック時代の知識人が中国産の漢字を見ると、自分の知っている象形性、たとえば亀とか鳥とか、あるいは樹木的なものとかは、プリニウス(→★6)の『博物誌』以来の知識としてあるから、漢字をそういうふうに解読するのは非常にうまい。ところが部首とか点画とか切り返しとか、四隅の棲み分けなどについてはモナド(単子)論やエジプト象形文字論を書いたキルヒャーですら、まったく言及できていない。ヨーロッパとアジアにおける文字論を同日のもとには語れませんね…という話です。そういうことがグリッドとかメッシュに関係してくるんでしょう。

杉 そう。漢字には、四隅に対する配慮がある。中野さんは、方形性や九という数の神秘性を論じておられますよね。漢字が構成される場は、四角が基本になっています。それはたちまち天円地方説という宇宙観の投影、つまり大地のひろがりに結びつく。さらに碁盤の目とか、

★5―アタナシウス・キルヒャー(一六〇一―八〇・ドイツ)イエズス会司祭。十七世紀ヨーロッパの中国研究の第一人者。
★6―プリニウス(一世紀頃、イタリア)古代ローマ帝国の高官にして博物学者。

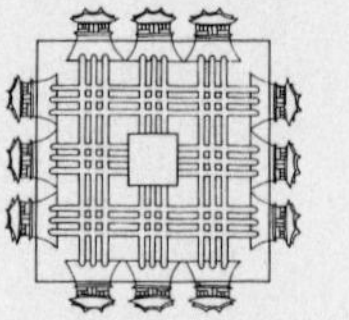

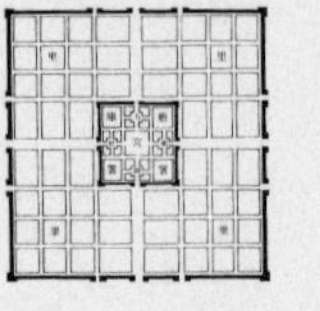

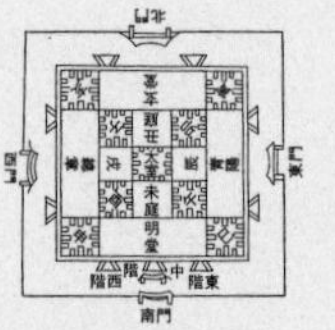

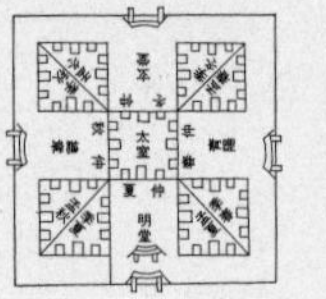

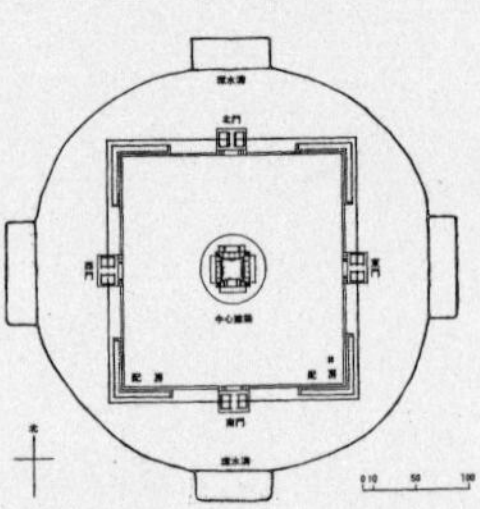

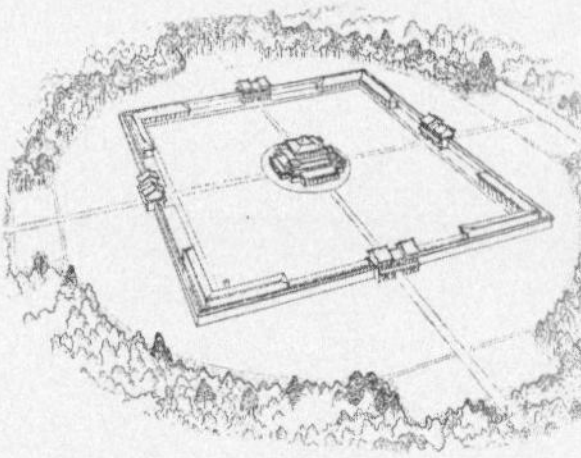

⑤―方形と格子構造にもとづく中国・古代の空間計画。「天円地方」の宇宙観も投影され、王城の構築、儀礼センター（長安）の造営や、土地利用法…などに応用された。

古代都市の条理制なども、たちどころに浮かびあがる↓⑤。四角、つまり方形を漢字の場として選びとること。これは殷・周の時代の鼎《かなえ》に印された金文《きんぶん》にもよく見られるものですね。

松 河図洛書《かとらくしょ》伝説の頃にも、すでに文字図形の下敷きに碁盤の目のようなグリッドが出現していますね↓⑥。かれらはこれを条理といいます。

杉 文字というものは、まず砂や土、骨の上に記された。つまり「場」と非常に深く関わろうとする意志を持っていたのではないですか。

松 金文以降の漢字を見ていると、「国がまえ」とわれわれが呼んでいるあの形態（囗）を発見したのは、これはすごいことなんじゃないかと思うんですよ。ヨーロッパの文字はキリル系やシリア系まで全部含めても、あの国がまえにあたるものがない。つまり一文字で世界を捉えようとはしていない。漢字はなんといっても一文字ずつが世界模型ですからね。

杉　そう、まさに世界模型なんだ…。

漢字に潜む場の「×」と「十」による四等分…

杉　西方の文字は、楔形文字の後期やエジプトの民衆文字以降どんどん音素化され、簡略化され、記号化していきますね。その過程で縦棒、横棒や斜め棒、半円などの幾何学的なエレメントに解体されて、アルファベットはその組み合わせとして形づくられてゆく。一方、中国の漢字ももちろんエレメントに解体できるわけだけれど、エレメントがどこに置かれるのかという、場所性や組み合わせのほうが重要になる。いまの国がまえを例にとると、四隅や方形性は、たとえばマンダラのような、一

河図

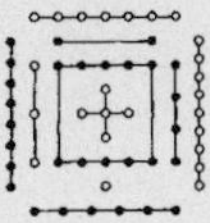

洛書

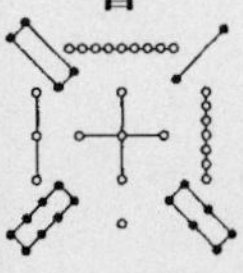

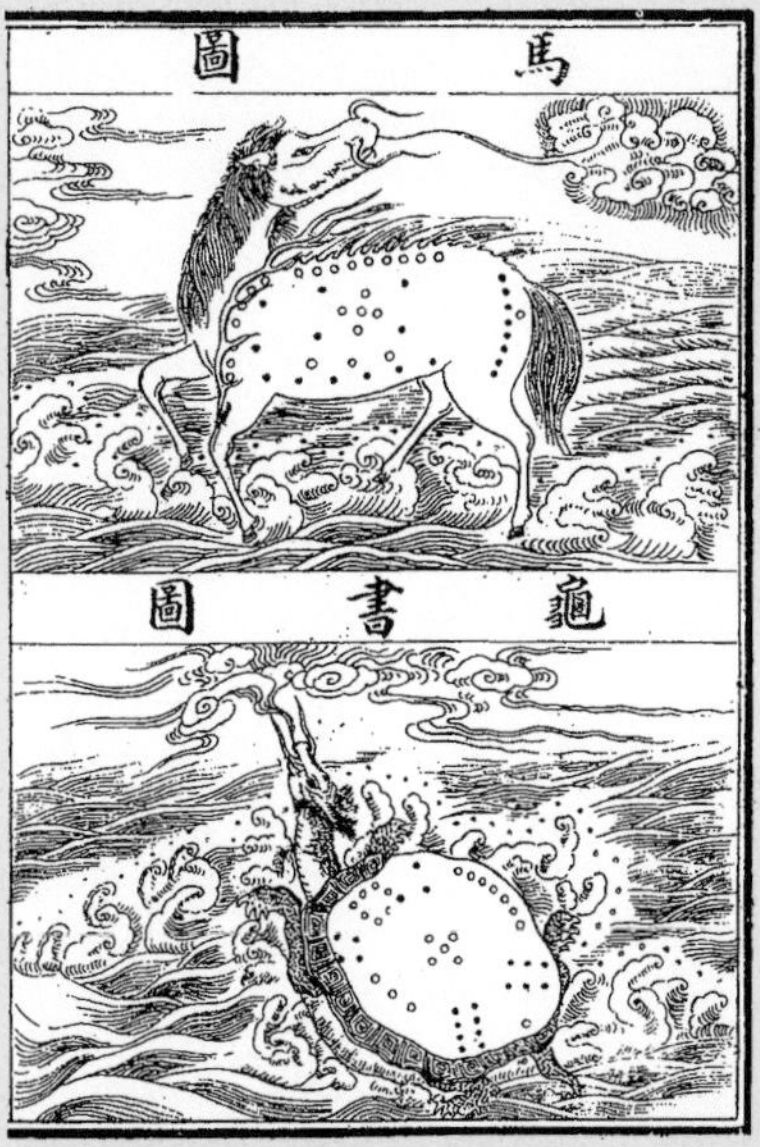

⑥―黄河から出現した龍馬に印された「河図」。洛水に現れた神亀の背に表れた「洛書」。ともに方形の神秘的図像だが、「河図」からは易の八卦が生まれ、「洛書」からは諸制度、諸学問が生まれでて宇宙観・自然観の成立や、時の治世に役立ったという。

本書→145ページ

種の宇宙力を凝集する場へとたかめられていく。マンダラの場合には、中心の一点と四隅の点という関係になりますね。

その具体的な面白い例として、十の字と斜めの×印があげられる。漢字はこの十文字と×印を巧みに使い分けています。場を封印する「×」と、逆に場を解き放つ「十」という二つの力を示していると思われますね。これは以前に、松岡さんたちが『×バッbatzの本』(→★7)で論じていたこととも関係するけれど…。

⑧—手・足をひろげ、逆立ちする道化師。トリックスターが演じる逆転の×印。

松　まず四角の領域があって、それが結界になる。それを十(クロス)で四等分するか、×で三角の四つの領域にするか→⑦。そういう配当なのでしょうね。そのとき×印は各国共通の封印の象形なんですね。いわばアリババの印のようなものです。

ぼくらが小学校で習字に朱を入れられたときも、たいてい先生はまっすぐの線か十字の線をまず引いたり、斜めの線(×)を引いて、「あなたの字は歪んでるよ」みたいなことを言いましたね。

杉　そうですね。

考えてみると人間の身体も、×の形を容易に生み出すことができる。手足

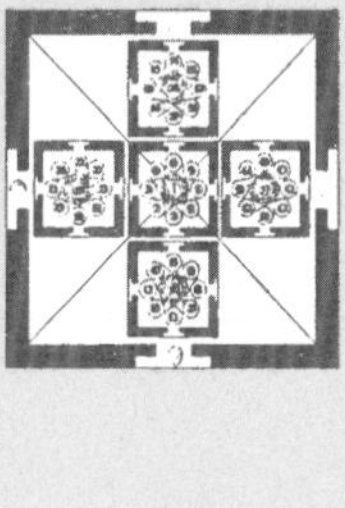

⑦—聖なる力の出現の場、マンダラが形づくる方形空間には、水平、垂直を貫く十軸と、対極の四隅を結ぶ×印が同時に現れ、共存する…。

⑨—両腕を交叉させ、
左・右の小指を絡ませて
「フンカラ印」を結ぶ、降三世明王。
三世とは、すべての世界、三焼悩を指す。
絶大な降魔力で、過去・現在・未来に
現れる仏敵を調伏する。

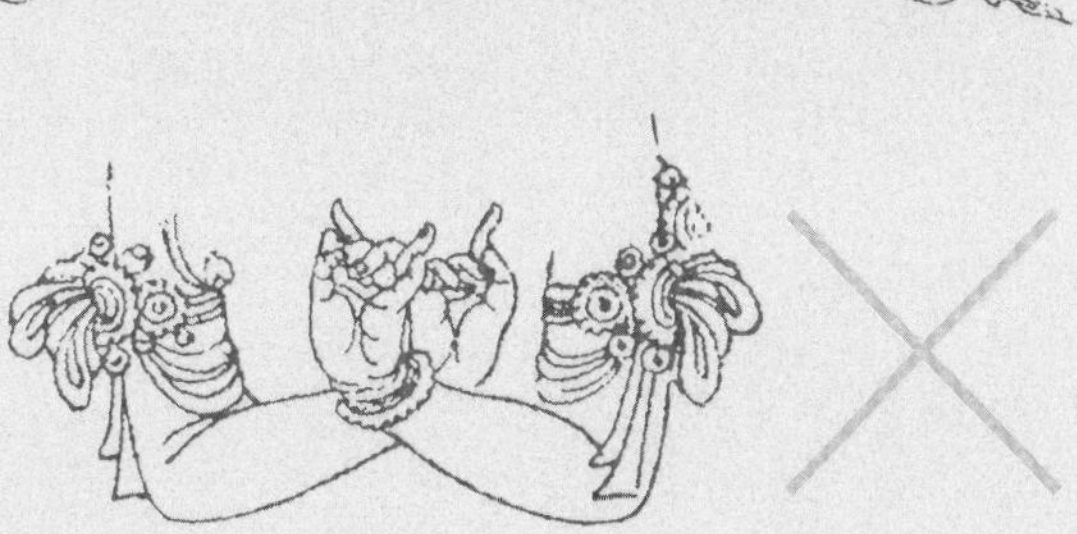

★7—松岡正剛ほかによる『×バツbazの本』は一九八五年(工作舎)、リメイク版は二〇〇七年(牛若丸)刊行。

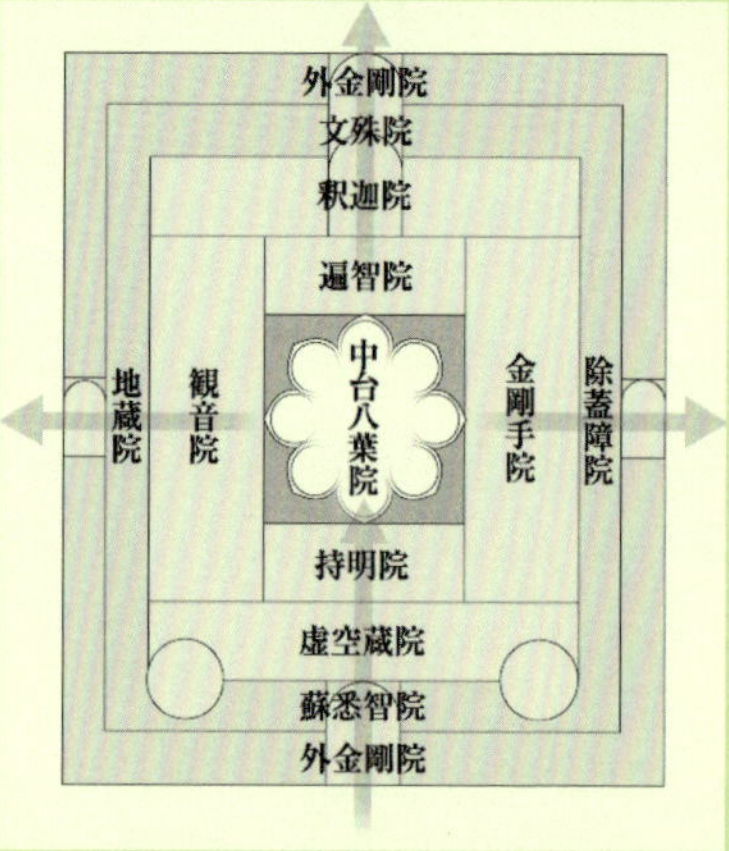

⑩—中国・日本の密教で作られた
胎蔵界曼荼羅（上）とチベット仏教で作られた
チベット・マンダラ（下）。
中国・日本の曼荼羅は、中心に花開く
大蓮華（主尊が座す円輪）を方形の枠が囲む。
チベット・マンダラは、大円輪が外枠となり、
主尊の座は方形の王城で護られる。
ともに「天円地方」の宇宙観に由来する
構図を示す。
垂直軸・水平軸の端点に四つの門が開かれ、
外からの力を招き入れ、内なる力を
四方位へと放射する。

をパッと広げて逆立ちすると✕型ですね→⑧。

また密教では、降魔、つまり魔を寄せつけぬ力を秘めた呪術的な形として、両腕を体のまえで交差させる強い拒絶のポーズがある。フンカラ（吽迦羅）印と呼ばれています→⑨。フンカラ印は閉じた✕、飛びあがる身体は開いた✕。一方は守りで、もう一つは攻めになるのだと思う。

　マンダラを見ると、受け入れる形として十字形が現れています→⑩。門が、東西南北に開かれている。十字の位置に置かれている。つまり、ここからお入りなさい、ここから出ていきます…ということです。

　こうした四角い場を、漢字がどのように図形化しているのか。それを見直してみ

ると、文、凶、彦…などの✕印や、卒、辻…などの十印というように、ふたつの意味が明確に分けられていることに気づかされる→⑪。漢字の細部、エレメントには、われわれが思いつかないような根源的な図形性が潜んでいるようですね。

松 その根源的な図形性って、身体の中の流れにもかかわりますね。

タブローとしてのテーブル、漢字型の卓…

杉 ぼくはいま気功を行っているのだけれど、この「気」の文字がとても気になっています→⑫。もとは三本の横棒で記されたという。時代を経ると、上の横棒は天に向かって反り上り、中央は短くなり、一番下は下に向かって降りてゆく。つまり天に伸びたつ力、地に向かう力という、陰陽二つの気の流れが一つの文字のなかにとりこまれて、流動が始まる。その動きが、気功の動作の基本になっています。三本の横棒という、ごくごく単純で基本的な記号にさえ、ただならないものを封じこめる直観力、創造力が盛りこまれている。

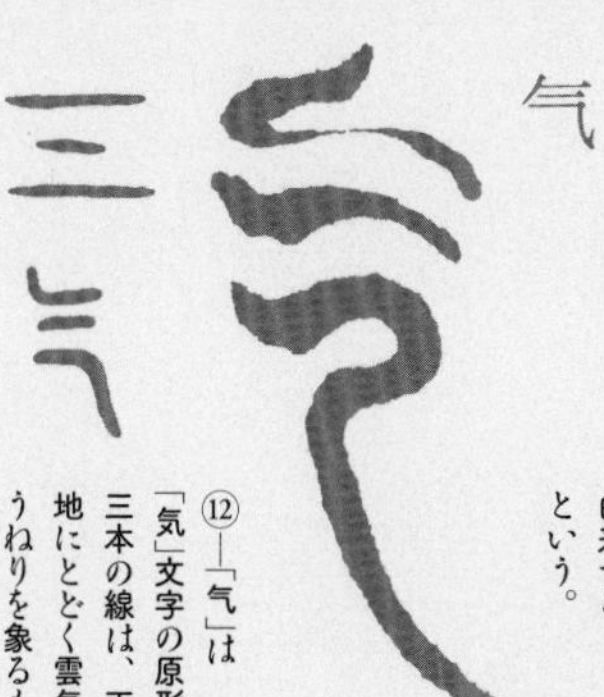

⑪—(右上)
文、厂、彡が結合した「彦」の甲骨文字。厂は額の形。彡はきらめき。文の×印はイレズミを示す。出生のとき、赤ん坊の額に×を印し、魔除けにしたことに由来するという。

⑫—「气」は「気」文字の原形。三本の線は、天に漂い地にとどく雲気のうねりを象るもの。

こうしたことは、はたして楔形文字などにもあったのでしょうか。

松 ヨーロッパ型の文字はそういうものじゃありませんね。むしろ「自分が行為を示した」ということの痕跡や記録の記号化です。そしてその記号をABCとかBCAとか配列させることで意味をつくっていく。それらはスペリングの意味空間であって、一文字の意図にはこだわらない。あくまでも順列的であり、コンストラクティブだと思う。コンビネーションなんです。

ですから、世界というものを一文字のなかに捉えて、そこでどうしようというのではない。一個の文字では全部を表さない。数個の文字が並ぶことによって表現ができるという、いわゆる表音文字形のスタートを切っているのだと思います。

ところが漢字は、外部にスペル配列を増やしていくのではなく、一個ずつの文字のなかに意図を増やしていく。それをとことんやるので、最後は霊魂の「靈」とか、聾唖の「聾」という字のように、文字の内部に〈意味の密林〉を黒々とさせるまでに至るのでしょう。

昔、テーブル論ということを考えていたことがありましてね。洋の東西におけるテーブルの違いというのがあるのではないかという議論です。テーブルとタブローとタブレットとは同じ語源ですが、まずヨーロッパ型では、卓のまわりにもともと誰も座っていない。そして卓上にも何も載っていない。アーサー王の円卓のように、そこに人が来て、行為することで初めてテーブルと

★8—大室幹雄（一九三七—）古代・中世の中国文化に精通する歴史人類学者。

いうのは意味を持つわけです。そして人がいなくなるとテーブルはまたゼロに帰するというか、ボイド(欠番)になってしまいます。

つまり「最後の晩餐」は、キリスト以下十三人の使徒が並ばないと、あのテーブル、タブローの意味は出てこないようになっている。誰もいなければただの板切れやベンチに終わってしまいます。内実はワインが置かれたり、パンが置かれるかどうかによって決まる。

結局タブローというのは、テーブルの本質が絵画的に発達したものなんです。何かがやって来て、そこに人為的なものが加わることによって初めて成立する。

ところが東の漢字型の卓というのはちょっと異なります。中国の卓の歴史を見てみると、大地を構成する石窟の内部を穿って削り取って残ったのがタブローであって、テーブルなんですね↓⑬。そのテーブルと石窟としての自然界というのは、クラインの壺のように、あるいはメビウスの輪のように繋がっている。

大室幹雄さん(↓★8)の『囲碁の民話学』によると、

⑬—六博(りくはく。碁の前身とされる古代中国の遊具)を楽しむ異形の神人ふたり。…盤をはさんで…大小の食器が地べたに直に置かれている。…古代の背の低い案几の上の四角い空間は、神聖なものであったのではあるまいか。…碁盤や六博盤も…大地そのもの…、その大地の上で演じられる人間ドラマは、ふたりの神人の主宰するところとなる。中野美代子『中国の青い鳥』平凡社より。

中国の最初の卓には全部条理が切られていて、八十一路だったり二十四路だったりした。それは人間がそこに住みこんでいくための宇宙モデルになっているというんですね。また漢字の発見というのは河図洛書とも呼ばれますが、亀が大河から出現した時にすでにそういう図形のタブローを背中に抱えて、その条理のなかに文字を形作っていたという。書き込めば済む文字の文化と、すでに文字が書き込まれている文化の違いが、どこかに根本的にあるように思いますね。

杉　その通りだと思いますね。

松　漢字では、卓上で人が踊っているのかもしれません。

「世界のへそ」のような場に生まれる漢字…

杉　いまのテーブルの話は面白かったのですが、古代の人びとは、相というか、ただならないものが現れてくる場というものを見抜く力を秘めていたと思うんです。いわば相を見取る力。テーブルを据える、あるいはテーブルが出現するというのは、その辺にただ置くのではなく、ある一つの場所を参加者が特別の思いをこめて選びとる。

言葉を換えれば、テーブルが出現する場所は「世界の〈そ〉」となる。

いま松岡さんがとりあげた切りだされたテーブルと大きな石窟との関係は、ただならない「〈そ〉」となる場所が、じつは母胎空間そのものだ…ということを、示しているのだと思います。

たとえばインドの石窟寺院では、岩山をどんどん掘りこんでいって、拝殿を削りだし、本殿を造りあげる→⑭。本殿のなかには、かならずといっていいほどに、突起を一個残しています。その突起が何になるかというと、仏陀像やストゥーパ(仏塔)、あるいはシヴァ神を象徴するリンガ・ヨーニ→⑮を据える場所になったりする。

⑮—ヒンドゥー教、シヴァ派の御神体「リンガ・ヨーニ」の細密画。垂直に立つリンガ、水平に横たわる匙形のヨーニは、シヴァ神と妃・パルヴァティーの性器を表す。信者は、男女神の宇宙的交合を礼拝する。

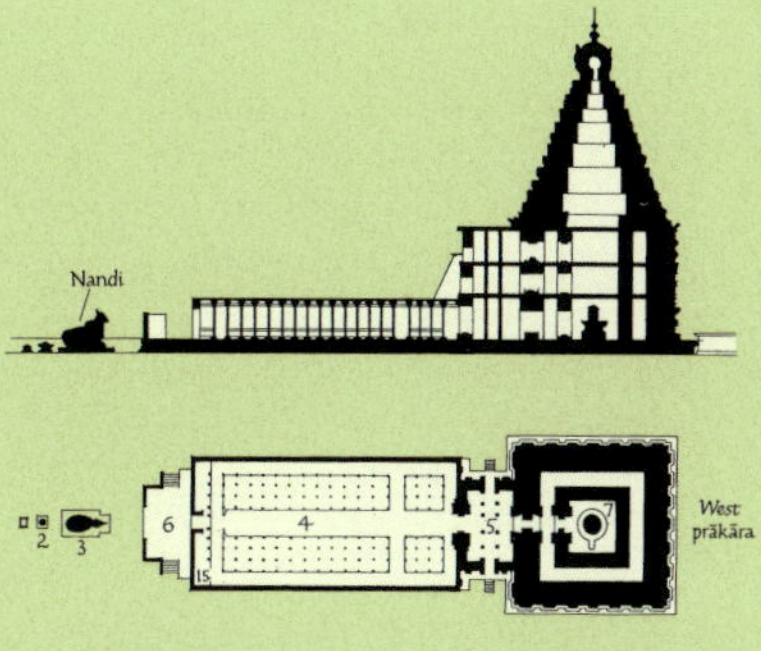

⑭—巨大な山、神々が住む聖山を模すヒンドゥー教シヴァ派の本堂の光塔。マンダラを象る内陣の中央、「世界の〈そ〉」にあたる部分に一体のリンガ・ヨーニが据えられている。インド、タミルナード州ガンガイコンダチョーラプラム寺院。本堂の断面図と平面図。八世紀。左端、拝殿の入口に跪く動物は、シヴァ神に仕える聖牛、ナンディンの姿…。

テーブルにもっとも近い形になるものは何か…、インドでは、このリンガ・ヨーニです。ヨーニ(シヴァ神の妃であるパルヴァティーの性器)が水平に横たわり、それをシヴァ神の男性器が下から貫くという造形です。神話では一般に天なる父、地なる母とされるのだけど、リンガ・ヨーニはむしろ地なる父、天なる母という関係になる。インドの寺院のうす暗い本堂は、ガルバ(母胎)と呼ばれているのですね。その中央に、リンガ・ヨーニという不思議なテーブルがすえられている。テーブルの位置が、まさに宇宙的な母胎空間のなかの一極点をなしているんですね。

漢字が出現する場も、「世界のへそ」と同じような場所を選ぶわけですね。さきほどの「靈」という文字があれだけの点画を必要とするのは、まさにコスモスの凝縮があるからなので、一本の線、アルファベットのように単純な線では済まされないぞということです。たとえ一本の線であっても、その一本に万象の姿を詰めこんでいるのだ…という。

松　へそ文字ですね。その「へそ」を決めるとき、たとえば彫刻というものを考える場合、一つは粘土の塊からだんだん形を起こしていく方法と、石の塊を削っていく方法と、ジャコメッティのように空間のほうを彫っている方法という、三つの考え方がありますね。

そのように仮定してみると、漢字はどっちだと思われますか。

杉　うーん。やはり彫りこんでいくほうだったと思いますね。中国人が偏愛する太湖石→⑯のように…。

松　太湖石型ですか、やっぱり。

一文字のなかを、風が吹き抜け気が流れる…

杉　太湖石とは、大小いくつもの穴があいた奇石だけども、あの穴には風が通り、呼吸する石だといわれている→⑰。同じように、靈という文字も、じつはあの骨骨しく寄り集う点画のあいだには風が吹き荒れて、それが靈気を運んでくる。一方、骨のなかには髄液が流れている。囲みのなかは、じつは流動するものの動きで、充たされた場になっているのではないですか…。

松　なるほど、そういうことなのですね。国がまえは線が囲んでいるのではなくて、あの中は意味の気が充満している、そのような世界が室内であるということですね。その方形の国がまえの空間のなかに

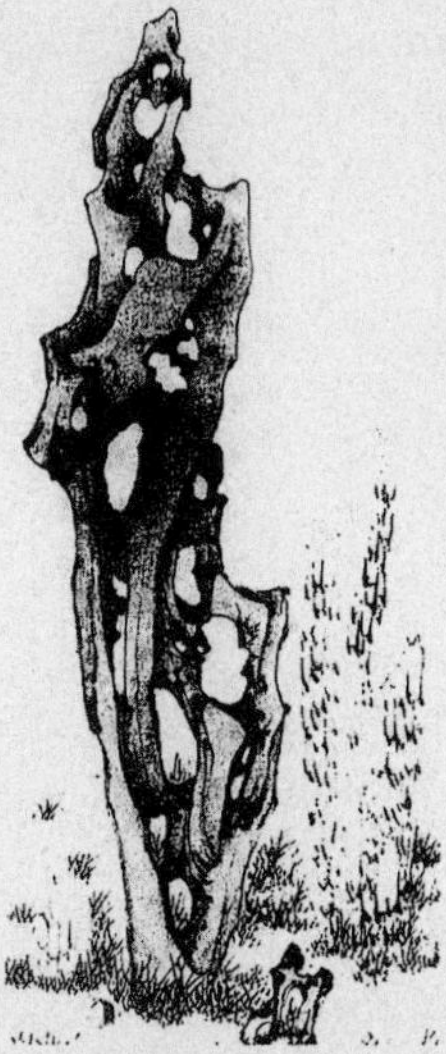

⑯―「洞窟を穿って世界を創る」――、中国人のコスモロジーを象徴する太湖石。大・小、無数の穴が岩石を貫き、「痩・皺・透」、三態の美を産みだして、ねじれ・渦巻く鉱石オブジェとしての八山九海、――ミクロコスモスの美を創りあげた。

一本ずつ点画を入れていくに従って、流動体のエネルギーが動きだすということでしょうね。そこに条理ではなくて渦巻を入れると考えると、デカルトの渦状宇宙論とかジャイナ教宇宙論になる。

杉 漢字の覚えやすさというものも、じつはそういうところから来るものではないか。

外国人が見ると、あんなに複雑な爬虫類がうごめくような文字をどうやって覚えるのだといわれるのですが、じつは、人間の内部に潜む深い生命記憶というものが一文字のなかに捉えられ、表されているのだと思う。

複雑な点画はむしろ自分たちの身体のなかに焼きつけられていたもの。それが知らず知らずのうちに目のまえに引きずりだされ、写し取られている。

松 日本人が漢字を持っていないころ、紀元前後に「漢倭奴国王」のような文字を見たり、銅縁鏡の文字を見てびっくりするのはそれでしょうね。これは、ただごとじゃないなと思ったに違いない。

海の向こうの大陸の王が持つ力が、まったく欠損なく、ヴィヴィッドに伝わって来たのでしょうね。なにしろ呪能そのものですからね。

杉 篆刻《てんこく》の文字については、ぼくはまだ十分に研究していないのですが、これはまさにめくるめく文字ですね。

とりわけ「九畳体」。削ぎ落し、エレメント化されたアルファベットとは異なって、

⑰—中国・清朝、八代皇帝
道光帝が、皇妃、皇子たちとともに後宮の庭で
秋の陽光を浴びながら団らんする図。
庭先に置かれているのが、
長期の浸食で多くの穴孔を穿たれ
生まれでた、太湖石。
中国・江蘇省の太湖の底の石灰岩で
奇怪な形状をもつ。
中国では古くから、庭園などで
観賞用の岩石として珍重されてきた。
中国・清代「道光帝喜溢秋庭図」
北京・故宮博物院蔵。

格子構造の上で無限に増殖し、方形の空間を覆いつくそうと増殖する意志がある↓⑱。あれはまさに空間のなかに充満している気の流れを、生命記憶にそって辿っていくと、あのようになる…と。さらにフラクタル図形のように細かく緻密に伸びてゆくこともできるんだという…。放射線・磁力線のようなものを、九畳体の作り手が感じとっていた。そうしたことの証拠じゃないかと思います。

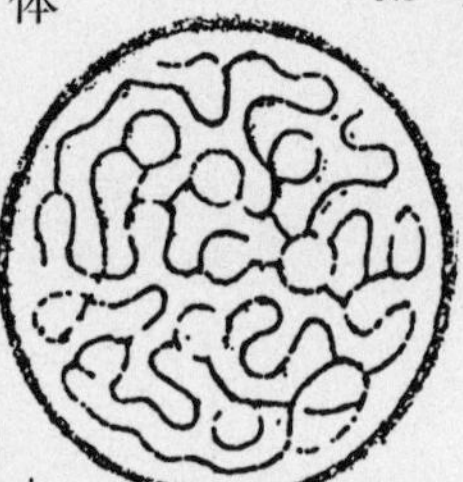

⑱—無限にうねる、九畳体。上に並ぶ「御府圖書」の四文字が、読みとれるだろうか。下は、雲のうねりのように空間を縫いとる、曲線の九畳体。封緘印として使われたもの。

手書きに残る、アルファベットが秘める思い…

松 そうしますと、アルファベットをカリグラフする手と、漢字を篆刻や篆書のように書いていくカリグラフする手というものは、全然意味が違ってきますね。記号を書いているのではなくて、体を何かの媒介にして、手を一つのアンテナにしながら、アースしつつ線を描いていくわけですから、伝導体としての意味が違ってくる。

杉 アルファベットでも、その伝導体のような書法が生まれる時があります。それは手書きの文字です。

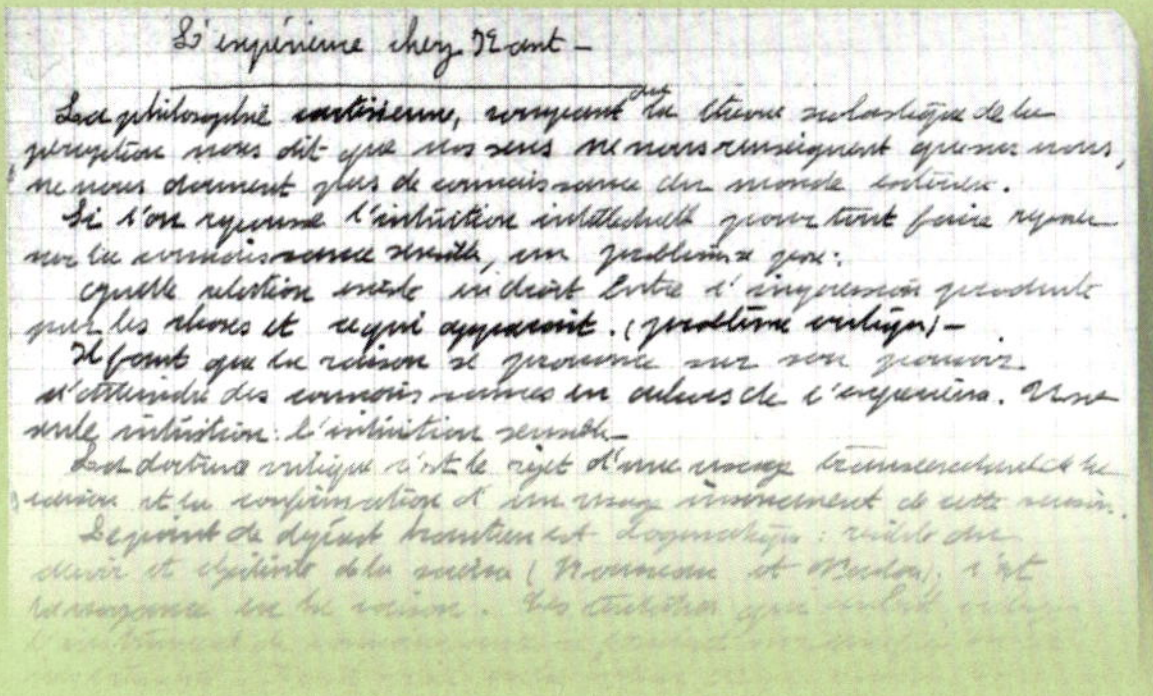

ぼくはドイツにいるときに、学生たちの手書きのメモを見て、うんうんうならされることが多かった。小文字が連続しすぎて判読できないんですね。RだろうとU、あるいはMだろうと、すべてが上下波動、円環運動の連続へと還元されてしまう。好きな恋人の字であっても、いきなり見せられると、波のうねりが続くだけで、なんだかわからない(笑)。そのよい例、美しすぎる例が、ボーヴォワールの手書きですね→⑲。

abcdefghijklmn
opqrstuvwyz
01234567890-
=½;¢,./¥

the quick
brown fox jumps

そこで、タイプライターが発明された。タイプライターが打ち出すアルファベットは、ぼそぼそと切れた記号素の羅列なんです→⑳。一つ一つが簡潔に抽象化されて、見事な幾何学性を持つ記号集合へと進化した。しかし、ふたたび手の動きに乗せられると、得体の知れない渦の連鎖で呪詛性がゆらゆらと涌きあがる。そのまんま折り重ねて積み重ねてゆくと、たぶん中国の九畳体のようになるはずです。

だからアルファベットにも、そういう連続性に向かう思いはあるのだけれど、手書きの文字では読めないから、タイプライターによる明晰な見通しのよい字体へと解体してしまった。十九世紀の発明によって、文字表現のかなりの部分がタイプライターに委ねられてしまう。手書きが持つあの呪詛的イメージと、逆に超近代的なものを

⑲—ボーヴォワールの優美な筆跡。アルファベットの文字列が、気品にみちた波のゆらぎへと昇華される。

⑳—タイプライターの発明は、文字・記号のすべての横幅を統一し、均等で読みやすい、文字組を実現した。印字=「ひかり事務機」福永健氏による。

㉑

㉑—めくるめく渦巻を重畳させた、ドイツのカリグラフィー。十八世紀、E・A・ルーファーの迷宮的作品。

㉒—羽根ペンが生みだす強・弱の曲線、リズムに彩られたアルファベット・カリグラフィー。鳥や蝶の軽やかな飛翔を想わせる。

併せ持つ記号体系は、彼らのなかでつねに矛盾をはらんだものであったと思うんですね。いまのコンピュータへと移行するに従って、タイプライターからデジタル・フォントに向かってゆくと、より明瞭な字形へと変化してきていますね。

松 そっちへ進んでしまいますね。それゆえヨーロッパのオートグラフは中国やイスラムや日本の書道のようなものにはなりませんでした。それはヨーロッパ中世に、個人のアートとして楽しむというより、むしろ聖書の聖なる力のためにイルミネーティヴなカリグラフィーが非常に発達した名残りなのでしょうかね。

杉 だけど、かれらにも呪詛的なものへの思いはしきりにありました。たとえばカリグラフィーの手法では、ペン先の運動を極度にコントロールした花模様みたいなうねりを何重にもかさねて、最後にやっとその動きをSにまとめる

㉒

★9—
ジャクソン・ポロック
（一九一二—五六・USA）
イヴ・クライン
（一九二八—六二・フランス）
「青」の作品で知られている。

…という例もある（笑）→㉑㉒。そういう九畳体的なものへの思いがあった。
だがそうしたものは、近代にどんどん消えてしまった…ということですね。

松　きっと、そういう意図が裏返ってジャクソン・ポロックやイヴ・クライン（→★9）のようなペインティングになっていくんでしょうね。

身体の運動軌跡が文字になる…

杉　亡くなった井上有一さん（→★10）が書を書く姿を撮ったフィルムが残されています→㉓。バケツいっぱいの墨のなかに太い筆をぶっこんで、「上」という一文字を、畳二畳分ぐらいの紙に書くんです。四つの線を全身で書き、書き終えてからじっと眺めて、文字の動きを自らの体と手の動きでなぞりかえす。
その場面は、もう忘れがたく感動的です。アジアの講演会で見せたことがあるんだけど、みんな感嘆の声を上げていた。まさに、全身的な踊りだというわけです→㉔。

㉓—全身で一字書「上」を書きあげる、井上有一。気魄こもるパフォーマンス。

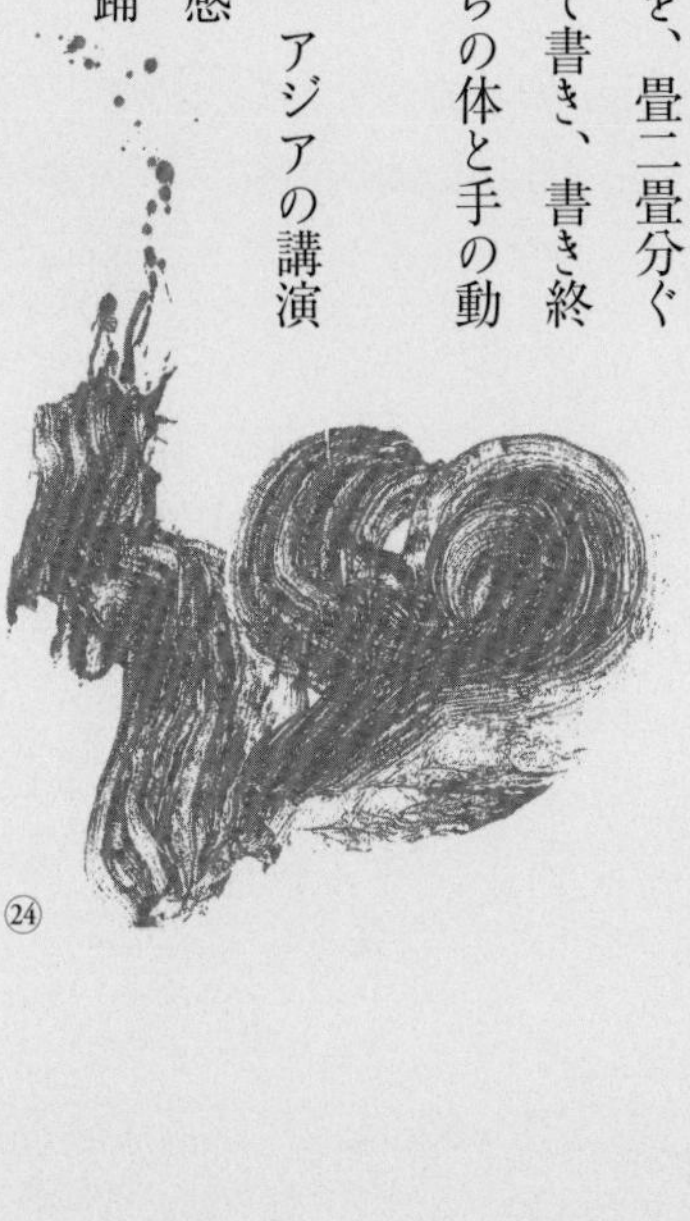
㉔

★10—井上有一（一九一六—八五）上田桑鳩に師事して、革新的な一字書に取り組んだ。
★11—森田子龍（一九一二—九八）書道家。一九五二年に墨人会を創立する。

㉔—井上有一による「仏」文字。「ム」の部分が、力あふれる右巻・左巻の渦へと大胆に変容する。提供＝ウナック・トウキョウ

松 たしかにヨーロッパのカリグラフィーにも流動性はあるのですが、それが井上有一や森田子龍(→★11)のように、あるいは空海や、扁額を書いたさまざまな禅林の僧たちの墨跡のように、コスモグラフとしての文字を拡張するとマクロコスモスそのもののエネルギーになっていくという、そういう構想は少ないでしょうね。しかも、そのように巨大化した文字がなおまだ書として存在したり、文字文化であるということは、あのカリグラフィーからは来ないですね。ヨーロッパのデザイナーが一個の絵を描くために体を拡張するのは、文字のためではなく体のためです。それらは文字ではなく、あくまでアクション・ペインティングなんです。

杉 日本の場合には、空海の飛白体《ひはくたい》→㉕という書法にしてもそうなんですが、そこで行われていたものは、身体の運動軌跡としての文字の誕生、文字というものは身体が動いて初めて生まれてる、気配や気が滲みでるものでなければならない…という考え方ですね。そういう広がりは、ヨーロッパのカリグラフはついに持ちえなかった。

松 空海はしきりに「阿吽《あうん》」とか「風気」と言いますけど、その呼吸のリズムとしての文字という見方はすぐれてアジア型なんでしょうね。ただし大爆発するまでには至らないまま、御家流の書道

㉕——気をみなぎらせ、朴筆を左右にうねらせて書きあげた「是」文字。空海は、声を放つ振動書体、「飛白体」に熟達していた。

に落ちていきますが。

杉 気功を行ってみると、その中にとりこまれた単純な所作のなかに、ときどき宇宙的なものを発見して、びっくりさせられることがあります。

杉 たとえば甲骨文字の「人」の文字。(↓★12)これは人の身体を横から見た形、少し腰を曲げて、腕をちょっと前に出した形です。この形は站粧功《たんとうこう》をするときの腰の下げ方に近い。「人」文字を直立した人間の姿として記さずに、ちょっと重心を下げた、つまり日本でいうと女形の腰の形で人文字を記している。

★12—本書076ページ

松 狂言や能の役者がちょっと屈んだときの構えと近いですね。京舞の井上八千代さんもそれを強調する。

杉 そう、その動きですね。
気功の最初の動作とは、足を開き、腰を落とした人文字の姿勢で、両手を下から上へとゆっくり持ち上げる。つぎに、上から下へとゆっくり下げてゆく。この動きは、太極という根源的な混沌があるわけだけれど、この太極の動きに由来するものです。まず陰から陽へと上昇し、つぎに翻って陽から陰へと下がる動きになる。つまりごく単純な手の上下する動作によって、動作空間のなかに太極図が生まれるのですね。それが基本となる。
気功の所作のすべては、ことごとく太極の円相に収斂する↓㉖。水平の動きにも垂直の動きにも円相がある。気持ちのなかにも円相あ

㉖—中国に古くから伝わる陳式太極拳。手をひねり、螺旋を描きながら、大極図をなぞる動きを取りこんでいる。

るいは球体が生まれでる。ことごとくが、まろやかなものへと収斂してゆく。

つまり、天地をめぐる気の流動が、人間の所作でゆっくりと繰り返され、累積されて凝縮し、気の球を形づくる状態になる。そういう考えなんですね。だから、井上有一さんの全身で文字を書き上げるという行為のなかにも、いまの気功の基本の動作である、持ち上げる——下ろす——仰ぐ——伏せる…という動きが潜んでいる。

松 あれは比田井天来《ひだいてんらい》を嚆矢として、上田桑鳩《そうきゅう》や大澤雅休《がきゅう》を経て、森田さんと井上さんが発見したものなんですね。いわば飛白体から永字八法におよぶ江戸時代が拡張してしまった書法のすべてを、もう一度人間の行為の単純な呼吸の吐息、吸気というのでしょうか、そういうものに戻そうということです。あらゆる書を「伏仰《ふぎょう》」という行為に戻したんですね。伏せて仰ぐという、この二つのものに還元して、カアーッて吸って、ハアーッて吐いて書くわけです。伏せる線と仰ぐ線に集約した。手の甲を表にして手前に引き寄せてくる線と、手の平を表にして向こうへ引き上げていく線の、この二つに集約したわけです。

そのほかたとえば、芹沢銈介さん(→★13)が短冊や帯を表にしたり裏にする文字をつくりました

㉗
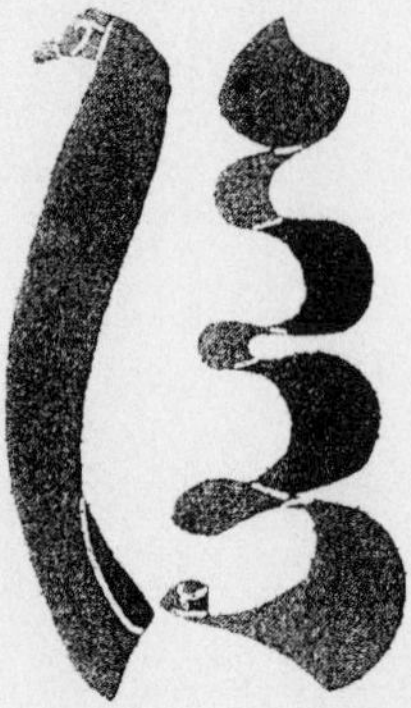

★13—芹沢銈介（一八九五—一九八四）染織工芸家。「型絵染」を創始した。

が、どこか通じるものがありますね。根源への回帰の手法だと思います。

舞い踊る、芹沢銈介の文字…

杉 芹沢さんの文字を調べていていちばん面白かったことは、一点一画が踊っている→㉗㉘…ということですね。一点一画を繋げる動きを、芹沢さんは、目に見えるように凝縮し、文字の形に盛りこんでゆく。じつに気配に満ちた文字になる。
たとえば中国の芸能を見ていると、かつての宮廷の女性たちの舞を舞うときの衣装は、袖がうんと長い。水袖《すいしゅう》と呼ばれています。

松 天女型なんです。いわゆる天衣《てんね》ですね。

杉 ひらひらとした天女の袖です。手を上げ下げするたびに、袖のゆらぎが雲を引くような軌跡を生みだしてゆく。それをとても尊んだ。こうした所作はその後、長い布を振りまわす踊りへと進化してゆく→㉙。
たぶんそうしたものが、芹沢さんが生みだした布文字と名づけていいような書体

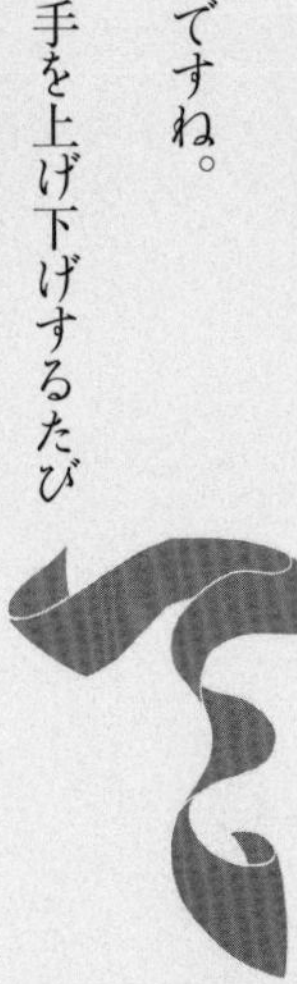
㉘

㉙

㉗㉘― 染色家として知られた芹沢銈介は、染めかけた長い布地が風に翻るありさまを、幾度となく眼にしたのではないか。「信」「天」は、芹沢の布文字の代表作。芹沢美術館蔵。

㉙㉚——中国の宮廷舞踊や胡旋女の舞では、長く伸びた両袖（水袖・すいしゅ）の動きが無限旋回を活気づける。右は漢代の画像塼（タイル）より。

の背景に潜んでいると思います。ふつうは、飛白体に結びつけて説明されるんだけど…。中国の天女の舞とか、風に舞う布地の動きなどに結びつけて解くほうが、もっと自然に読みとれます→㉚。

かつて松岡さんたちが雑誌につけたタイトルの『遊』という文字にも、舞いがある。出遊という、旗を立てて道を進む。風でひらひらはためく、はためく旗のところに神が降りたつ…という。そのようなものを、芹沢さんは直観的に感じ取っていたのではないか。

日本の書家のいく人かは、神と人のやりとりを知らず知らずのうちに身につけていたのではないかと思うんですよ。

松 だからこそ書がもう一度文字に戻ってくるべきでしょうね。たとえば真行草とか連綿草とかというふうに、身体のストロークのなかでいろんな書の形が生まれますよね。そこまでいってしまって、江戸の手習いでもう一度ちゃんとした楷書を書き直しましょうみたいなことをした。それを戦後はお習字にしてしまった。

そこで問題だったのは、文字に潜む自由な風気の動向を忘れてしまったということです。そして、風気を綴る書を単なる〈前衛書〉とみなしてしまった。そこが若干、残念です。やっぱりこれは井上有一のような稀なる人は別として、私たちの文字文化を考え直すときが来ているということでしょう。

とりわけ流動的な文字感覚というのは、デザイナーがフォントを扱うときの感覚としてはいま、引き継げないままにあるという感じがします。

杉　残念ながら、その通りですね。自由な書風を生かすとなると、現代のフォントでは、かろうじてひらがなでしょうか。ひらがなをもっと豊かにしていくことに可能性が残されているかもしれない。芹沢文字の流れる動きを、上手にひらがな化してみる。一方、カタカナはむしろ、アルファベット的な組み立て方になっていくかもしれない。外来語、カタカナ英語を記録するための文字としてね…。そういう意味では、ひらがなには、かなり可能性があるんじゃないか。

松　ありますねえ。平安三筆や寛永三筆に代わる平成三筆も出現してほしいですね。

活字による文字表現の可能性をデザイン語法に…

松　日本のいまのグラフィック・デザインでひらがなをもう一度、いま二人で話してきたような考えをもとに使おうという気になるデザイナーというと、そうはいなさそうですね。

杉 ぼくは味岡伸太郎さん(→★14)がデザインした「良寛」、「小町」の系統は、身体運動を反映したそのしなやかさが気に入ってときどき使うのですが。もっと続け字を作るとか、たとえば「い」なんかはさらに小さく、だけど「し」や「り」「う」などはさらに縦に伸ばして…というような、極端なめりはりをつけると面白いんじゃないかと考えています→㉛。それによって、身体の動きがもう少し思い出されてくる。流れが渦巻いてくるといった要素が、近代的な設計法に生かされてくるのではないか…。

松 なるほど、うなぎ屋の「う」がうなぎの象徴になるみたいなことがもっと起こっていいでしょうね。漢字では難しいですか。

杉 漢字のなかに、ここで話したような雰囲気を持ち込むことは、かなり難しいと思います。私などはむしろ、漢字の活字はよくぞ8ポイントとか9ポイントとか、さらに6ポイントなどという小ささでも読み取りうるところまで凝縮して鋳造してくれた…と感心するほうだけど。

㉛—「送下されし御心さしのほど…」と記す、流れるような女文字。江戸時代。日向数夫編『江戸文字』グラフィック社より。

★14—味岡伸太郎(一九四九—) タイプフェイス・デザイン「小町」や「良寛」などの生みの親。

松　杉浦さんは漢字はなかなか難しいと言われますが、杉浦さんがかつてデザインされた東京画廊のパンフレットや「間」の展覧会のポスター→㉜や文学者の全集の装幀などの仕事に見られるように、漢字だって扱い方によっては原初のパワーを蘇らせることができると思うんです。

とくに活字になった漢字は、いったん印圧のなかで線とインクと紙とが混じって、ノイズを伴いますね。それを印字された文字の場ごと引き上げて、デザインのなかにもう一度適用したという、あの杉浦さんの方法は、漢字をその生態圏ごと取り出すものとして、非常にショックだったし、これまでにない新しさだと感じています。

杉　あのころは、活字による文字表現について、いろいろなことを考えていました。

たとえば、活版印刷の場合には、印圧というものがある。活字のように社会化された文字は、大量生産という生産工程を経るわけですが、その工程のなかで起こる身体行為に似たものは何かというと、活版印刷の場合には、紙の上にガーンと活字を叩きつけることですね。あの頃のインクには油っこいものがあり、印刷した文字の油が時間とともにゆっくりと紙に染みて滲《にじ》んでいくことがあった。こうした活字と紙が触れ合い、インクと紙の繊維が絡み合う過程を発見して、デザインの語法にできないだろうかと考えていました。活版の組版を油だけで刷っ

てみるとか、紙をわざと二枚重ねて印刷機を通し一枚目じゃなく二枚目を使って
みようとか…。

32—「間」展のポスター。
日本的美意識の伝統と現代を
大胆に結びあわせた展覧会。一九八一年に、
フランスで開かれた。
磯崎新＋武満徹プロデュース、
ポスター＋カタログ制作＝杉浦＋松岡正剛

松 「空刷《からず》り」の試みもされていましたね。

杉 活字はしょせん社会化された文字なのだけれど、この活字がわれわれの眼前に出現する直前の過程、一般の人が見ることができない生産過程での働きを重ね合せて、文字組み表現の語法にしてみたいと思ったんです。

除去の対象であるノイズに注目する…

松 もし杉浦さんがアルファベットだけを扱われているデザイナーだったとしたら、滲み文字とかボケ文字のような工夫をしただろうかと思ったことがありましてね↓㉝。杉浦さんが漢字でああいうボケ足をつけた文字をデザイン化したときに、あれ以前にアルファベットのタイポグラファーやグラフィック・デザイナーがああいうものをやっているかどうか、当時、調べてみたことがあります。やっぱりほとんどなかったですね。だからやはり、意味を持った文字がもう一度、紙や

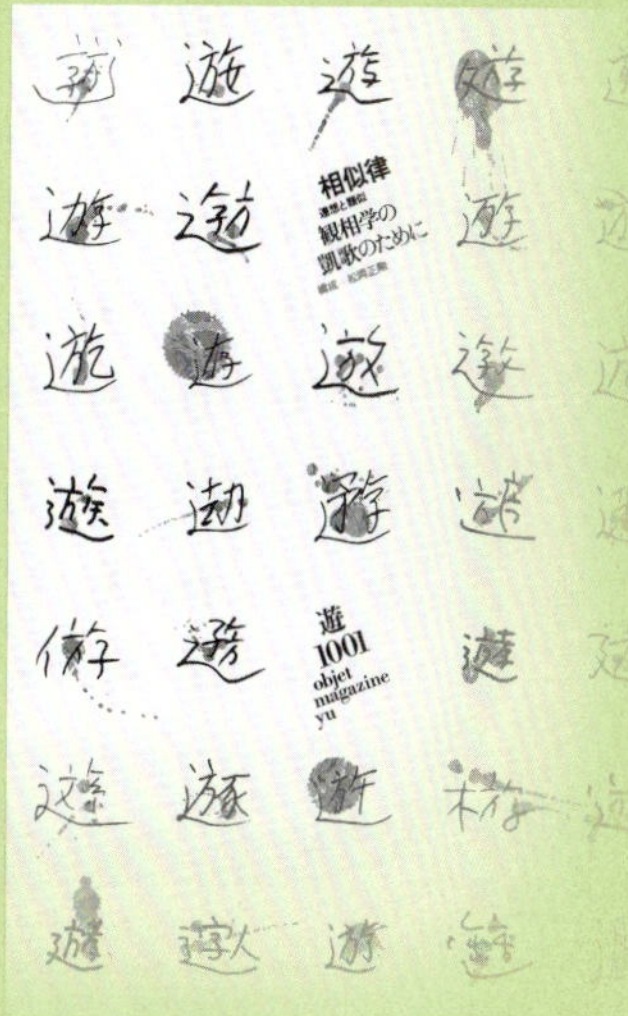

㉝—遠眼で見れば、すべて「遊」…。誤字の集合体で杉浦がデザインした、雑誌「遊・相似律」一〇〇一号、一九七八年。

メディウムや油や空気や鉛に出会って起こす、なにかその気配が取りこまれたんだろうなと思いましたね→㉞。

杉 初期のアルファベット活字による印刷物は、そのような滲みやゴミを切り捨てようとした。美しく読める文字だということを強調してきたからです。すっきりとした記号素としての佇まいを持ち、可読性を求める方向へ…と進化したアルファベットなのだけれども、じつはグーテンベルクの聖書にしても、印圧による滲みから逃れることはできなかったわけですね。紙面の粗さ、印刷術の未熟さ、それによって混入してくるさまざまなノイズの問題。これは避けられない。しかもヨーロッパでは、こうしたノイズは嫌われたわけです。

松 そうですね、面白がるというわけじゃなかった。なんとかノイズを排除しよう、排除しようとしつづけたわけですね。やっと未来派の連中がノイズに注目した程度でしょう。

杉 ヨーロッパの場合には、そのようなノイズは切り捨てられる。端正な社会秩序を優先させる。これは音楽の世界でも同じことで、雑音をどのように

㉞——ミケランジェロの「足」のデッサンに増殖したカビ・ノイズを主役に転じた、杉浦ブックデザイン。清水昶『詩の荒野より』一九七五年、小沢書店。

除去し、いかにして純粋な音を響かせるか…に専心していますよね。タイポグラフィの場合にも、シミやヨゴレの除去は最優先の仕事です。

だけどもう一つ、別のことも気になっていたんです。あの頃は自分の眼に注目していた。ぼくの眼は、松岡さんが名づけるところの「近・乱・鈍視」の状態だから（笑）、私の眼球のなかでは文字というものが、はっきりした輪郭を結ばなかった。知覚・認知のなかですね。だから、松岡さんとの電話トークでも、しょっちゅうぶれとかノイズの話をしていたわけです↓㉟。当時は、文字がかならずしもはっきりした輪郭を持たなくても読めることを、私自身の日常体験のなかで模索し、確認していたんです。

松 杉浦さんの考えで面白かったのは、文字の内部構成力が秘める宇宙観を取り出すという問題意識と、文字が社会の一隅に投げ出されてひらひらと落ちて、落ち葉のようにたまった形態に関心を持たれたこと、その両方でした。そういう発想は、アルファベットのような

㉟―コトバは、詩は、小説は宇宙空間からやってくる…。銀河系の星屑、光のノイズを主役にすえた、杉浦ブックデザイン。稲垣足穂『人間人形時代』一九七五年、工作舎。

表音文字からは出ないのかなということです。それからもう一つは、文字ってやっぱり道具というか、筆記用具、文房四宝を含めて、道具との戦いというか出会いというか、そういうものに近いですよね。その文字と道具の関係をデザインするのは、どうなのでしょう、杉浦さんも以前はあまりされていなかったのではないでしょうか。


杉　とりわけノイズの問題はね。

私の場合には、大学でグラフィック・デザインの基本を学ばなかったので、印刷現場に通って学びとることにしたのです。

当時の印刷現場では、滲みやぶれといったノイズの発生が避けられない…ということを、職人さんと一緒に体験していました。そんな体験を通じて、むしろ、生産過程で内発するノイズを正直に拾い出していくことがデザインではないかということに気づいたのです。

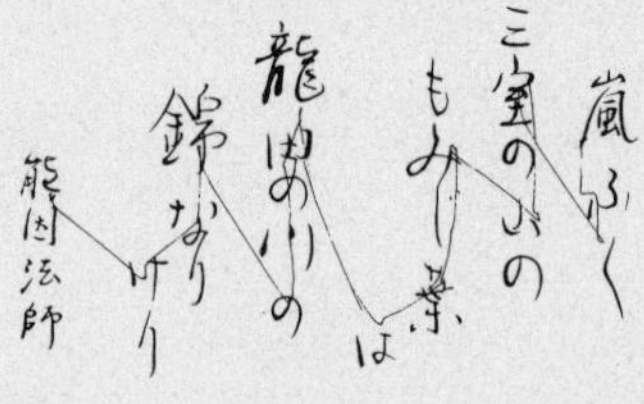
嵐ふく
三室の山の
もみぢ葉は
龍田の川の
錦なりけり
能因法師

㊱—百人一首の歌を読みとる眼球の動き。アイカメラによる。

文字を超えた文字表現がある…

杉　もう一つ、さきほども触れた「眼」の問題があります。当時、人間の眼の認知過程に興味を持ち、明瞭に見えるということが何なのか…ということを、視覚生理学に学びながらしきりに考えていた↓㊱㊲。たとえば分厚い辞書をパラパラとめくるでしょう、二百ページぐらいを数秒で見とってしまうわけだけど、その速見のなかで、時に、ひょいと拾い出せる文字があるんですね。たとえば松岡さんのことが気になっていると、突然、高速に動く文字のなかから「松岡」という文字が明瞭に見えた気がする。実際にその辺りを見なおすと、あったりする。テレビ画面の三〇分の一秒より短い瞬間認知なのだと思います。

松 文字というのは、だいたい静止して読むとか見るということから発達しているのだと思うんですが、やはり近代以降、蒸気機関とかいろんなものが生まれて、さらに映像装置にスピードが出てきてからは、イン・モーションのなかの文字というのが新たに脚光を浴びるわけですね。そうすると走る自動車のなかからでもしっかり捉えられるポップな看板文字が生まれたり、ネオンサインがラスベガス化したり、道路標識みたいなピクトグラムによるシンプル・デザインが生みだされていくわけです。動き出した空間のなかで文字を捉えるというのは、近代以降の新しい問題ですね。

杉 五〇年代、六〇年代の、映画のタイトルで文字を扱って成功したいくつもの作品は、とても面白かった。

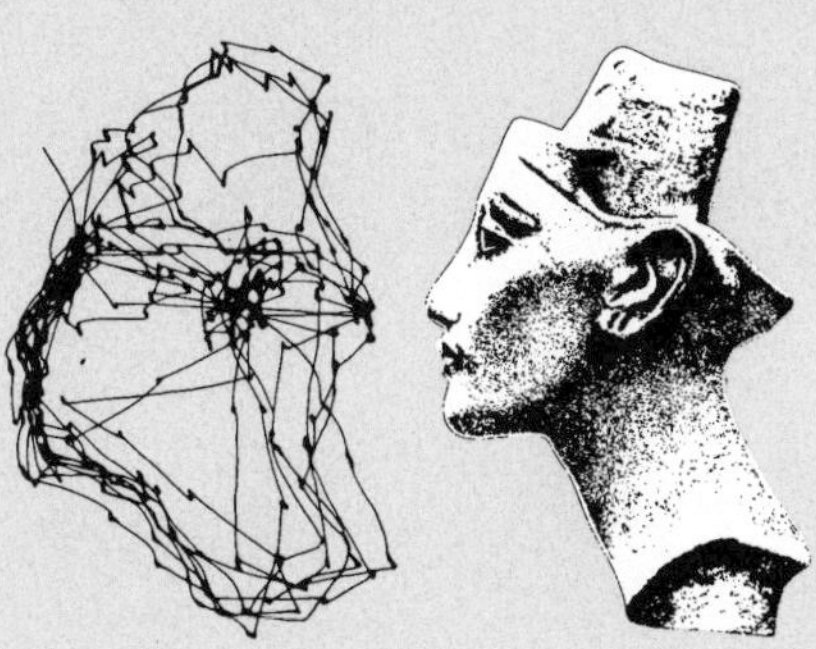

㊲—王妃ネフェルティティ（エジプト王朝）の胸像（右）を見つめる眼球運動の記録。素速い視線の動きが、輪郭線を描きあげている。ヤーブスによる、アイカメラテスト。

松 その一つの例として、タイポグラファーたちが、たとえば子どもが書いた文字を全部集めて、そのなかに潜んでいるイン・モーションな身体のストロークといった要素を取り出して、ある意味ではドイツ的に、しかしかつ東洋的な目で作りあげることを、ぼくなんかは期待していたんです。が、それは起こらなかったですね。だからもう一回、まだ合体が残っているような気はするんですよ。

杉 ヨーロッパには、知的障害者の絵を研究する研究所がありますね。たぶんユング派などで精神の形成過程の研究に触発されて創設されたのだと思うのですが、われわれにない発想を持つ人たちの記号体系や記述法に焦点を合わせ

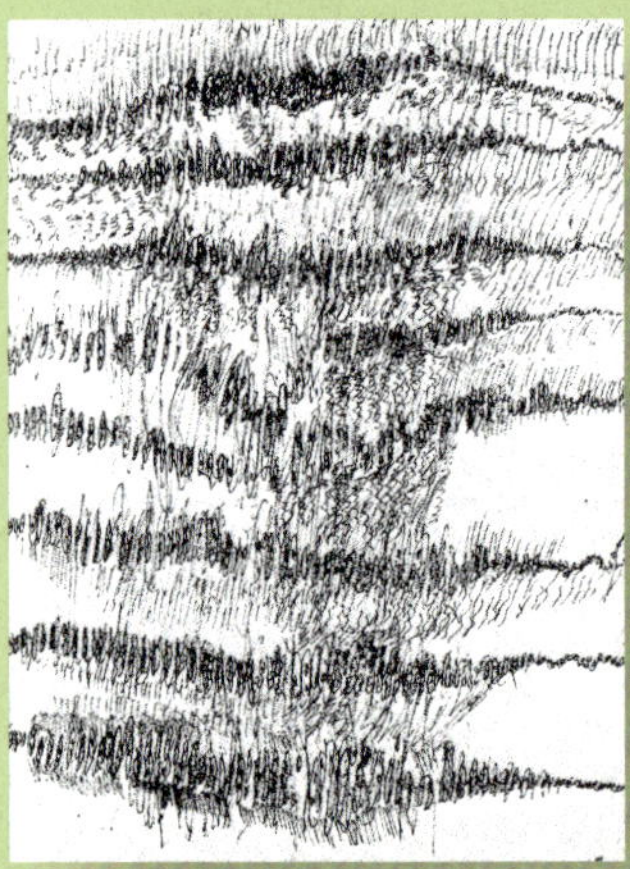

㊳—詩人アンリ・ミショーは、麻薬・メスカリンを試用して、文字詩・言葉絵のような魅惑のドローイングを数多く試みた。「描かれた文字／書かれた絵」展（北海道立函館美術館・一九八九）より。

㊴—疾走する筆勢。サルバドール・ダリのサイン。下のカール大帝の認可状の署名には、上下に伸びる線、繰り返される8の字の動きが重なりあって魔術的な蜘蛛の巣が生まれでる。

て、作品を収集し、研究しています。おそらく分裂症的な、精神病的な独自な記述、大胆で超緻密的な彼らの絵は、今日の芸術家に深い影響を与えています。

自動筆記だとかアンリ・ミショー(→★15)の作品→㊳や、文字表現の前線に立つ芸術家たちには、そのような異能の人びとの表現力がなにげなく投影されているのではないでしょうか。そこには、健常者が書く文字を越える文字表現があり、またそれが昂じて生み出される神がかりの文字、憑依によって書き記される摩訶不思議な文字がある。魔術的な、呪術的な表現力を秘めた文字群ですね。たとえばダリのサイン→㊴などもその影響が感じられます。

音や声の表現に対する、アルファベット文化圏の悶え…

松 そういえば十年ほど前にイルカ博士のジョン・C・リリー(→★16)がすごく面白い話をしてくれたんですよ。

リリーさんはクジラやイルカと一緒にいないと気が済まないような日々を送っているし、その前はアイソレーション・タンクのようなものの水中に自分を置いて、宇宙の波動をあの真っ暗ななかでただ聞いているとか、だいたい特殊な人ではあると思うんですが(笑)、イルカの言葉というか音声をテープに録音したんだけど、

★15―アンリ・ミショー(一八九九―一九八四・フランス)内観の提示を厳密に吐露する詩人・画家。

★16―ジョン・C・リリー(一九一五―二〇〇一・USA)イルカとのコミュニケーションを追究した脳科学者。

ある時それを自分で書きたくなって書いたそうなのですよ。

ところがアルファベットだと、イルカの持っている音の長さに合わなくて、たとえば「クーッ」と言ったとして、Cを伸ばしてもなんにもならない（笑）。CCCとかKKCとか、そういうふうに書いているので、アルファベット記号は自分がやってきたイルカ世界に合わないという。これは面白いなと思いましたね。

杉　いやあ、面白いですね。イルカ語には、まさに、空海の飛白体なんかのほうが合うんだろうな…。

松　ぼくもその場では漢字で書いたらどうですかと言ったら、いや、いまからじゃ遅い（笑）とか言っていました。だから、やっぱりアルファベットって、そういうところから作られていないということが、そんな感じからもわかりましたよ。

杉　分節的な表記法だから、連続を表現する方法がない。アルファベットの一つ一つは、端末が開かれている字が多いんです（c e r y…）。なぜ開かれるのかというと、次の文字へと繋がりたいから…。この繋がりたい意志を無視して、タイプライターや活字は端末をブツブツと切ってしまう。

松　アルファベットも翩翻《へんぽん》の文字という風情にチャレンジしてもらうと面白いんですけどね。

杉

イルカだけでなく、人間以外の話し声、風の声とか鳥のさえずり、芋虫のつぶやき…とかを文字化するとしたら、どうなるのかということですね。

松

どうなるんでしょうかね。杉浦さんは音や音楽の研究者でもありますが、音と文字、声と文字というのを、どういうふうに考えたいと思われているのですか。

杉

うーん、難しい問題ですね。ただいろいろなヒントはある。五十年代から七十年代にかけて、現代音楽の作曲家たちが、グラフィック・ノーテーションというものを流行らせたことがありますね。従来の記譜法、音の高さ・長さ・強さが全部決められた分節化された記譜法では、現代の音楽表現にまにあわない。定量化された音を超えた、自発的な音に挑戦したい。たとえば、大オーケストラというような社会的な集団に向けて指示するにはどうすればいいだろうか…と考えた。ジョン・ケージ（→★17）が編纂した「ノーテーション」などという本に、そうした試みが凝縮しています→㊵㊶。西洋の名だたる芸術家が知恵を尽くすとこれほどに多彩な表現が生まれうるという、表現法の見本帳になっている。

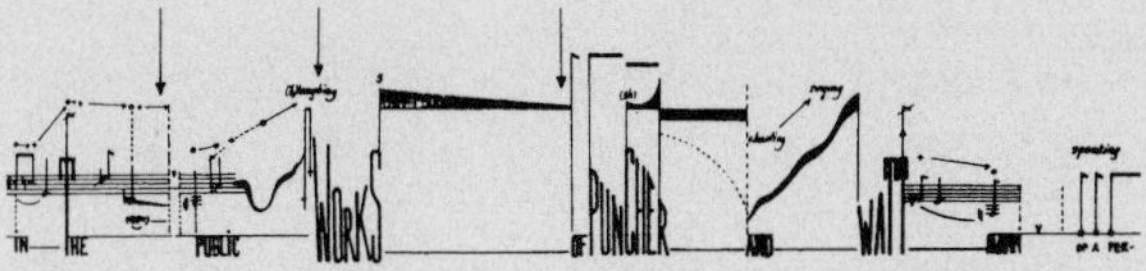

㊵

㊶
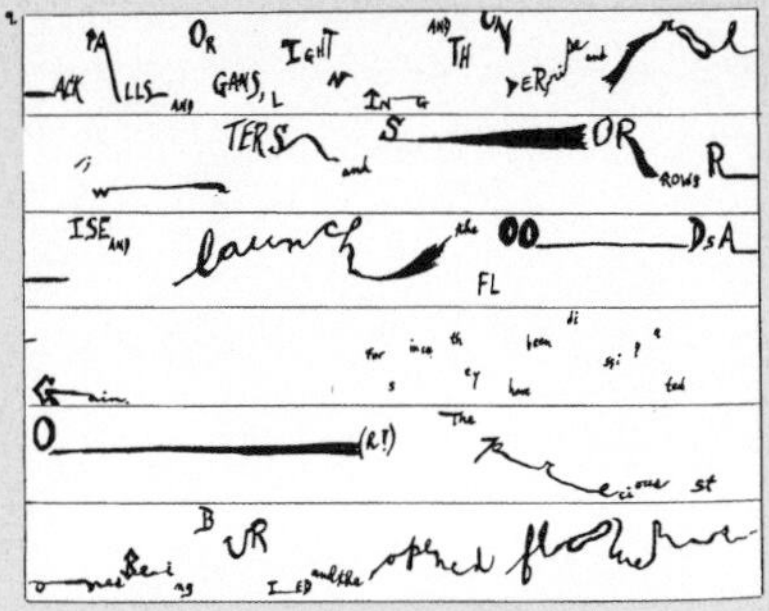

★17―ジョン・ケージ（一九一二―九二・USA）あらゆる素材を表現に用いた実験音楽家。

㊵㊶―文字を取りこんだグラフィック・ノーテーション（現代音楽の記譜法）の例。㊵はH・ラマティ作曲の「クレデンシャル」のスコア。イオネスコのテキストを、縦長に伸びたアルファベット、音量のゆらぎ…などの複合体で発声させる。㊶は、M・ゴールドシュタインの「イリュミナシオン」。大小さまざまにゆらぎ、引き伸ばされたアルファベットが、声の変化を指し示す。

㊷—ソウル・スタインバーグのデッサンより。
人びとを相互に理解させ、誤解させ、
交遊させる文字や音声の
記号論的・意味論的作用を風刺する
鋭角的な作品を数多く書きつづけた。

また、パウル・クレーやソール・スタインバーグ（↓★18）のデッサンを見ると、アルファベット文化圏の人びとの意味に対する悶えというか、声や雑音に対する悶えというものがよく見えてきます↓㊷。スタインバーグなんかは、発音している人の顔までくちゃくちゃに歪ませて、しわがれ声のおばあさんの顔そのものを文字化していたりする。

これは、漢字文化圏の人びとが、使い慣れた漢字の上にどっかりと座っていて、そのよさに気づかないでいるのとは対照的な表現なのかもしれない。

松 なるほど、その点に関しては漢字文化圏のほうがあぐらをかいている。東洋版ソール・スタインバーグのような、「漢字漫画家」は出ていないですからね。わずかにタオイストたちの護符くらいでしょうか。

杉 だから、ロジェ・カイヨワやジャック・デリダなどをはじめとするフランスの哲学者たちが、思考をはりめぐらせて漢字に注目しているほどには、日本人はこの文字体系に注意を向けない。

むしろ、漢字の宇宙性から非常に遠い場所にいて、パソコンのなかの記号として浪費しているにすぎないのではないか…。

松 たしかに中国人が簡体文字に熱心になっているのを見ていると、そういう気配やノイズを取り込もうなんていう方向とはまったく逆のほうへ走っていますね。これはまずい。

★18―ソール・スタインバーグ（一九一四―九九・USA）主に「ニューヨーカー」誌で活躍したイラストレーター、漫画家。

増殖するクレオール文字と漢字への憧れ…

杉 いまの漢字をどうするか、どう発展させていくのがよいか…という問題は、日本人にとってとても大事な問題なのですが、コンピュータでは、デジタル化された記号素というよりも、絵として読みとってしまうことのほうが可能性がありそうですね。

松 ええ、そうなっていますね。

杉 つまりね、漢字はもともと象形性を基本とするものなのだから、絵として取りこもうとするときに、初めて漢字らしい表現の場が与えられるということになるのではないか↓㊸。むしろ漢字の歴史が、そのことを要求している…と思われます。漢字、あるいは漢字的な記号が絵として世界のパソコン画面上に登場することになれば、あれほどに強い凝縮した表現力を持つ記号体系なのだから、爆発的に利用される可能性があると思う。

松 アメリカでMACを使って、いろんなソフトを開発している連中、たとえばアドビの連中などと話しますと、漢字をいじっているときがいちばんイマジネーションが豊かになると言うんです。だから、最初の頃に「日本語トーク」

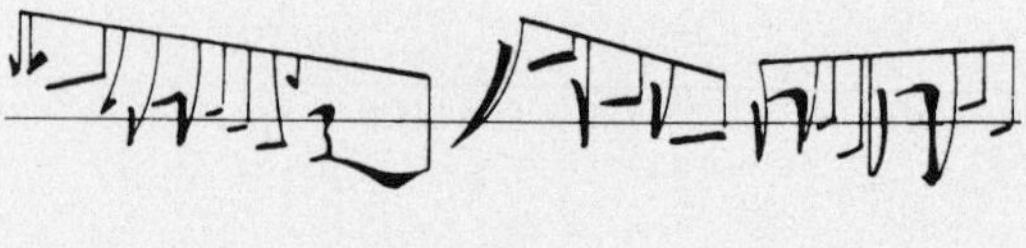

㊸—「道」「在」「明」。漢字の一点一画、筆づかいを音符化した、C・カーデュの「the great learning」一九七〇年作。

とか「漢字トーク」とかと呼ばれていたソフトがあるのですが、それらを開発している連中の漢字に対する、われわれを超えるような想像力の豊かさや工夫というのはちょっとショックです。だから、漢字を電子との関係でいじり直すと、突然、古代史から現代まで全部がうまく立ち上がるんだろうと思うんですが、日本人はそこはあぐらをかいたままにいるのかもしれません。

杉 いま言葉に関しては、クレオール の問題がありますね。クレオール系の人たちは「ティー・フォー・ユゥ」なんていうのを、「tea 4 U」というふうに、数字や記号を交ぜあわせたりして自由な激しい置き換えをしている。かつての中国の漢字でも似た音を持つ文字を置き換えて新しい意味を作ってしまうということが試みられていたわけだけれど、それに似ている。つまりクレオール圏の人びとの感覚は、もはや文字でなくて、絵なんですね。

松 コギャルの携帯文字なんかもそうですね。携帯電話の4649を「ヨロシク」に見立てるみたいな方法ですませますね。しかもアレ、意味が取り込めるようになるので、ひょっとしたら携帯文字あたりが発火点かもしれません(笑)。コギャル言語のクレオール化。

杉 そのクレオール的な言語のなかに、もっと記号が混ざり合い、ちょっと複雑化していくと、たちまち簡単な画数の漢字のようなものが生まれてくる。

つまり木だとか心だとか、簡単で普遍的な形を持つ漢字はたちどころに取りこまれて、少なくとも五〇ぐらいの漢字を使い込んでしまおう…という人たちが、世界的に出てくる可能性はあるかもしれない。

アメリカ在住の中国系の人びとが少し発奮して、そんな文字文化に着手し始めないだろうか…。潜在的に漢字に憧れている人の数はかなり多いので、パソコン画面上に漢字的なものが乱舞するという瞬間が来るのではないでしょうか。

デジタル・フォントが拓く、文字と記号の結婚…

松 ちょっとお聞きしたかったのは、文字と符号のクレオール化というのか、関係化、相互侵入化ということをいま考えつつあるんです。文字と記号が歴史のある時点で分かれ、五線譜のような楽譜とか、あるいはコレオグラフィのようなノーテーションになったり、そこからは数字になったり、＝や√や分数記号とかいうものになりましたね。あれをわれわれは文字だとは思っていなくて、記号だと思っている。なぜ、ノーテーションとかスコアリングというものが、文字と分かれたのかという問題には興味がつきません。

そこで、あらためて文字と記号の重婚化を図るというのはあり得るだろうと思っ

㊹—不老不死の仙人、八人が集まり、無病息災・延命長寿をもたらすとされた「八仙」は、中国の民衆に愛されたトリックスター。
→本書259ページ
この複合文字は、正月飾りの「春聯（しゅんれん）」に八仙がもたらす福を招くために、書き記されたもの。上の二文字は、「采和花藍献蟠桃」と読み、藍采和を讃えるもの。下は、「洞賓背剣清風客」で、呂洞賓の人格を讃えるもの。

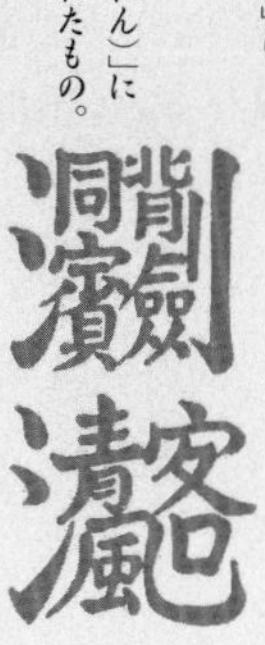

ています。いま、電子ネットワーク上に「ミーム・カントリー」ととりあえず名前をつけているのですが、「編集の国」のようなものを立ち上げるということをちょっと考えているんです。

実験的に編集技術をいろいろ試してもらおうというものです。そのとき、新たなデジタル・フォントのテイストと、これまでの博物誌的な世界によるコミュニケーションが出会えないだろうかという期待を持っています。編集とデザインが出会えるような場を、私のところで電子広場にしたらどうかなと考え、始めています。

そこで文字と記号のあいのこをそろそろ考えたい。

杉 なるほど。漢字の増殖はもともと結合性にある。意味が違う偏と旁《つくり》が並列し、冠と足を接合させて、どんどん増殖していったわけですね。偏や旁は源となる漢字の圧縮形、省略形です。未知の新しい偏を作り旁を作ったりしたならば、それは記号と同じになるわけですね→㊹。

松　できるわけですよね。なぜ起こらなかったんですかね。

杉　たとえば、検閲された文章の伏せ字、×××、○□◎△…というものにはものすごい喚起力がある↓㊺。何がそこに入っていたのかを一生懸命推測したりしますよね。
伏せ字はただ単なる記号ではなくて、検閲側は消去したと思うのだけれど、じつは消去されていない。それこそ、九畳体と同じような悶えた記号、隠された記号ですよね(笑)。文字である以上に、めくるめくものを内包している。こうした記号列は、もう文字を超えた文字ですよね。

伏せ字、返り点、ルビ、作字、筆字の妙…

杉　いま記号は、文字とくらべて一段と低い位置にあり、文章にめりはりをつける補助的なものにすぎなくなっている。たとえば（　）に入れると、小声でしゃべる情報だ…というように。しかし本来は、気分を変えるために窓を開けたり閉めたり、料理の皿がサッと変わったり、そのような役割を果たすものが記号ですね。伏せ字の例のように記号を積極的に使っていくと、むしろ文字以上の

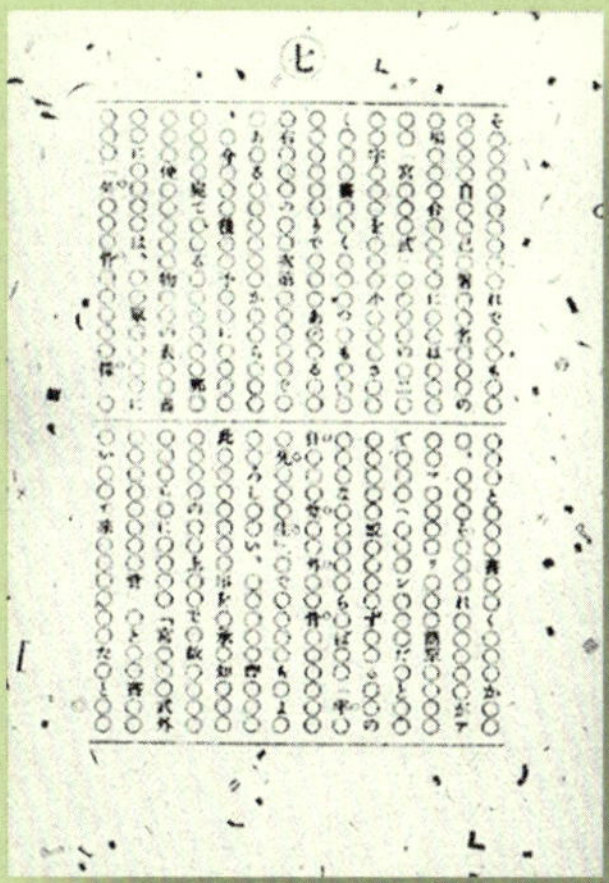

㊺—宮武外骨は、発禁を誘う記録と表現を好んで、ついに伏せ字による文章を発想した。『宮武外骨著作集』一九八五—九二年、河出書房新社。

発言力が生み出される可能性があるわけですね。そういう点でも、漢字という謎めいた記号の働きはとても面白いと思われます。中国で生まれた文字であるにもかかわらず、日本人が新しく作ったりもするわけですからね。

松　そうです、漢文の返り点なんかも不思議ですし、ルビというのも漢字が読めないところから派生しています。

杉　日本人が作った国字の峠・鰯・辻などは、いまなお、なるほどうまい作字だな…と感心する。残念ながら中国では使われていないようですね。

このように、クレオール的な発想をしたい人は、まさに漢字のなかに大いなるヒントがある。思いがけない面白い文字がつぎつぎと湧き出てくるんじゃないか。

日本人は寿司屋に行くと、魚偏の文字づくしがあって、あれでひとときを楽しめるのですが、あれも文字をはるかに超えた、漫画のようなものですよね。あんな面白いものを生み出す才能は、江戸のクレオール的な発想を持つ人びとの豊かな知性があったからだと思います。

C·L·A·S·S·R·O·O·M

C·A·L·L·I·G·R·A·P·H·Y

㊻――「漢字」の視点で、アルファベットを見なおす。

「漢字」の構成法で、表音文字アルファベットを語文字に変える。現代中国の美術家シュー・ビン（徐冰）は漢字文化が包みこむ多様な文字の特異性、非アルファベット的な造字法に着目して、独創的な「アルファベット漢字」を作りあげ、アメリカで書道教室を開いて、人びとを驚かせた。一文字、一単語。解読を試みてみませんか…。

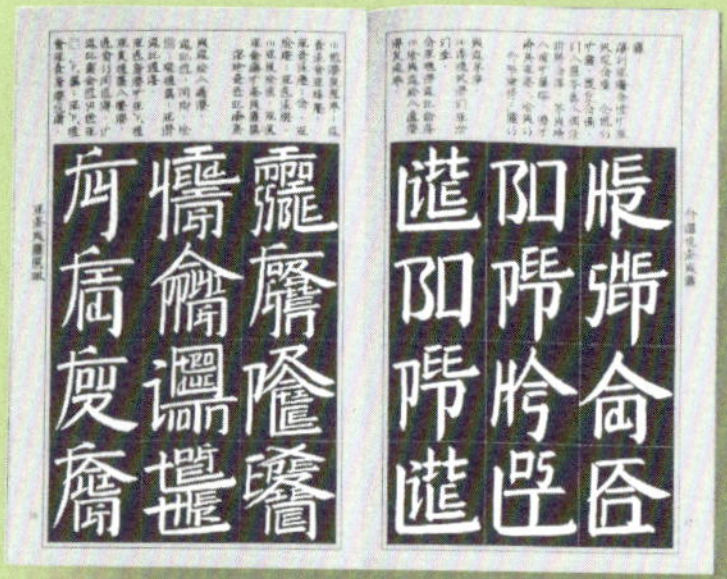

松　江戸時代までは、ほんとにそういうものがありました。ところが明治に入ったとたんにローマ字表記にしようとか、ルビも全廃しようという山本有三の動きなども影響して、やっぱりなにか中島敦の呪いみたいなものが消えるほうにどんどんどんどん追い込まれていってしまいましたね。というか、中島敦にさえ近づけなくなるところへ向かっている。それでも江戸川乱歩のように自分で活版印刷所をやろうとした文人もいましたが、バルザックのように失敗していった。

杉　明治以降は、活字が一つの権威づけに使われることになる。みずから背広を着、ネクタイを締めてしまうわけだけど、江戸ではまだ筆が一本あると、一本の筆で漢字を記し、かなを書き、ルビをつけて、あげくの果てに絵を描いてしまう。式亭三馬でも誰でも、みんな毛筆一本で絵まで描いてしまいますね。そのうえで、本の格好までにしてしまうという、闊達さというか、全体性というか、統合性というか…。そういうものが備わっていたんです。その意味で毛筆は、クレオール的表現を可能にする筆記具ですね。漢字がもともと持っていた森羅万象を、一文字に凝縮してみせるという特質に近いものをもつと思う。

松　レオナルド・ダ・ヴィンチなんかが持っている才能に近いものが、山東京伝や式亭三馬や、戯作者や浮世絵作家一人ずつが手の先からひねり出せていたんじゃないんでしょうかね。筆の妙味かもしれません。けれども、それがシステムにならないで、全部一種の遊びのように終わっているんです。

杉 システム化するとなると、万人の所有ということになる。その広がりを、どうやってしめくくったらいいかということでしょうね。

さきほどの記号と文字の結合性のもう一つの例は、シュー・ビン（徐冰）（→★19）という中国のアーティストが、アルファベットを漢字のように積み重ねるシステムを案出していますね→㊻。

アルファベットを積み重ねて、漢字を生み出す。記号のクレオール化にとっては、非常に面白いヒントが隠されているように思います。積み重ねていくという発想や構造によって、すでに韓国のハングルは、じつに賢明な解決を見せています。漢字も、もともとそうした合成法をとっていたわけなんだけど…。

松 いいですねえ。日本でも松本弦人君が「アルファベットの楷書」というのを試みているのですが、やっぱりまだこなれていない。Sとかをちょっと角を立てたりはねたりしたものを作って、楷書っぽくしようとしているんですが。

★19—徐冰（シュー・ビン、一九五五—・中国）斬新な試みで文字を作るなど版画専攻のアーティスト。

㊼—江戸期の滑稽本に載った「文字ゑづくし」。a「こんにゃくごんたく」、b「おいらん」c「志んきろう」

杉　でも、文字で遊ぶということでいいと思う。議論をしたりすると、なにかオーソライズされるようで硬いものになってしまう。江戸の人たちがなぜあのような豊かな表現を持ちえたかというと、基本的には遊び心だったわけでしょう。まずやってしまうという→㊼。いまのインターネットのような、グローバルネットワークのなかで、漢字的な複合文字をどのように登場させるのか。デジタル化によるのか、絵として取り入れるのか。絵として取りこむシステムが確立すれば、いまはアルファベットによる記号素の羅列でしか表現しえないのだけれど、もう少し結合性をたかめれば、複合化した記号系が出現します。そのときには、記号のクレオール化が爆発的に起こりうると思いますね。

松　二十一世紀の「文字と記号の森」ですか。今度は文字で遊ぶ話をしたいです。

『武蔵野美術』No.113夏号（武蔵野美術大学出版局／一九九九年）

音と深く結びついた線の動きが、自然と人間、人と人
人と物の間を生き生きと、しかも楽しげに結びつける。
絶妙な協同作業が文字の形に結晶している。——「人間・線・音のつながり」

漢字を「単純な象形」による文字だと考えると、
なにか大事なものが抜け落ちてしまう…。
そう思われてならない。——「森羅万象のざわめきを映す」

2

◉人間・線・音のつながり——漢字のカタチ①

◉森羅万象のざわめきを映す——漢字のカタチ②

人間・線・音のつながり——漢字のカタチ①

「人」文字、気功や太極拳の姿勢を映す……

◉漢字について考えるとき、あるいは話すとき、私はまず、太極拳や気功に思いをはせる。古代中国で創案されたこの心身の鍛錬法は、いまなお多くの人々によって実践され、心身の活性化に豊かな成果をあげている↓①。(ここでは、武術太極拳ではなく、気功太極拳としての鍛錬法を指す。)

◉古代中国の人々は、宇宙に遍満する大気のひろがり、その絶え間ない流動が、万物の生成・変化・消滅をつかさどると考えた。生命力の根源に結びつく大自然の眼に見えない力の流動。その流れに「気」という名をあたえ、尊重した。

人間は、呼吸によって、気の流れを体内へと取り入れる。宇宙の気と体内に潜む気の力を調和させて、人間の身体も宇宙の一部となる。

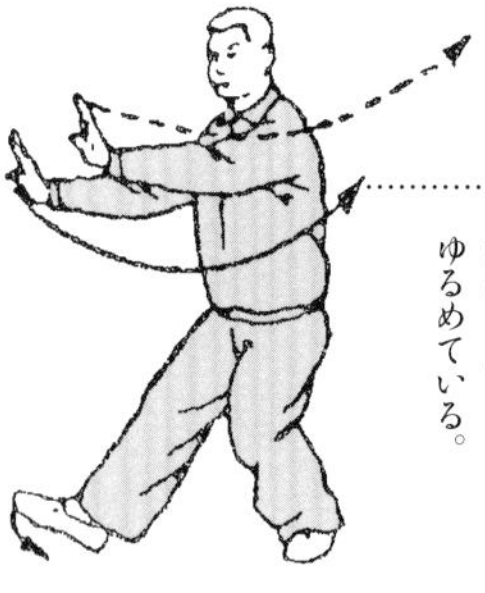

①——太極拳の動き。西欧的な緊張感にみちた身体運動の対極にある、ゆったりとした典雅な動き。全身の力をゆるめている。

天、地、人、それぞれに気の力が潜むのだが、天の気、地の気、人の気は別のものではなく、一つの同じ気に由来する…といわれている。

◉気功とは、活力に満ちた外気をとらえ、身体に取り入れて気力を養う修行法である。気功には二つの方法があるという。その一つである「静功」は、呼吸を整えて意念を集中し、精神の安定を保つためのもの。もう一つの「動功」は、全身をゆったりと動かして、体内の気を活発に育てあげる。

太極拳は動功が発展して、その形を整えた。陰陽原理や易の原理に立脚して、自らの身体に宿る「太極」の力(「太極」は、宇宙の原初の混沌を指す。陰陽の二気をふくむ)を見いだすことに専念する。中国独自の心身の鍛練法である。

②

②—中国・日本の書道における筆先、腕の動き。太極拳のしなやかな身体の流れに似て、天地の気と交感し、あるいは周囲をみたす気の動きをたどるかのような、流動する線が主役となる。上は、「天地」の二文字で良寛の書。下は、道教の霊符のゆるやかな線のゆらぎ。

③—左は、「人」文字の甲骨文。上体を前傾させ、手を下げて膝をやわらかく曲げ、腰を落とす形である。天の気、地の気のあいだに立ち、気功をする人の姿（下）ともみえる。中国的身体観のあらわれだろうか。

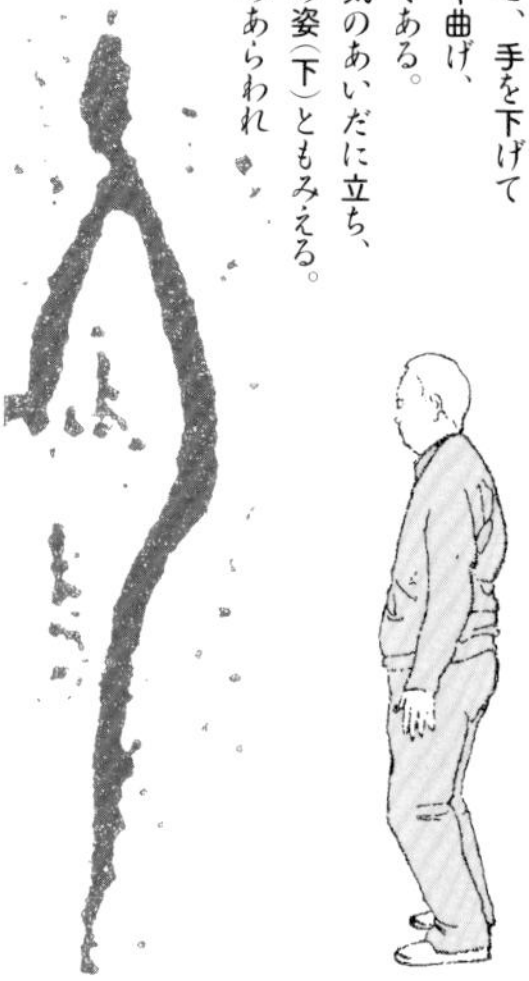

「北」は背中あわせに立つ二人の姿。また、「兄」「光」「見」などの字形には、ひざまずいた人の姿が描きだされる。正面からみた人の姿は「大」。「立」「天」「亦」なども正面形の「大」を基本とするが、側面形の「人」や「兄」にくらべると、正面の人の形から派生する字形はやや少ない。

◉中国では早朝から公園や広場に老若男女が集い、静かに太極拳や気功を始めている。太極拳、あるいは気功の動きは、誰しもが気づくように、身体の緊張を抜きさってしまったかのような、優雅なふるまいに満ちている。ゆったりとしてまろやかなその動きは、五体のすみずみに緊張感をみなぎらせようと努力する、西洋の体操・体育の動きの対極にある。

◉気功や太極拳の、基本的な立ち姿を見てみよう。身体の力を抜いて膝をかるく曲げ、腰をやや落とす。両手をやわらかく前方に持ちあげ、半眼を開いて正面を見る…。この形は、金文や甲骨文という中国古代文字に刻まれた「人」文字の形、横向きに描かれた身体の姿とおなじである↓③。

◉私はこの「人」文字の原形を最初に見たとき、何か不思議な感覚にとらわれた。古代中国の人文字は、なぜか、背筋を伸ばしてぴんと直立する人の姿ではない。足をしっかりとふんばって立つ人を、正面からとらえた形でもない。

つまり、西欧の体育的な人体像とは異なる人の姿、まさに、気功や太極拳でとる基本的な姿勢ではないか。膝を少し曲げ、余分な力を抜いてリラックスして立つ人の身体を、横から眺めた形だと思われる。古代文字には上半身をより前傾させ、両腕を前に垂らす形も見いだされる。

◉中国の最古の辞書である『説文解字』では、「人」文字の字形を、低いものに向かって身を屈める形だと解いている。

だが私には、古代の「人」文字の字形は、天地の気と交感しようとする、気功や太極拳に見られるリラックスした人の側面の姿勢だと見えたのである。

気の流れが「線」に乗りうつる……

◉中国で、気功の導師にお会いしたことがある。導師が行う太極拳の動きは、じつにしなやかで美しい。呼吸に乗せて両手と身体がゆるやかに動き、まろやかな輪をいくつとなく描きあげる。

あたりにそよぐ微風に乗せて、ごく自然に身体が揺れ動くかのように、なめらかに舞う。超スローモーションの動きに乗せた、典雅な流れが連続する。導師の身体の動きや指先の流れを眼で追っていたとき、その指先がゆっくりと虚空をたどる三次元の曲線に、ふと、書道の名人が気合いを入れて文字を書くときの、手の動きが重なって見えた➡④。

◉太極拳の動きは、身体の動きを自在に解き放ちながら、周囲に充満する空気の流れの境目をたどるかのように、自らの手足や身体全体を動かしてゆく。まさに、天地を満たし流動する「気」の流れと交感する身体動作にほかならない➡⑤。書を書く手の動き、文字を生みだす身体の動きも、同様ではないだろうか。太極拳の手の動きをゆっくりと引きのばし、空間化したような流れに乗っている。気の流れに従い、一つの文字が空中に書き記されるかのように感じられる…。書と文字と人と、天地自然を流動する気の流れ。これらの深い関係が、湧きでる水の流れや風の渦をたどるかのような太極拳の動きに、凝縮されて現れている。

◉つまり、文字と人とのかかわりは、たんに、紙の上に書き記されたものを見て読む…といった、机上の出来事ではない。全身的で、流動的。全宇宙の息吹きと交わるかのような深い動きの軌跡が、文字の一点一画に潜んでいる…。そのことを私は、中国の風土や人々がかもしだす文化の奥行きを肌で感じとりながら、初めて体験することができたのである。

④—上は「雲」の篆書。「雲」は「云」に由来し、雲気たなびく二本の線の下に、尾を巻く龍の姿をえがくもの。直線・曲線の対比が美しい。

⑤—朝もやのなか、樹木の吐気に包まれて太極拳をする中国の人びと。

なぜ「線」が、文字の主役になるのか……

◉ここで改めて文字というものを見つめ直すと、人間が生みだした文字の字形には、「面」という造形語法があまり使われていないことに気づかされる。これまで、世界各地で用いられた数多くの文字は、おもに「線」によって記されてきた。線の動きと、線から派生する「点」や「記号」の組み合わせを基本にして形づくられ、体系化されている。（初期のエジプトのヒエログリフや、各地の未解読の古代文字が、例外としてあげられる。）

◉なぜ「線」が、文字の主役になるのだろうか。

筆記具を調べてみると、そのほとんどが、線を生みだす道具であることがわかるだろう。鉛筆はむろんのこと、粘土板に文字を刻むヘラのひと押しも、短い線を作りだす。甲骨文を骨片に刻みつける刃物も、線が主役となる。現代のペンや鉛筆、ボールペンなどの筆記具も、すべて線を生みだして文字を記す。

◉線の描写力で、森羅万象の姿を写しとる。線による抽象図形へと簡略化して、あらゆるものを記してゆく。その線の魅力に重なりあうかのように音声がしのびこみ、棲みついてゆく…。こうした過程が、人間が生みだした文字の基本を形づくったといえるのではないか。

身体の動きが「線」を描きだす……

◉ではなぜ、「線」が文字の骨格となりうるのだろうか。これは大きな疑問点であり、さまざまな要因が考えられる。ここでは、次の二つについて考えてみよう。第一に、人間の身体に包みこまれている線、いわば「人間の身体がごく自然に生みだしてゆく線」について。第二に、外界からの信号を受信する「人間の知覚過程で浮かびあがる線」について。

◉まず第一の要因、「人間の身体が生みだす線」とは何なのか…。

人間は動物である。そこで「動物が生みだす線」と呼んでもよい。

古代、人間は狩猟生活をしていた。個体の獣、あるいは群れをなす獣を追う生活だった。このときに重要な手がかりとなるものは、砂地や土の上に印された足跡、つまり、「動物の動きが印す幽かな痕跡」であった。

倉頡像

⑥

⑥——四つ眼をもつ蒼頡(そうけつ)の像。中国太古の帝王・黄帝の記録係であった蒼頡は、鳥獣の足跡にヒントをえて、漢字を発明したという伝説がある。

足跡は、さまざまな線を生む。鹿だろうとサソリだろうと、動物と名のつくものは地上を走り、はいまわる。その痕跡が、点々と連なる線を地上に刻みつける。人間も自らが歩いてきた道を振りかえると、二つの足跡が印す一筋の線がごく自然に大地の上に刻まれていることに気づかされる。

◉次に、手の動きを考えてみよう。たとえば棒を掴んで振りまわし、あたりの砂地をひっかいたり、こすったりする。砂の上に、棒の軌跡が思いおもいの線を印していく。

ときに人間が熊に襲われたりすると、鋭い爪がひっかいた傷が身体に刻みつけられる。これも、痛々しい線となる。

◉人間や動物が動きまわると、行動の痕跡が線となる→⑦。身のまわりのありとあらゆる場所や物質の上に、ごく自然に線が印される。

人と線、動物のふるまいと線の誕生…。線は、生存をかけた厳しい時空のなかで、絶え間なく生みだされ続けていたのである。

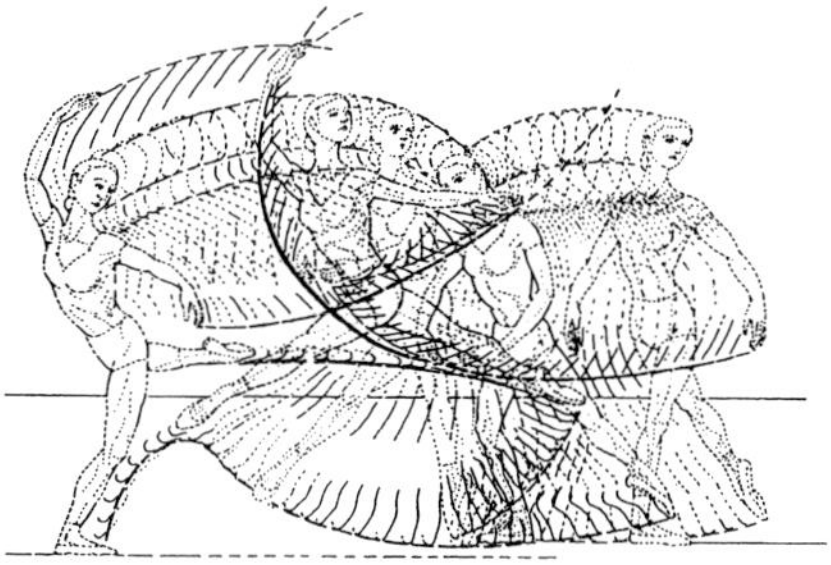

⑦—クラシックバレエの基本型の一つ、グラン・ジュテ・アナヴァン（前方跳躍）の分解図。空中を跳ぶダンサーの手足の動きが優雅な線を描きだす。

知覚過程で「線」が生まれる……

◉こうした、「身体から外部に向かって描きだされる線」に対して、人間の体内に潜む感覚器が、「外界の刺激を受容する過程で生みだす線」があるという。

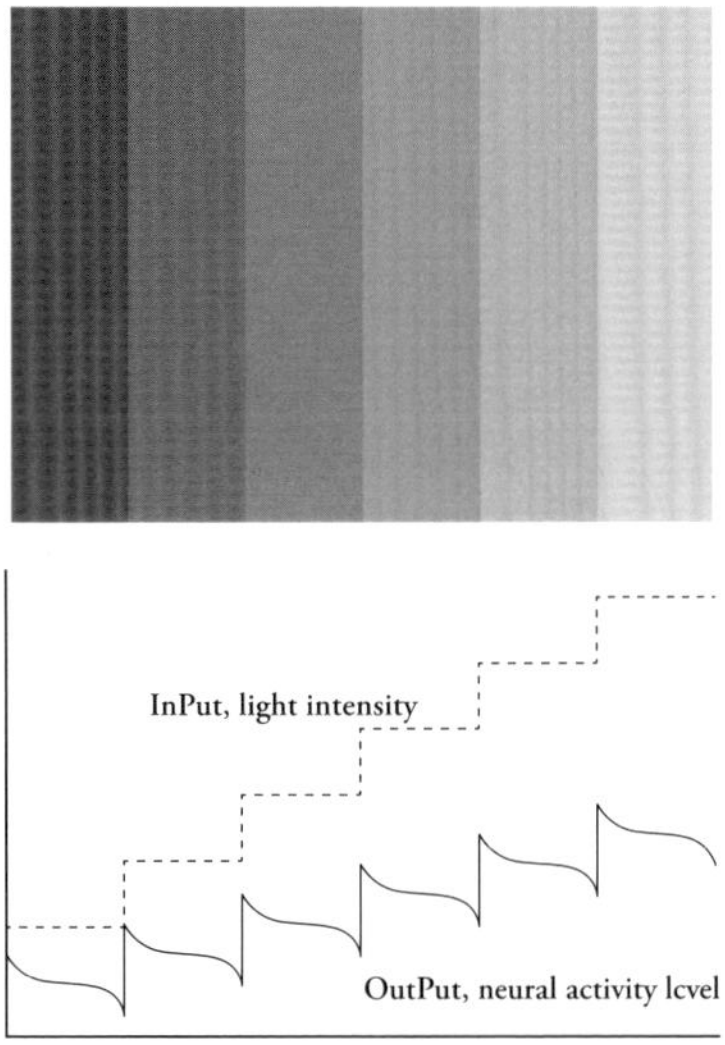

たとえば、眼が外界を見とりながら、眼球の動きに応じて「身体のなかに描きあげる線」というものが存在するのではないか。これが線の誕生の第二の要因である。

つまり、外からは見ることができない線の存在。身体内部の運動が記憶するような、独自の線が存在するのではないだろうか。

◉外界の光。きらめく光…。光は刻々に変化してゆらぎ、明暗の場を生みだして外界に活気をあたえる。

こうした光の変化に、人間の視覚は敏感に反応する。ヒトの視覚の働きは、知覚や認知の心理学・生理学の展開に応じて、さまざまな角度から深められている。

◉認知の上で、とりわけ重要な反応だと思われるものに、「マッハバンド」と呼ばれる現象がある→⑧。明るさが異なる二つの面が接しあうとき、境界線上で起こる特殊な知覚現象、それが「マッハバンド」である。

たとえば、グレーの色面を帯状にし、濃いグレーから薄いグレーへのグラデーションになるように並べてみよう。そうすると、暗いグレーと明るいグレーが隣り合う境界線上で、際立った光の変化が見えはじめる。

⑧—「マッハバンド」の例。光の明るさが変化する境界面で、明暗の強調が知覚される。視細胞→視神経→大脳視領野を結ぶ情報処理過程で「側面抑制」が働くからだといわれている。

暗い方のグレーは、明るいグレーと隣りあう部分がやや暗く感じられる。逆に明るいグレーの側では、暗いグレーと隣りあう部分がやや明るく見えはじめる。明るさが変化する境界線上で、二つのグレーの明るさの差異が強調される。多くの人が感知しうる、際立った明暗の強調現象が生まれている。

◉その結果、どのような認知が生まれるのか。

境界面・隣接面の明度の差異がかなり強調され、境界面が浮かびあがり、線となって知覚される。つまり「境界面」が、「境界線」や「輪郭線」へと変化して見えることになる…。

たとえばグレーの絨毯の上に、やや明るいグレーのソックスが置かれていたとする。人間の眼は、まず両者の明暗の差を見とる。同時に、境界面を線的に浮かびあがらせて感じとり、ソックスの輪郭線を認知する…ということになる。

視細胞の興奮と抑制の仕組みが、輪郭を生みだす……

◉なぜ、このような感じ方が生まれるのか。人間の眼球がもつ光をとらえるメカニズムに、その原因が潜んでいるのではないだろうか。

眼球の内部には、網膜という、光を感じる視細胞がびっしりと並ぶ膜がひろがっている。その厚さは、ほぼ〇・一ミリ。並びあう視細胞の数は、約一億三千万個。

つまり日本の人口とほぼおなじ数の視細胞が、直径四〜五センチほど、厚さ約〇・一ミリの円盤の薄膜を埋めつくし、並んでいることになる。

●数多い視細胞が果たすさまざまな働きのなかに、「側面抑制」とよばれる興味深い情報処理機能がある。

視細胞は、光の変化に鋭敏に反応する。光の変化点に出合った細胞はたちどころに興奮して、プラスの反応を見せる。すると、興奮した細胞に隣接する細胞は、逆に興奮を抑制する反応を示すという。正反対の反応を示すのである。

興奮と抑制が連鎖する反応が、視神経をへて脳へと伝達される。視神経が伝達してきた興奮と抑制の信号群が情報処理される知覚領のなかで、興奮の連鎖がより強調され、興奮点の連続性が明瞭に浮かびあがることになる。

隣りあった視細胞が見せるこの対立しあう反応の仕組みは、感覚生理学では「側面抑制」と名づけられている。

●興奮するものがあると、周囲のものが逆に沈静する。真逆の反応が取り囲むことで、興奮の一点をいっそう際立たせる。

光の変化点で、このような差異の強調が行われるという。その特性が形の認知に、特異な影響をもたらすと考えられる。その結果として、輪郭線が浮かびあがる。「マッハ、バンド」が知覚されることになる…。

「側面抑制」は視感覚だけでなく、触感覚でも、聴感覚でも見られる現象だといわれている。人間の五感の働きを支える感覚細胞のいくつもが、このような「変化点や変化面を強調して知覚させる」という特異な働きを秘めているようである。

◉側面抑制の現象は、最初に、カブトガニの視細胞と視神経を使って確かめられた。人間にとどまらず、地上の生命現象の多くのものが、光に対する側面抑制的な感性を秘めていると推定される。

遥か古代につちかわれた、感覚情報処理の興味深いメカニズム。側面抑制は、「生命記憶」とも呼びうるほどの、重要な認知システムであったのである。

文字と線の結びつき……

◉これまでの展開のなかで、「人間の身体がごく自然に生みだす線」と、「人間が外界を知覚する過程で生みだされる線」、この二つの線について考えてみた。

人間は自らが動く…という行為によって線を生みだし、外界に満ちあふれるさまざまな物体の輪郭や動きを線として認識し、形をとらえるという認知作用を行っている。その結果として、線を生みだす道具、線を記すのに適した筆記用具が作りだされた。線による表現法を活用して、遥か古代から、世界を写しとる記録行為が可能になった…といえるのではないだろうか。

◉たとえば白い紙の上に、黒い線で円を描く。線が描く円形は輪郭線によって切

ギリシャ文字A
の古形

バビロニアの
楔形文字

マヤの
絵文字

インダス文明
の文字

りとられ、くっきりと浮かびあがって見えはじめる。円の周囲にひろがる面は背景となり、まるい形を際立たせる地となって、すっと後退してゆく。そのありさまが、ひと眼で読みとれる。

しかし描き方によっては、紙の上に記された小さな円が、面のひろがりにぽっかり開けられた円い穴に見えたりもする。この場合には、紙面の奥に別の世界のひろがりをのぞき見ることになる。

こうした多様な「見え」の変化、視覚による世界像が、線という便利な表現によって簡潔に紙の上に映しとられ、眼に見えるものとして把握される↓⑨。

◉文字の骨格が線であること。線として表現することで、面的なひろがりをもつ外界を簡潔に描写することが可能になったこと。線の誕生が、記号化を容易にしたこと…。

文字と線の結びつきは、人と自然の根源的なかかわりのなかから、数知れぬ相互作用をへて生みだされたものだと思われる。

◉さてこれまでの幾つかの例で、文字と線とのかかわりの背景をなすものが、少し見えはじめたと思う。

次に、文字の形を豊かに育む「線の表情」について考えてみたい。

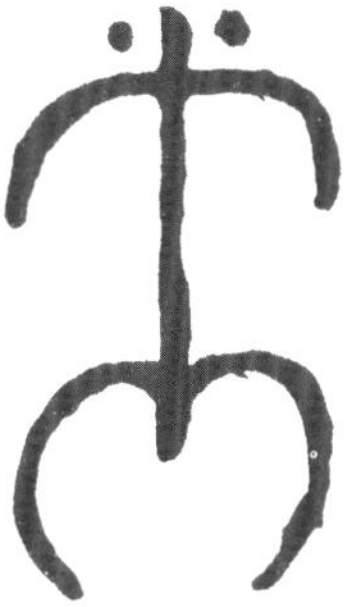
洞窟画の
人記号

⑨——人間が生みだした文字・記号は、古代から、線または線的なものが表現の主役となった。

⑩—チベット仏教の声明譜の一例。高低の声のうねりが上下にゆらぐ線の動きで記譜されている。

線と音が結びつき、共感現象が生まれる……

◉手の動きにしたがい、筆記具が紙の上に線を描きだす。線は形の変化、身体の動き、心のゆらぎを映しとり、未知の空間にむかって伸びてゆく。線は表情にあふれている。描かれた線は眼によって知覚されるものだが、線がゆらぎ、形の変化が生まれはじめると、線の動きが知らずしらずのうちに、音のゆらぎや声色の変化をひきだしていることに気づかされる↓⑩。

◉線の動き、線の表情は、音の感覚にごく自然に結びつく。ゆらぎは音を感じさせ、音を生みだす。さらに調べてゆくと、線の表情が対象となるものの大きさや速度の変化、時間の流れ…といったものにも結びつくことがわかっている。心理学では「シナスタジア(synesthesia)」、共感覚と呼ばれる興味深い現象である。(↓★1)

◉もう一つ、漢字の線の構成法が示す特質がある。古代中国が生みだした漢字は、線によって外界を描写するときに、独自の手法が見いだされる。他の文明圏が育てあげた線的な文字づくりに対して、「特異なかたより」をもつ独特な構成法を案出している。漢字が示す中国的な特異性については、次の節で、饕餮文などとのかかわりをふくめて考察することにする。

★1—本書088-093ページ

◉ここでは、「線の表情」にまつわる二つの問題のうち、まず「音」と「線の表情」のかかわりについて調べてみよう。

線と音との結びつき。視ることと、聴くこと。二つの感覚体験の間には、予想を越えた深いかかわりが潜んでいる。

たとえば、人の頭部における眼と耳の位置に注目してみよう。

知覚や思考活動の中枢は、脳である。眼と耳、二つの感覚器は、頭蓋の上部にほぼ水平に並びあい、外界に向かって開かれた受容器のなかで、脳にもっとも近い位置にある。鼻、つまり嗅覚が、この二つに接近している。

◉「黄色い声…」という表現がある。声の響きに色を感じとることの表れである。

「声をのばして…」などというと、声の持続に線や長さを見ていることになる。

色や形という視覚が感知するものが、声という聴覚の対象と共振しあう。二つの異なる感覚体験が、結びあう。視覚と聴覚の間だけでなく、人間の感覚系のすべてにわたり、さまざまな共振現象が見いだされることがわかっている。

音の響きが、形の丸さ・鋭さに結びつく……

◉感覚系を結びつける、「シナスタジア（共感覚）」。感覚相互の共振性…。

まず、線の微妙な表情の変化が、音の感覚と深いつながりをもつことを調べてみ

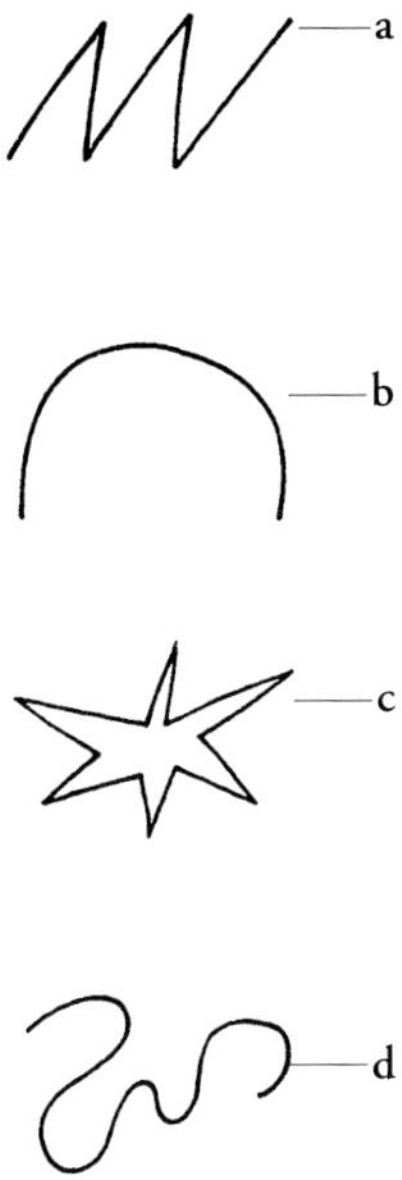

1——lah ru

2——takete

3——paki poki

4——nyu ru nur

⑪—上の四つの図形と、下の四つの無意味音を結びつけてみよう。形と音の結びつき、共感覚現象を探る図形テスト。

よう。ここに四つの図形、a・b・c・dが並んでいる。これらの図形と、次に記す四つの音、無意味音を結びつけてみよう。

1—ラール、**2—タケテ**、**3—パキポキ**、**4—ニュルヌル**。

どの組み合わせが、ごく自然だと感じとれるだろうか↓⑪。

◉面白いことに、多くの人の選択は、ほぼ一致している。1とb、2とaの結びつき。3とc、4とdの結びつき。（2と3が入れかわる場合もある。）

四つの並んだ図形をよく見ると、二つのタイプに分けられることに気づくだろう。

鋭い角をもつもの（aとc）。丸くうねる線によるもの（bとd）。

対応する音を調べてみると、まずaとcの場合には、2のta ke teや3のpa ki po kiになる。これらの音を声に出し、発音してみてほしい。いずれもが鋭い破裂音、摩擦音を含む響きである。

一方、bとdは、1のlah ruや4のnyu ru nurとなる。ぐにゃりとした柔らかい鼻音系の音が並ぶ。

音の響きの鋭さ、丸さ（柔らかさ）が、形の特性に深く結びついていたのである。

◉こうしたテストの積み重ねで、音と形の丸さ・鋭さの間に深い関係があることが確かめられた。感覚の相互を共振させる「シナスタジア現象」が、人間の知覚のそこ・ここに備わっていることがわかっている。

◉なぜ、音と形が結びつくのか。その理由をさぐってゆくと、ヒトが発する音韻の構造にゆきあたる。音の響きの「鋭さ」、「丸さ」――この表現は、それ自身がすでに視覚的なものだが――に原因があるからである。

母音を例にとるとわかりやすいので、「イ・エ・ア・オ・ウ」の五母音について調べてみよう。

唇の形、舌の位置が、母音三角形を生みだす……

◉「母音三角形（または五角形）」と呼ばれるものがある→⑫。唇の開き方と舌の中心点の位置を関係づけて五母音を整理し、図示したものである。

日本語の場合、五母音を発する舌の中心点を結んでゆくと、三角形、あるいは五角形に近い形が現れる。

唇を狭く横にひろげた「イ」の発音は、舌の中心点を口の前方へと高くもちあげて

⑫――母音三角形（または五角形）。唇の開け方、舌の位置の関係を調べてゆくと、左図のような三角形（または五角形）が描きだされる。

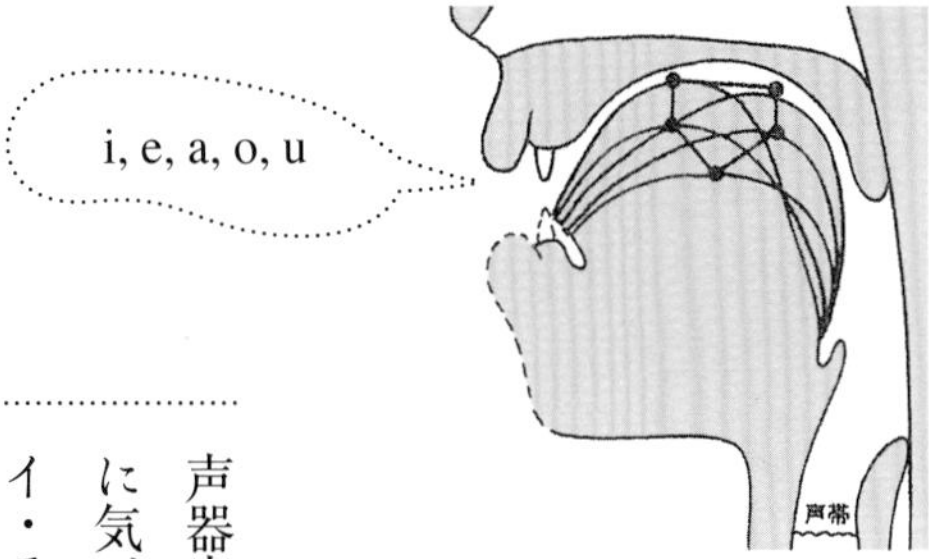

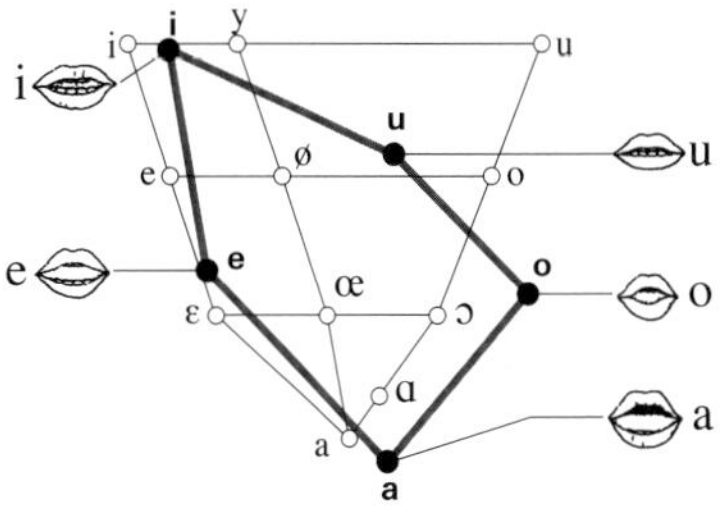

いる。「エ」は、「イ」よりやや大きく口を開け、舌の中心点をイよりも下げている。「ア」は、唇を大きく開き、舌を下げる。「オ」になると唇をやや丸め、後舌を上げる。「ウ」は、唇をまるめて突きだし、後舌をさらに上げて発音する。声を軽くだしながら、五母音を発声するときの唇の形、舌の位置を確かめていただきたい。

◉こうした唇の形や舌の位置といった発声器官の動きと、音の丸さ・鋭さという形の感覚が、深く関係しあっていることに気づかされる。

イ・エ・ア・オ・ウ…という母音の順序は、「イ」に向かって鋭く、「ア」をへて「オ」や「ウ」へと移行するにつれ、丸みをおびて感じられる。

◉面白いことに、母音の響きは、英語の動詞の時制《テンス》(tense)とも関係している。たとえば、begin（ビギン）→began（ビギャン）→begun（ビガン）。現在—過去—過去分詞。時間の流れが現在から過去へと向かうにつれて、i→a→uへ、鋭い母音から丸みをもつ母音の響きへと変化してゆく。

速度の感覚とも関係をもつ。「ピイー」というと速いし、「ポオー」や「ウーワゥー」

になるにつれて次第に遅く、ゆっくりと感じられる。

また、ものの大きさにも関係する。たとえば「トゥイー」という名と「ボァーグ」という名前の、どちらがネズミでどちらがライオンか？と問えば↓⑬、多くの人が「ボァーグ」が大きいライオンで、「トゥイー」は小さいネズミだと答えるだろう。

◉ i、eは速く、そして小さい。u、oはゆっくりとし、さらに大きい感覚をもたらす。小さいものから大きいものへ、素早いものからゆっくりと動くものへ、現在という時間から過ぎ去った時間へ、鋭さから丸みをもつ形へ…。

母音三(五)角形を生みだす五母音の推移に、形や時間、速度などのさまざまなものがかかわりあうことが読みとれる↓⑭。

⑬―ある動物に、二つの呼び名を用意したとき、それぞれの音の響きに大きさの違いを感じとるのではないだろうか。

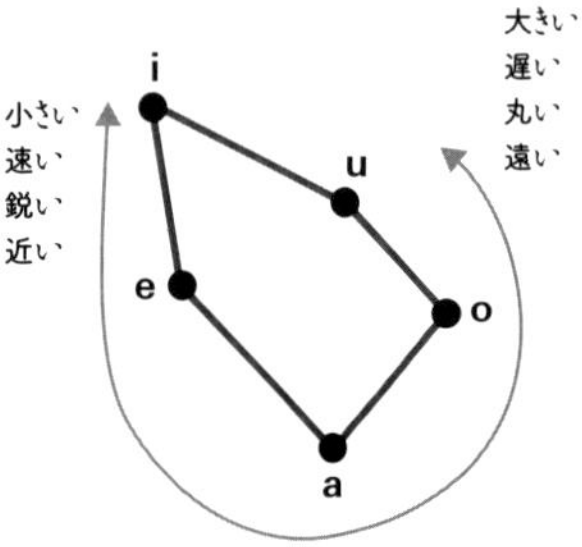

⑭― i→e→a→o→u、と母音を並べると、形と、鋭さ・丸さ、大きさ・小ささ、速さ・遅さ、遠さ・近さ……などとの、はっきりした結びつきが読みとれる。

アルファベットやひらがなの字形にも、共感現象が……

◉人間の動きや、人間の知覚をへて描かれ、刻まれ、形づくられて生まれでた線は、ただ単なる形ではない。絶え間なく周辺のものと共振しあう形である。その例として、五感が相互により深く結びあう…ということがわかると思う。五感が共働しあい、感覚体験を深化させる。「共感覚」の独自の働きである。

o, e, n, m, u | b, d　　i, k, t, v, x, y

丸い　　鋭い

音と深く結びついた線の動きが、自然と人間、人と人、人と物の間を生き生きと、しかも楽しげに結びつける。絶妙な協同作業が文字の形に結晶している。

◉音と形の結びつきは、アルファベットの字形にも鮮明に表れている。さきほどのiやt、k、v、x…などの鋭い音をもつものは、鋭い直線的な字形をもつ。一方、oやe、uやmさらにb、dなどは、まろやかな円弧形にまとめられる。音素文字であるアルファベットの字形にも音と形の結びつき、共感覚が見いだせることは、偶然ではないと思われる。

音節文字である仮名文字でも、お・あ・ぬ・の・ろ…などの円弧を軸にした文字と、し・く・た・い・え…などの鋭角に折れ曲り、交叉する線をもつ文字群の間に、形と音の響きあいが見られる。

◉ひらがなは、速書きのための文字である。手の運動、つまり草書体的な動きに乗せて、すべての字形が生みだされた。一方のカタカナは、漢字の一部を借用した字形である。そのために、ひらがなでは共感覚との結びつきが色濃く見られ、カタカナではその関係がやや薄められているのではないだろうか。

漢字の字形では、音と形の結びつきがどの程度に関係づけられているのだろうか。この問題は、中国文字の研究者に聞いてみないとわからないのだが…。

月刊『ひと』224号（太郎次郎社／一九九一年八月）

森羅万象のざわめきを映す――漢字のカタチ②

面を線で埋めつくす。漢字の造字法……

◉漢字には、「面を埋めつくす」とでも名づけたくなるような、特異な造形語法、線の動きが潜んでいると考えられる。

この語法は漢字ばかりでなく、古代中国で生みだされたさまざまな文物の造形語法にも、共通して見いだされる手法である。

「面を埋める」。これは、輪郭線が切りとったある形を、別の線群で埋めつくすことである。じつに複雑でややこしい、造字法・造形手法ではないだろうか。

◉たとえば、「魚」の文字。金文や、甲骨文の字形を見てみよう↓①。

ふつう魚を描くときには、まず流線形の輪郭を描く。尾をつけ、目を描きこんだりして、それを魚と見たてる。象形を基本とする古代文字のほとんどは、こうした単純な線の連なりで魚を表し、文字化している。

このページの三つの文字はいずれも「雷」の古形。四つの「田」の字のうえを、稲妻の光が渦巻き走る。右上の大きな文字は、全体を、雨冠でおおったもの。

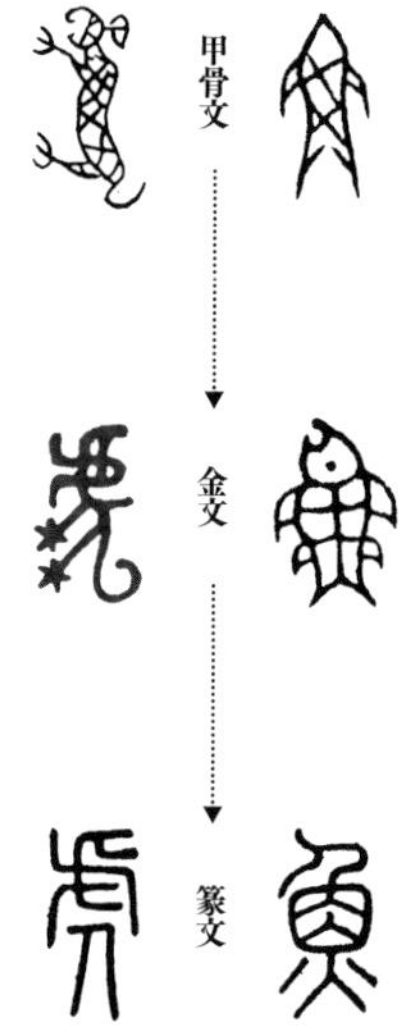

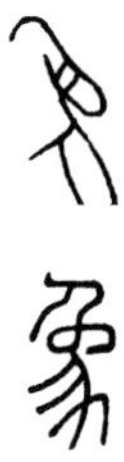

①—魚（右）、虎（左）。
甲骨文、金文から篆文への変遷。
左の二文字は、
象の文字の甲骨文と篆文。

ところが漢字の場合には、輪郭線の真ん中に一本の線を引き、骨とも見える鋭い線をいくつとなく周囲に書き加えて、魚の身体を埋めてゆく。まるで、食べ終わった後の残骸のように。骨なのか鱗なのか、見分けがつかぬ線群だが…。

魚以外の文字——虎や馬、鳥、象、亀、龍なども、容姿にまつわるイメージに触発されて、数多くの線で埋めつくされる。あるいは輪郭線の外に向かって、線が鋭く張りだしてゆく。象の文字などは、張りだし線のよい例である。

◉これを、エジプトの象形文字と比較してみよう。

エジプトの象形文字、絵文字《ヒエログリフ》は、石や土壁などに刻まれることが多いのだが、多くのものは輪郭線で囲まれ、次に、その内部を彫りこんでゆく→②。たとえば「人」文字は、人が横向きに座る姿を、面として浮かびあがらせる→③。

また、パピルスの上にペン、インクを用いて文字を記す場合には、輪郭線を強調して表記される。鳥にしても人にしても、輪郭線が切りだす形をもとにして、文

②—上は、エジプトの聖刻文字。カルナック神殿のもの。中は、クレオパトラの名を記す円い枠。面で表現された文字は、右から左へ読むのが普通だが、左から右へ、あるいは下から上へと読まれることもある。
③—下は、エジプト文字の人物像。多くの場合、神も人も動物も、横向きの姿勢で描かれる。

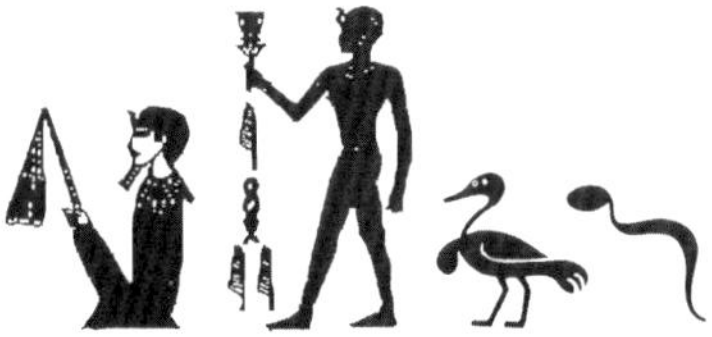

字化している。
エジプトの場合には、漢字のように、輪郭の内部を線群でしつこく埋めつくすという複雑化にむかう傾向は、あまり見いだせない。「面を線で埋めつくす」ということ。これは、漢字の字形が示す大きな特色の一つである。

饕餮文。聖獣たちが、複合しあう……

◉漢字のこのような特色は、おそらく、同時代に生みだされた饕餮文《とうてつもん》の造形法とも深い関わりをもつのではないか…。私はそのように推定している。

饕餮文は、甲骨文が流布したほぼ同じ時代、殷代に誕生した。数多く造られた青銅器の表面を飾る文様で、特異な意匠である。祭祀や祈祷に用いられた青銅器には、巨大な眼をもつ辟邪《へきじゃ》（魔をよける）の顔が刻まれていた。饕餮とは、その顔の呼び名である。

◉なぜ、饕餮文が生まれたのか。美術史の上でも、今なお謎とされる。

饕餮の顔を注視してみよう。大きく見開いた目玉。口は開けている。角や尾をもち、羽を生やす。じつに、奇々怪々な表情をもつ。

よく見るとその細部は、左右一対となって向かいあう動物たちの、身体の太い線や渦巻く線、面の集合体で表現されている。

◉饕餮は、縦横に走る線群によって構成される。線の末端は反りかえり、渦巻き寄り集って、妖しい力を放射している。

太い面のなかに、さらに渦巻く線が刻みこまれる。一体の動物の姿ではない。いくつもの動物の姿が重なり合うことを暗示している。動物たちが複合する隙間には、雷文と呼ばれる渦巻文が、びっしりと繁茂する。

渦巻く顔、力あふれる顔。饕餮の顔は、自然界の動物の単なる集合体ではない。渦巻くものから生まれでた神聖な力をもつ呪符の集積、または魔を降す力を秘めた鬼神の顔だと考える人もいる。

まさに、闇にうごめく魔に抗する「辟邪の文様」であるに違いない。

◉饕餮の「饕」は、貪欲に財をためること。「餮」は、貪欲に食べ尽くすこと。つまり「貪欲に財をため、むさぼり食らう」、食欲と物欲が凝固した顔だという↓④。「首があるが、胴体はない。人間を食らうが、咽みこまないうちに、害（毒）が人間の体にまわってしまう」。秦代の『呂氏春秋』は饕餮について、このように記している。（↓★1）

◉饕餮とは、虎に由来する形象だとする説がある。虎は、龍、鳳凰、亀などと並び、神獣として畏れられた。

また、水牛や羊に由来するという説もある。水牛や羊は、祖先祭祀に犠牲として捧げられる聖獣であった。あるいは、夔龍《きりゅう》だとする説。さらに、靈鳥である鳳凰、つまり鳥の姿にも見えるという説…。

さまざまな説があるのだが、饕餮文の細部を観察すればするほど、この容貌を一体の動物と理解することが難しくなってきそうである。

むしろ、多くの聖獣・怪獣が複合しあう形。力ある獣たちが寄り集い、たがいに張りあい共存してざわめく姿…といった風情をもつ。複雑の極みを目指す文様だと理解したほうがよいであろう。

◉この饕餮文が、神々に捧げる祝祷器の表面を覆い尽くし、眼を見開いて睨んでいる↓⑤。鋳造したての青銅器は、黄金色の輝きを発していたといわれている。

★1――中野美代子『中国の妖怪』岩波新書より。

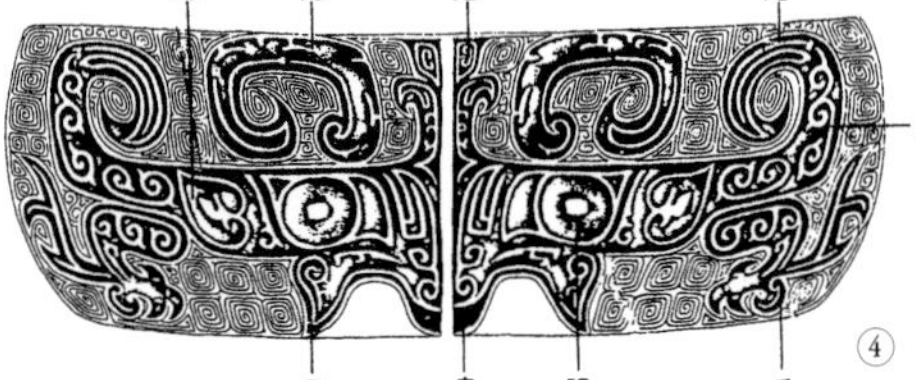

④

④—殷代青銅器の饕餮文にあらわれた複合獣の解読。左右一対の霊獣の姿が、眼をらんらんと輝かせて、見るものを睨みすえる。角をもち、冠をいただく虁龍（きりゅう）の姿（上）。右下の図では貌の両側に虁龍をそえて耳に見立てている。その下の三体の図は、龍、鳳凰、虎を土台にした饕餮文の（片側の）霊獣。たがいに見分けられぬほどに、類似しあう。
⑤—饕餮文を多層に積み重ねた、殷代の酒器。

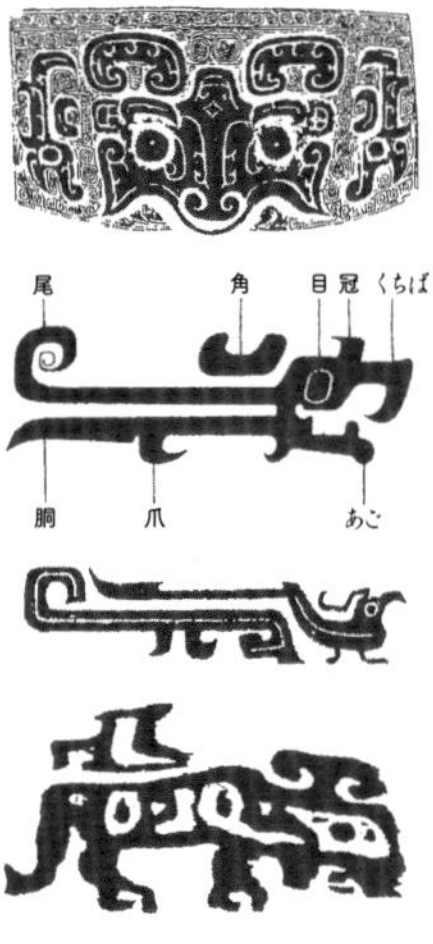

⑤

邪悪なるものを絶句させ、立ち往生させる……

●なぜこのように、多重に複合せねばならないのか。なぜ、いくつもの動物が寄り集う、怪異なる容貌へと変容したのだろう…。おそらく、この世を満たす眼に見えないものに立ち向かおうとする人間の畏れや祈りというものが、姿・形の複合を求めて発現したのではないだろうか。

◉よどみ、うごめき、ざわめく力。神々や鬼神（人の靈魂）、祖先靈。さらに雷神、風神や方位神たち。ひいては、山川草木に宿る精靈神…。さらにこの地上を秘やかに満たしてうごめくもの、得体のしれぬ魔的な力…。

その力に拮抗するために、自らもさまざまな力をとりこんで、簡単にその名を呼ぶことができぬほどの、複雑なものへと変容してゆく。おどろなす姿で相手を絶句させ、立ち往生させる。

◉こうした饕餮文を生みだす想いと同じ精神が、漢字の原初の姿である甲骨文や金文が形成される過程のなかにも、忍びこんでいたのではないだろうか。

漢字を「単純な象形」による文字だと考えると、なにか大事なものが抜け落ちてしまう…。そう思われてならない。

◉古代の人びとは、天地自然を満たしきる「森羅万象のざわめき」を全身で視《み》とり、聴きとった。漢字の形のなかには、そうしたざわめきが知らずしらずのうちに凝縮され、一点一画の字配りに封じこめられていたのではないだろうか。

◉これは、前章でみた太極拳の動きが宇宙に流動する気の流れを直感し、湧きいでる水の流れや風の渦をたどるかのような「動きの複合」を基本にしていた…とい

⑥―**後陽成天皇の書「龍虎」。十七世紀。**「龍」文字には、雲気のざわめきと下に向かって伸びた尾が、「虎」文字には、凛とした気迫と上に向かって渦巻く尾が添えられている。

うことによく似ている。饕餮文の構成原理と同じ心が働いて、漢字もまた、単純な要素を組み合わせながら、同時に、複雑さをも包みこむ字形としてまとめられた→⑥。ざわめく力を秘めたおどろなす文字として積み重なり、接合しあい、自らの組み合わせを自己増殖させて、複合的な形へと進化してきたのではないか…。そのように考えられるのである。

境界線上をさまよう文字、斑《まだら》なす文字……

◉視点を少し変えて、漢字を眺めてみよう。

漢字を、「境界に生まれた文字」だと捉えてみたい。この「境界」ということばには、いくつかの意味がこめられている。

◉漢字の形は、「簡潔さと複雑さの境界」にある。あるいは、「容易に修得して道具化しうるものと、努力をしなければ使いこなせないものとの境界」にある。さらに「人間と神の世界との境界で用いられる文字である」こと…などである。

こうした、幾つもの境界線上に生成し、分布するものとして、漢字の姿が造形されているのではないか。そのような痕跡が見いだされる。

その特性を観察しつつ、境界線上に出没する別の造形へと眼を移し、漢字の特質

⑦—上右は、怪異な容姿をもつ中国・唐代の墓鎮像。一角獣や馬、獅子…などが複合し、鉾を背に負っている。上左は、殷代後期の青銅の酒器。獅子・羊・鳥・龍などの姿が幾重にも接合して、奇怪な複合獣を形づくる。

⑨—下は、字画が積み重なり、複合化した漢字群。上下、左右に並びあい一点一画がせめぎあう複合文字群。その多くはすでに死滅して、いまは、使われることがない。『明治玉篇大全』より。

⑨

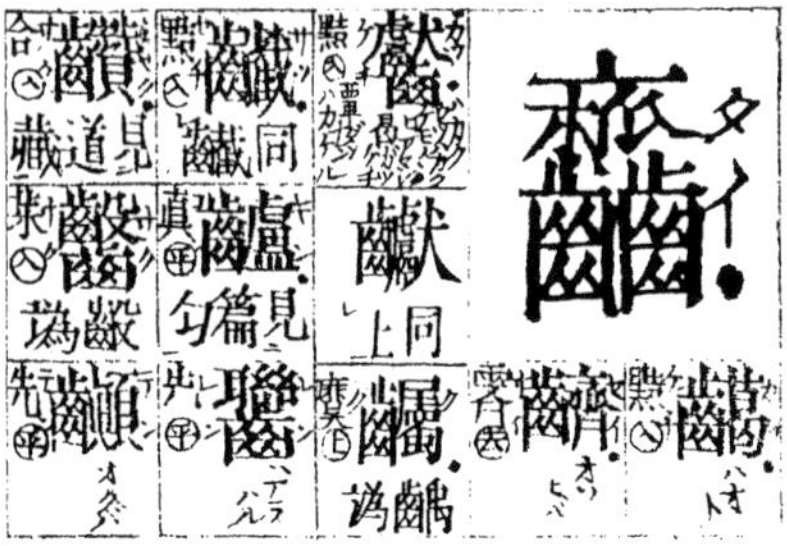

と重ね合わせて考えてみたい。

◉中国では戦国時代から漢代にかけて、墳墓の中から出土する、独特の風貌をもつ墓鎮像があった→⑦。墳墓の入口の左右にすえられ、墓を守護する獣だとされる墓鎮像。入口や門、つまりこの世とあの世の境い目、生と死の境をなす場所に腰をすえ、あたりを跋扈する悪霊を睨みすえるという役割をになう。これらの墓鎮像は、先ほど見た饕餮

⑧―日本の狛犬像。獅子・犬・一角獣などが混合した姿。神殿にむかい右手側に口を開き阿音を発する獅子。左手側に口を閉じ、吽を結んで角をもつ一角獣が配される。

文に似て、複雑怪奇な複合獣に仕立てられている。

二つの世界を解けあわせるかのように、幾つもの獣の姿が入り混じる。「まだら」をなして接合しあう。古代社会で生みだされた複合獣の多くのものは、二つの世界の境界を象徴する「まだらなす精霊神」として、その姿を整えてきた。

◉たとえば、神社や仏閣の門前や本殿前に置かれた狛犬は、日本化した複合獣の典型である→⑧。

狛犬は、高麗犬とも記され、よく見ると犬だけでなく、獅子の姿にも似ていることに気づくだろう。そこで、唐獅子とも呼ばれている。つまり犬と獅子、両者の特色が混然一体となり、混ざり合う。

◉犬は、冥界(死者の国)の入口に座して死臭を嗅ぎわけ、死者だけを冥界に通過させたといわれている。エジプト神話や古代オリエント、ギリシャ、あるいはインド神話などでは、嗅覚の鋭い犬たちに、そのような役割をあたえている。

たとえば、インドの閻魔大王である冥界の王・ヤマ天は、犬を従者としていたという。

一方の獅子は、百獣の王。古代ペルシャでは、獅子は威厳と殺戮の力にみちた王権を象徴する強い獣とされ、魔を降す力あふれる聖獣だと考えられた。

◉狛犬は、この犬と獅子の両者の力を合わせもつ複合獣となった。二つの獣を加算して、どちらともつかぬ姿になる。この世(ケガレの世界)と、もう一つの世界(神仏すまうハレの世界、あるいは死後の世界）の境界に、その姿を現すことになったのである。

◉漢字の字形――、いくつもの要素を積みあげて字画を複雑化し、偏と旁を加算しながら、次々に数を増殖させるその字形にも、この墓鎮像に似た「まだら」なす複合性と、異なる世界を結びつける境界性の、二つのものが潜んでいたのではないだろうか↓⑨。

楔形《くさびがた》文字、聖刻文字は、簡略化に向かう……

◉これに似た文字の構成原理は、シュメールの楔形文字やエジプトの象形文字、聖刻文字などにも、同じように見いだせる↓⑩⑪。

たとえばエジプトの場合、王の名を記すときに、発音をになう象形文字を並列させ、それをカルトゥーンと呼ばれる楕円で囲み、聖なる王の記号とした↓⑫。つまり、王の名を一文字で表すことはない。

ヒエログリフは、発音に結びつく音素文字である。意味をもつ一つの語を表すためには、文字自身が集合体にならなければならない。エジプトの場合にも、文字とその配列をできるだけ複雑化していこうとする、強い意志といえるものがあったと思われる。

◉なぜ、このような複雑な表現が案出されるのか。その背景には、いくつかの理由が潜んでいる。

第一に、古代社会における文字は、人間の所有物であるばかりでなく、神に捧げるものであった。あるいは神と人との境界にあり、神に近づくためのものであった…ということ。

もう一つの理由は、古代社会での文字は、支配者や祭司、書記、貴族階級といった特別な人々によって専有され、使われていたものであり、民衆のものではない。多数の人によって共有されたものではない…ということ。

文字は聖なる力をもつ。充分に時間を費して文字を書き、読めばよい。また、少数の人が読めればよい。そのような聖なる道具として生まれでた。

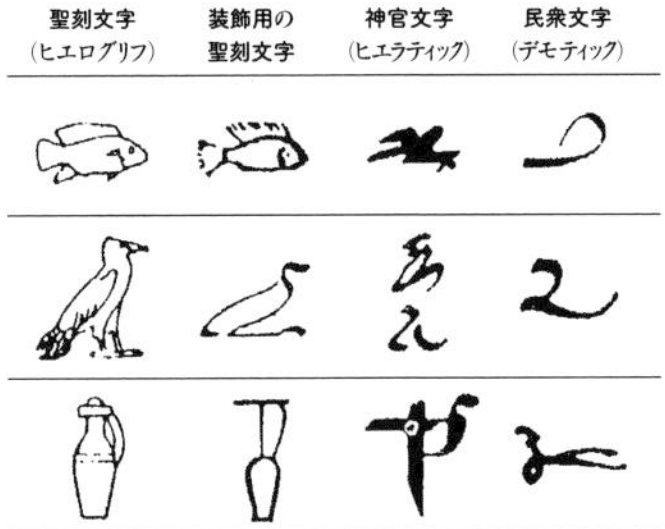

⑩

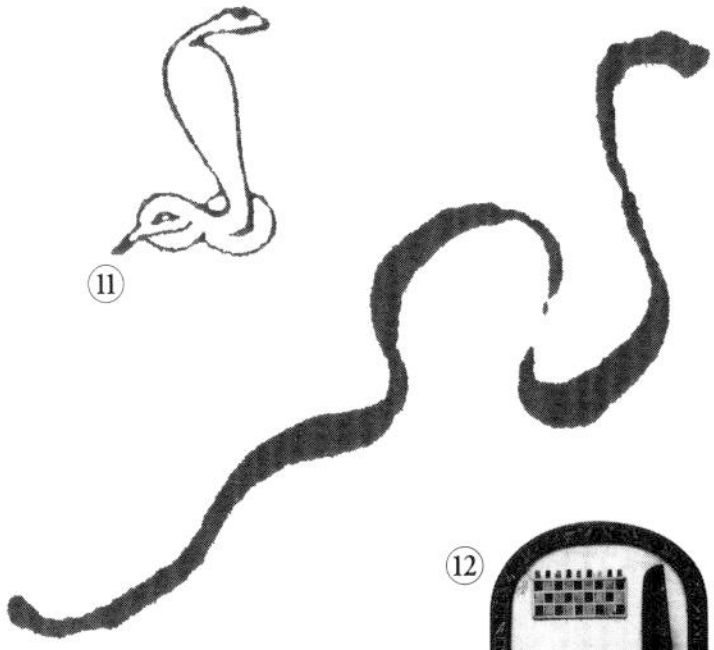

⑪

⑫

⑩―一番上は、エジプト聖刻文字を簡略化した民衆文字、デモティック。すばやい手の動きが反映されている。中の図表は、聖刻文字から民衆文字にいたる変形過程。両者の間には、二千年以上の時間差がある。

⑪―民衆文字による蛇の表現。コブラに由来し、ジュ（dj）と発音される。

⑫―ツタンカーメン王の名を記すカルトゥーン。

◉シュメールの楔形文字は、紀元前三千年ごろに起源をもつ。エジプトの聖刻文字はそれより少し遅れ、紀元前二千年ごろに書き始められた。

聖刻文字は、漢字の甲骨文が刻まれていた時代と同じころ、つまり紀元前千五百年ごろから、簡略化された字形へと変容しはじめる。紀元前八百年ぐらいには、民衆文字、デモティックとよばれる書体が定着する。

デモティックとは、筆記体の文字のこと。書記たちが、話しことばを素早く書き止められるように、簡略化された字形が生まれでた。速記文字的な簡潔な字形、速度をもって素早く記すことができる簡易な字形になってゆく。

◉このために簡略文字は、支配者だけでなく、さらに広い層の人々に使用された。多数の人に同時に伝達しうるように、また大勢の書記が同時に書き記すことができるように文字の形が簡略化され、速度化された文字が生まれでる。

よく似た過程が、楔形文字にも現れた。文字の進化の過程での、共通する出来事である。

漢字の字形は、複雑化に向かって増殖する……

◉しかし中国の文字が、簡略化へと向かうのは、かなり後世のことだった。

中国の文字改革は、ごく少ない回数でなしとげられる。秦の始皇帝による文字統

従〔從〕

⑬

各

⑭

一(紀元一世紀)でも、複雑な文字は、複雑なまま使われていた。

漢字という文字体系は、甲骨文以後、むしろその字形をより複雑化する傾向へと向かっていたのではないだろうか。

◉たとえば、「従」という文字。甲骨文では二人が並ぶ「从」と記されていた字形に、いつのまにか彳と辵が加えられ、画数が増えた↓⑬。「各」という文字も、同じように複雑化した一例である↓⑭。会意、形声によって偏と旁を合体する造字法も、漢字の複雑化を加速するものだった。

漢字の場合には、歴史的発展に従って簡略化へと向かわずに、より煩瑣な字形へと画数を増殖させる傾向さえ見いだされる。

◉その根本的な理由として第一にあげるべきものは、さきほども述べたように、文字が聖なる言語を記す道具である…ということではないか。漢字という文字体系は、単なる機能性を超えた記号として、天の声を聞き天地自然のふるまいを映しとる、聖なる道具として使われていたということである。

冒すべからざる力を秘めた聖具だとする、ただならぬ文字理念。文字に対する重層的な造形理念が、漢字の造字法に働いていたのだと思われる。

◉さて、これまでに述べたことをまとめてみよう。

漢字はその誕生の瞬間から、ざわめきや複合性をはらむ発想を、構成原理に内包していた。その複合性は、饕餮文の靈性や、墳墓の入口に立ちつくす墓鎮像の造

⑮

⑮——白山(越前)の三山。中央のひときわ高い本山が、奥の院、別山を従えて聳えたつ。

⑯——下は、「山」文字の紋章。天台宗・輪王寺(東京・上野)のもの。三叉戟(武器)に似ている。

形原理と響きあうものであった。

民衆文字、音声をのせた簡潔なアルファベットへ……

◉ここで、エジプトのデモティックについて、もう少し触れておこう。デモティック、つまり民衆文字は、後に現れるヨーロッパのアルファベットの源流となる。

地中海東海岸を根拠地にしたフェニキア人がデモティックを受けつぎ、発展させる。フェニキア人は、彼等が得意とする地中海交易のなかでこの文字を使いこなし、育てあげた。音素を乗せた、簡素な記号であるアルファベットへと成長させ、交易を通してこの機能的な記号を定着させた(紀元前一世紀ごろ)。

◉アルファベットはその展開の初期から、音素を表す記号であった。人間の口から発せられるさまざまな音声に結びつき、表音記号として発達してゆく。アルファベット化の過程や、音素文字としてのアルファベットの字形が簡略化される過程には、前節で記したような、音声の丸み・鋭さといった音と字形のかかわり、共感覚的なものがとりこまれている。

アルファベットに代表される表音文字は、漢字とは位相を異にし、簡潔さに向かうもう一つの文字記号へと進化することになるのである。

⑯

「山」文字。三本の繰り返しが意味するもの……

◉漢字の字形がもつ意味深い特質を、もう一つ取り上げてみよう。たとえば、「山」の文字が象徴する字形である…→⑮⑯。（→★2）

山文字は、きっぱりと直立する縦棒三本を、一本の横棒がしっかりと結びつける。私の姓の「杉」の字も、この縦棒に似た三本の斜線が木偏の右側に鋭く繰り返され、文字の形を特徴づける。

「山」の形を表現するには、たとえば、山を象形する簡潔な三角形を描けばよい。あるいは、高く伸びた折れ線一本で記すこともできるだろう。そのようにせずに古代中国の人びとは、なぜ、三本の縦線を並べ山の姿を表現したのか。さらに「彡」の形も、なぜ、三回繰り返す鋭い線群で形づくられているのだろう…。

◉この表現法には、たぶん、中国人の心の内奥に潜む自然哲学、つまり「太極」や「陰陽」の考え方が投影されているのではないだろうか→⑰。

万物を生む根源は、「一」である。原初の混沌たる「一気」、渦巻く気の激しい流動。古代中国の人びとはこの「一なる混沌」を、「太極」と名づけた。

太極は二極に分かれ、陰と陽が生まれでる。陰と陽は静止した力ではなく、「清く明らかなものは天に昇り陽となり」、「重く濁るものは地に沈んで陰になった」と説かれている。

★2—本書194-201ページ

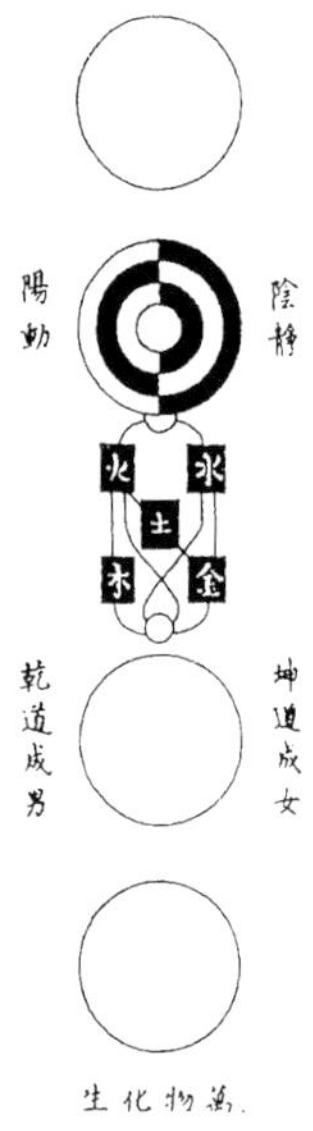

⑰—「太極図」。太極から陰陽が生まれ、五行（木・火・土・金・水）と男女が誕生し、万物化生にいたる。『太極図説』（中国・宋代）より。

陰陽二気は絶えまなく流動し、相剋し、和合する。二気の流れ、交わる動きから、男女の差異や五行（木・火・土・金・水）が生まれ、さらに万物が生成された…と考えた。加えて、八卦の流転も跡づけられた。

太極とは「原初の混沌」であり、「万象の理を包みこむ究極的な混沌」であったのである。

◉万物の誕生は、まず、一に始まる。一が二を生み、二から三を生じる。この三は、数多いことの象徴になる。三は、万物の代表となる…。

「三」はこのように、中国では意味深い数とされた。三つ揃うということが、ことさらに尊重される。「天・地・人」「上・中・下」「始・中・終」「誕生・生・死」「天・地・黄泉」…など、三つ揃えの組み合わせが数多く生まれでた。

中心と左・右。身体原理が投影される……

◉この三の原理は、私たちの身体感覚にたとえるとわかりやすい。

右　左　尋

⑱—
「左」は、左手と工具の組み合わせ。「右」は祈祷に使う器と右手。「右」手と「左」手を合わせると、技能と祭事を重ねあわせて、神の所在を尋ねる「尋」の文字となる。


人間の身体は、左・右身がほぼ対称形をなしている。私たちの身体は、二つに折りたたむと重なりあうと見えるだろう。

だが実際には、左・右身は微妙に異なる形態と働きを秘めている。

この事実を古代人はよく観察し、知っていたのではないだろうか。漢字が表す「左」・「右」の字形の差異に、このことがよく現れている→⑱。(→★3)

◉人間は、右半身、左半身の微妙な差異を感じとる。だがじつは左身・右身の両方がなければ、一つの身体ではありえない。左右二つの半身があり、互いにしっかりと結びあって、完全な一つの身体になる。

◉一方、一つの身体というものを改めて考えてみると、身体はその内部に中心軸をもつ感覚を秘めている。脊椎という一本の柱にせよ、心という活動の核にせよ、身体の中心にすわるなにものかがある…と感じられる。

この中心感を「ふと」考え直すと、たちまちのうちに、右と左の二つにわかれる身体意識へと分離してゆく。

二つのものが一つに溶け合い、一つのものが二つに分かれて感じられる。しかし究極には、一つになる…。

◉中心と左・右。感じとられる三つの位相。バランスがとれた三つの位相の感じ方は、たとえば日本の相撲の土俵入りにも、巧みに取りいれられている。

横綱を中心にして、左と右に、露払いと太刀持ちが従う形。横綱が中央にすっく

★3—
本書278-281ページ

と聳え立ち、両脇に、左右一対の力ある力士が添えられて、三つ揃えて一組となる。このような配置は、お寺の本堂に座す仏像の、三尊形式という美意識にも結びつくものと思われる↓⑲。

豊穣をもたらす「三つ揃え」……

◉さて、視線を「山」文字へと戻してみよう。山の姿にも、三山形式が見いだされる。東洋の絵に描きだされた、山の姿に注目してみる。すると、三つのうねりで一つの山の姿を表現する描画法が、数多く見いだされる↓⑳。（↓★4）山頂を中心にして、その両側に小さなふくらみを添える。高い山が一つあり、その両脇に低い山二つを従えるという場合もある。山の名でも、「出羽三山」「立山三山」など、山容を競いあう大きな三つの山を一まとめにして呼び名とすることがある。山の宗教である修験道の山岳観と結びつく呼び名である。

⑲―上は、大相撲、横綱の土俵入り。左手側に太刀持ち、右手側に露払いを従える。左は、阿弥陀を中心とする三尊形式。左手側に観音菩薩、右手側に勢至菩薩が配される。

★4―本書198ページ

◉山は雲気を生ずるところ。雨乞いの対象となり、古代の自然信仰の中心に座るものであった（白川静『字統』による）。里に住む人々は天高くそびえたつ三つ揃えの山の霊力にすがり、日々の暮らしに豊穣と安寧がもたらされることを願ったのだ。

◉次に、「彡《サン》」の字形について、見てみよう。

これも、三本の斜線が繰り返される。ひっかくような鋭いカタチであることから、毛髪や彩色、光や香りなどの鋭さを示すもの（『字統』による）だと解かれている。前節で説明した「共感現象」における、鋭い形との結びつきが思いだされる。

「彡」は、色彩や形態の美を表すという。尨・形・彩・影などの字形を見ると、このことが読みとれる。彡は、音響や香気を表す文字にも付着する。彭・膨・鬱などは、さらに複雑な意味をとりこんだ例である。

◉さきほどの説明で、「三」は万物誕生のもととなる…と記したのだが、山の字の縦棒が三本並んだり、ノが三本引かれたり、あるいは一つの文字を三つ重ねしたりするという造字法は、多数や多産、集合体を表そうとするものでもある。「森」「品」「蟲」「轟」などは、そうした例として挙げられる。

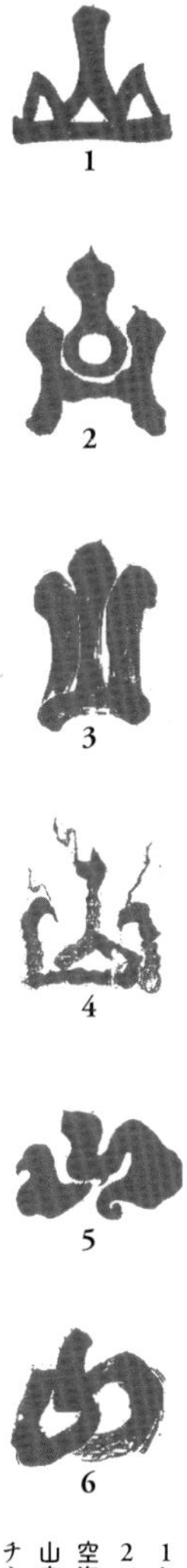
1 2 3 4 5 6

⑳—「山」文字の変容。
1と6は、寺院の扁額に記されたもの。
2から5までは、空海が書き記した「山」文字。
山容、霊気、豊かな水源、チミモウリョウの姿…などが垣間見える。

㉑—「集」文字の古形。
「隹」は鳥をあらわす。
かつては「雧」と書いた。
鳥三羽が生命樹に集う形。三は多数の意。
吉祥・瑞祥のしるしである。
下の二文字では、
鳥の足、羽の部分に、
三本線が多用されている。

品は、口、つまり𠙵《サイ》という、祝祷を収める器を三つ重ねした字形である（『字統』による）。二つだと「咒」や「哭」になり、四つになると「㗊」（かまびすしい）になる。それぞれの古意は、やはり、祝祷の器を並べることだと説かれている。
「器」や「囂《ごう》」なども、四つの口を四方位に配置することを示している。神を迎える場を結界し、しつらえる文字であることが、その形に表れている。

◉「集」という文字にも、三の原理が隠されている。もとの字形は、「隹」（フルトリ）が三つ重ねられた。「雧」→㉑は、たくさんの鳥が一本の木に寄り集うさま。鳥たちが生命の樹に寄り集い、巣をつくり、子を育てる。瑞祥のしるし、豊穣の力を壽《ことほ》ぐ文字である。
三つ重ねの文字は、「聶」「驫」「譶」「晶」「贔」「磊」など、漢字には数多く見いだされる。いずれもが、興味深い意味を示すものだ。

◉このように、すべてを三つ揃えてゆく。三つ揃えて、数多く増殖することを願う。これはきわめて中国的な、特異な造字法である。この造字法が、漢字の字形に魅力あるリズムを添えている。

魔を絶句させ、邪気を封じる文字……

◉こう見てくると、漢字の造字法には、簡潔に記せばよいものをわざと複雑化してみせる、繁雑な形へと導いてその変化を楽しんでいる…といった傾向や気配が、濃厚に感じとれる。この傾向が昂じてゆくと、読めそうで読めない文字、もどかしいほどに複雑な文字というものが、数知れず生みだされることになる。

◉この章の冒頭にとりあげた饕餮文は、何と名づけていいかわからないほどに、足し算をした複合獣に似た文様によって生みだされた。

漢字も同じように――たとえば靈魂の「靈」などはその典型的な文字なのだが(→★5)――、数多くの字画、文字素が積み重なって一つの文字が形成される。そのためにどの文字が意味の中心に座るのか、なにを訴えようとする文字なのか、偏と旁《つくり》の関係のどちらに主導権があるのか…が、一見しただけではわからない、入り組んだ字形が生みだされた。

◉だが一方では、それによって文字の諸要素が響応しあい、意味の深さ、字形の面白さが生まれでる。さらに後世になると、筆記具である毛筆の動きにゆだねて

★5―本書019ページ

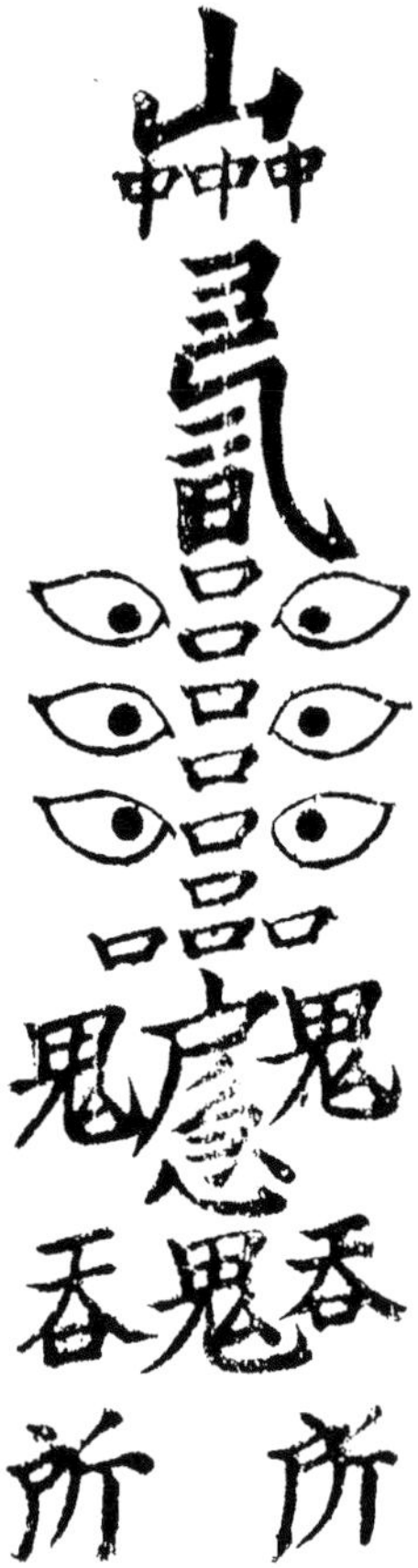

(22)——中国・道教の護符(左)と日本の修験道の護符(右)。
右は、英彦山神社(福岡)の盗難除けの護符。
英彦山は、九州修験道の中心道場。
かっと見開かれた六眼と、鼻すじに似た九つの口文字が印象的だ。
日本にも、朝鮮半島にも、中国道教の靈符作法が
数多く伝来し、文字靈の威力を発揮していた。
左は道教の一派、天師道の教主、六十三代張天師の
直筆の護符。左右相称の筆の流れが、不思議な靈気を発散する。

一点一画に複雑なひだをつけ、画線をうねらせ、癒着させたりして、いかにも「文字であることを超えようとする不可思議な字形」が無数に作られてゆく。これが、複雑化に向かう第一の例である。

◉もう一つ。自然の姿、自然の力を象形化して意味を託す漢字の字形は、ともすると、生まれ故郷である自然の姿へと戻りたがる…ということがある。

こうした自然への回帰願望も、読めそうで読めない文字、文字の境界線上をさまよう文字を生みだす原因になった。「自然の姿に回帰しようと、身をうねらせる文字」。これが、複雑化に向かう第二の例である。

◉前者の、「文字であることを超えてしまった不可思議な字形」群の典型的な例は、一群の「護符」や「靈符」である→㉒。

靈験あらたかな祈りや願いごとを求めるときに、靈力ある祈祷師に護符や呪符の文字を揮毫《きごう》してもらい、それを門前に貼りつける。

書き記された靈符は、簡単には読み解けない文字群である。むしろ、読めそうで読めない文字だ…ということに意味がある。魔を降す力を放射する、境界線上の文字群である。

◉右頁に掲げられた複合図形、六つの眼が睨みつける複合文字の靈符は、九州・福岡の英彦山《ひこさん》が配布する、泥棒よけの護符である。文字の断片の集合体。ただならぬ気力を放射している。じっと見つめていると、「山中には靈気が多い。六つの

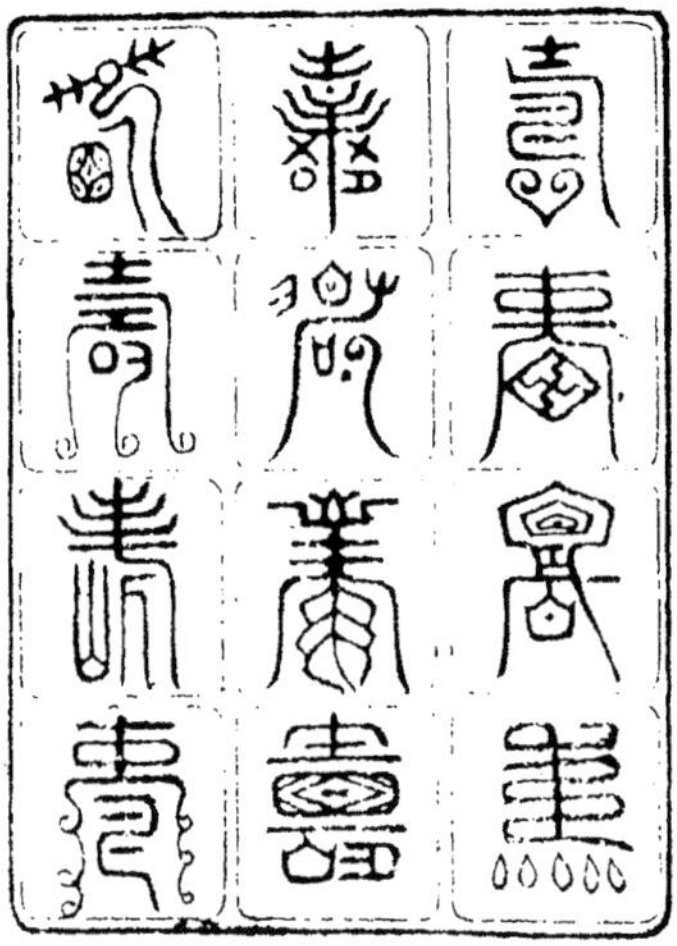

眼で睨みすえ、九つの口で鬼を呑むぞ！」という、底深いつぶやきが聞こえてくるようだ。だがこの全体は、いったい何と読むべきなのか。読めそうでありながら、声に出せない文字群である。つまり、読もうとする相手を失語させ、絶句させる。その力で鬼をたじろがせ、迷わせて邪気を封じてしまう……。文字であることを超えて靈力を放射する、複合文字の造形ではないだろうか。

自然の姿に回帰しようとする文字……

◉さて次に、もう一つの「自然の姿に回帰しようと身をうねらせる文字」の例を見てみよう。主役となるものは、近世になるにつれて吉祥文字として民衆に愛好され、生活のさまざまな場面に住みついてゆく、「壽《じゅ》」の文字である→㉓。（→★6）

◉「壽」は、不老長生を表す字形だといわれている。複雑な字形は、田の畦で豊穣を祈る姿だという。また、うねり曲がるあぜ道の脇で、身を曲げて杖をつく長髪の老人の姿だとも解されている。

㉓——「壽」文字のさまざまな変化形を網羅した「百壽字」集。文字の一点一角が思いきり変形され、魅惑的な動きで自然回帰へと向かう。

★6——本書211ページ

中国の民衆の間では、壽の文字は、不死をめざす道教の思想と結びつく。その字形が人びとの造字力を刺激してさまざまに変容され、妖しい霊気を発散する無数の壽字へと増殖した。漢字のふるさとである大自然、生命力の源である自然の姿に回帰しようと身をうねらせる。

◉たとえば、「百壽字」。百種の壽文字のヴァリエーションを書き記すシリーズがある。六世紀の初め、中国で生まれた試みである。篆書や隷書の影響のもとに創案された「雑書体」と呼ばれる装飾文字の一群があり、その流れを汲むものだ。百壽字の一つ一つを見てゆくと、「はたしてこれが壽という文字なのだろうか」と考えこまされるような奇妙な字形が並んでいる。

亀とも見え、鶴とも見える。あるいは虫や家具にも似ていたりする。変化しつづける壽字は、生まれ故郷である大自然に向かって回帰しようと身もだえている。

◉すでに字形が定着した文字であるにもかかわらず、一点一画にゆらぎを与え、身振りをつけて、森羅万象へと押し戻そうと試みる。

これも、漢字の字画の複雑さが可能にする一つの姿にほかならない。表音文字と

香梅飛蝶

蘭蝶

蘭の枝

一本稲

長ノ字鶴

稲鶴

かげ梅鶴

㉔―日本の「紋章」のうつろう姿。江戸期に爆発的にその姿をふやした紋章は、幾何学的端正さを保ちながら、自然の姿、自然の心を巧みに写しとる。

してのアルファベットのような、機能的に整えられた字形では成り立ちにくい変幻ぶりだと思われる。

●「福・禄・壽」の三文字が揃うと、長寿・招福・富財を表す、この上ない瑞祥の組み合わせになるという。中国では、この三文字をさまざまに変容し増殖させて、日々の暮らしの折々を活気づける。

生命力を写しとり、うつろう紋章……

●日本でも、自然回帰への造形語法から学びとった変化にとむ文字意匠や、字形への探究がいくつとなく現れた。たとえば、日本のデザインで最も完成度が高いもの——、日本の紋章がその好例である↓㉔。

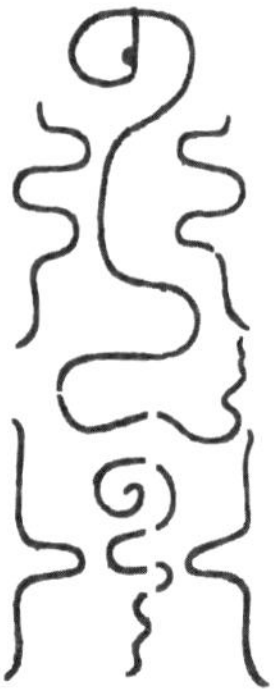

智恵を尽くした移り変わりのごく一例を挙げるならば、蘭の花がいつのまにか蝶になり、一本の稲や梅の花が鶴の姿へと変容する。植物が動物になり、動物がまた別の動物へと移り変わる…というように、際限なく主題をこえて「うつろい」動く。自然に潜む生命力を「写し」とり、それぞれの力を連ね結びあげる。百壽字の造字法と心を同じくするような、みごとな造形手法だと思われる。

●漢字は、自然を写す象形性に止まらず、他者の生命力をも取りこんでその形を

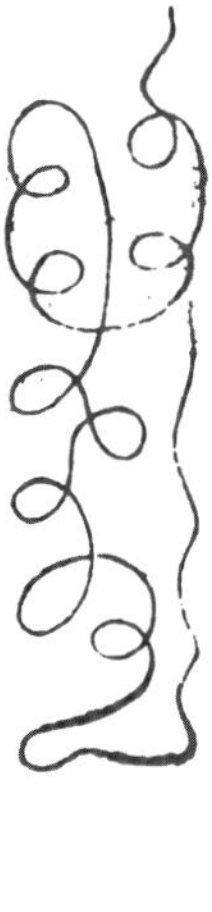

㉕―ゆらぎ、渦巻く、中国・道教の護符。
上は、雲が散ることを願う符。
右と左は、死体を浄めるための護符。
地上の苦しみから解き放たれた死者の魂が煙のように昇天することを願う。

整え、増殖してゆく。壽文字の変幻にもこうした働きが濃縮され、現れていると思われる。これも、漢字の字形が物語る、際立った特徴ではないだろうか。

◉ここでは、漢字の特質を取り出して、

1―複雑さを志向する文字体系であること。

2―字画の組み合わせを極度に加速させ、複雑さを増加させて、読めない文字、絶句する文字…、たとえば護符のようなものを生みだしてしまうこと→㉕。

3―文字の進化の流れを逆行して単純さに向かうことを捨て、漢字の生まれ故郷である自然の姿へもどろうとすること…

などを見てきた。

文字の機能性をこえ、進化にも逆行する展開。漢字の字形の変容には、他の文字体系には見いだせない、特異な傾向があることに気づかれたのではないだろうか。

月刊『ひと』225号（太郎次郎社／一九九一年九月）

護符・靈符が秘める「読むことを超えた呪術性」が、
表音文字の文化圏の文字体系にも見いだされる。
さらに、護符化してゆく過程には、表意文字としての
漢字の造字法に似た方法が見いだされる。

——「方形の大地に根をのばす」

「亞」は古来、地中への母胎回帰を
意味する墳墓の形に由来する文字であった。
亞—壺—瓢箪—子宮—墳墓…そしてふたたび亞。こうした連鎖をふまえると、
亞字と壺文字は、遠く近く響きあう文字だといえるのではないだろうか。

——「印す文字、祀る文字、奏でる文字」

3

◉方形の大地に根をのばす——漢字のカタチ③

◉印す文字、祀る文字、奏でる文字——漢字のカタチ④

方形の大地に根をのばす——漢字のカタチ③

表音文字の文化圏、インドの文字、インドの聖音…

◉中国で生まれでた特異な文字体系、漢字。漢字の字形は、前章でみたように、記号性を失格しかねないギリギリの境界線に到るまで、文字の造形性・装飾性を増殖させている。手足を繁茂させ変化するありさまは、ときにクモやムカデのような多足をもつ虫のざわめきを連想させる。よく似た特性は、インドやチベット、あるいはイスラムなど、非ヨーロッパの表音文字文化圏でも、いくつもの例を見いだすことができるだろう。

◉二百をこえる文字体系があるという、インド。現代の公用文字は、「デーヴァ（神の）ナーガリー（文字）」と呼ばれている。別名、サンスクリット文字。いうまでもなく、表音文字の体系である。

古代文字としては、アショカ王の碑文（紀元前三世紀ごろ）で有名な、「ブラフミー文字」が知られていた。ブラフミーの文字体系は、音素記号そのものだといわれている。発音記号がそのまま文字化された…と説く研究者がいるほどである。

デーヴァナーガリー文字もまた、字形と音が深く結びつく、興味尽きない文字体系だといわれている。

◉インドには、「マントラ」に対する深い信仰がある。「マントラ」とは、声を出して唱える呪文のことだ。

声を出す。発声し、自らの身体を振動させる。振動によって、宇宙原理としてのブラフマンと一体化する…という。古代のインド人は、そのように考えた。さらに神の名や、神に捧げる呪文の一音を唱え続けることで神の力を呼び醒まし、その力を発現させることができる…と信じられた。

◉古代インドのバラモン僧は、「ヴェーダ」と呼ばれる神への讃歌を朗唱することが、神に近づくための重要な修行法の一つだとされていた。後世には、ある呪文を唱えつつ、呪文を記す一文字を観想して、世界の総体をこの一文字に凝縮する…という瞑想法にも挑戦した。その代表的な一例が「オーム」という聖音であり、オームの音素を記す象徴的な文字であった→①②③。

①

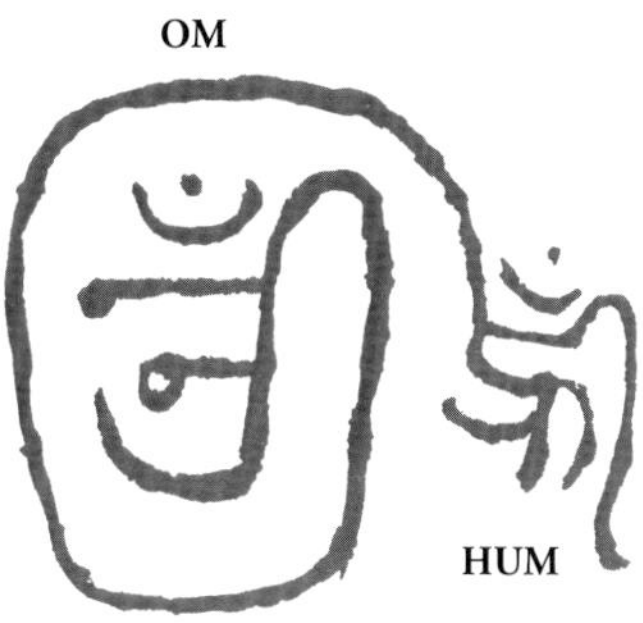

②

①—A、U、M。三つの曲線と、一つの点と円弧からなる聖音オーム。無意識の状態を表すA、夢みる状態のU、外に向かう目覚めた状態のM。三つの音を結合させたデーヴァナーガリーの「オーム」字(右)。

②—「オーム」と「フーム」を連続させ、万物の始源と終極を象徴するインドの呪符。

③

「存在するものすべての精髄は大地であり、
大地の精髄は水であり、
水の精髄は植物であり、
植物の精髄は人間であり、
人間の精髄は語ることであり、
語ることの精髄は聖智であり、
聖智の精髄は発語と音であり、
発語と音の精髄はオームである…」
——『カウシータキ・ウパニシャッド』第一章より。
J・E・ベーレント『世界は音』大島かおり＝訳、人文書院、一九八六年所収。

③—聖書「オーム」。その文字の一点一画には、「神が宿る」といわれている。
上の曲線には、宇宙創造神のブラフマーが、
中央の後ろ向きの曲線には、維持神のヴィシュヌ神が、
下の大きな曲線には、破壊と再生の神シヴァが宿り、
右上の円点には、エネルギーの根源をなす
シャクティ（女神）が座る…という。
山内利男『インド家庭の神像と画像』論創社より。

「オーム」の響きは中国をへて日本の仏教へと伝来し、「𑖀《ア》」と「𑖮𑖳𑖽《ウン》」という二つの梵字で記された。「ア」は、口を開いて発音する最初の音、「ウン」は口を閉じて発する終わりの音。日本の密教では、ア・ウンが並びあうと、万物の始原と終極を象

徴すると説いている。この響きは「阿《ア》」と「吽《ウン》」という漢字へと転化して、「阿字観《あじかん》」、「吽字観《うんじかん》」という瞑想法の基礎をなす文字になってゆく→④。

◉インドでは、オームのほかにも数多くの聖なる音、聖なる文字が生みだされた。後世には、これらの聖文字が複雑に組み合わされて、靈力を秘めて変化する護符となる→⑤。マントラが発する力を重層して加えあわせ、図式化して、より強力な効果をもつものに育てあげようと試みたのである。

護符に映る、漢字的造形法…

◉では、どのようにして複合文字を合成するのか。たとえば、文字の縦棒・横棒など、重ねうる要素をつぎつぎに隣り合わせ、積みあげて並べてゆく。あるいは織物のように結びあげ、織りあげてゆく。さまざま

A‥

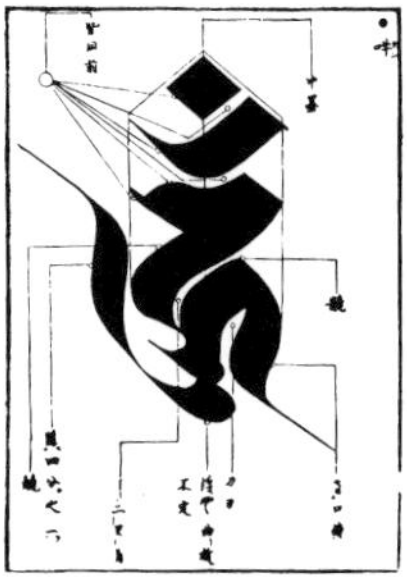

HUM　④

OM　HUM

④—日本に渡来した梵字の「阿」字と「吽」字。その成り立ちを説く図。下は「唵(オン)」「吽」をあしらう道教の護符。「唵」の符は熱さましの、「吽」の符は護身の効力を発揮するという。

な手法が案出された。

そのようにして作られた代表的な複合文字の一例として、チベットの護符「ナムチュウワンデン」の力あふれる合成法が挙げられる→⑥。

ナムチュウワンデンは「金剛十字《こんごうじゅうじ》」、あるいは「持力十字」とも訳され、十の文字を重ね合わて、その結合で強い「金剛力」を凝集させる。

◉金剛力とは、金剛、つまりダイヤモンドのように堅牢できらめきを放つ智慧の力。同時にまた、一瞬の落雷が秘める強大な瞬発力をも指している。天地を引き裂き落雷する稲妻は、地上に生きる万物の力を呼び醒し、活気づける。その力は、修行に打ちこむ行者の内力を励起して、悟りに向かう契機となる。

雷の光のように、鋭い閃光と破壊力に満ちた叡智の働きを示すものが、金剛力を生みだす護符なのである。

◉金剛十字の十文字は、七文字と三記号の合体である。

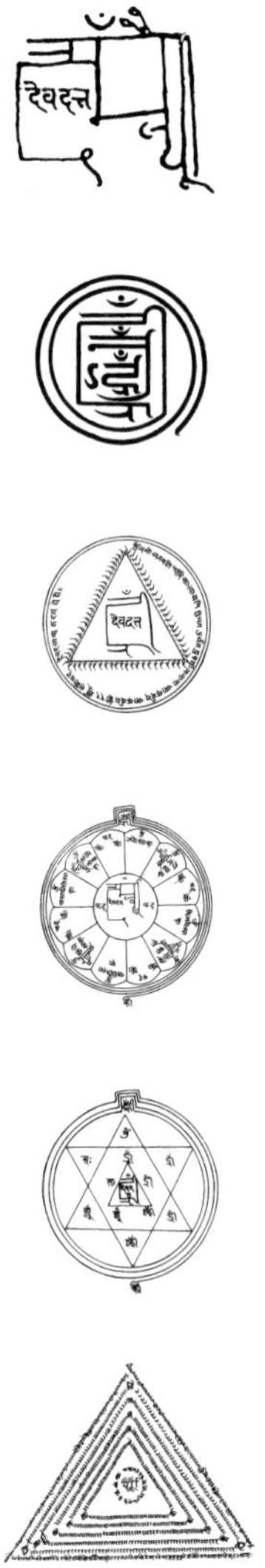

⑤

⑤—インドの護符。幾つかのサンスクリット文字を組み合わせ、結界を示す円相や、火神への祈祷をあらわす三角形で囲ったりする。

図の説明にあるように、まず、世界の根源をなす五つの物質の力がある。地・水・火・風の四大の力。それに加えて、この世界の姿・形だとされる須弥山《しゅみせん》世界の宇宙像。その宇宙に棲む生き物や、姿の見えぬ精霊神たち…。これらのものが下部の七文字に象徴され、響きの中で統合される。

その頂点に燃えさかるものが、空《くう》の力を示す日・月の光輪と、炎などの三記号である。

◉十の要素を一挙に重層させ、織りあげる。世界が秘める内なる力を一文字にまとめきる。全体の構成法がどことなく漢字の造字法に似ている…と思えるほどに、金剛十字は諸要素を縦横に積みあげ、編みあげてゆく。見るからに堅牢な力強い

⑥

⑥—チベット仏教の護符「ナムチュウワンデン」。七文字と三記号が組み合わされる。七文字は下から風・火・水・地の四大元素(10〜7)と世界の中心に聳えたつ宇宙山(6)、色界、無色界にすむ生命(5、4)を象徴し、輪廻転生の器である世界構造を凝縮している。

⑦—バリ島に伝播した「ナムチュウワンデン」。ヒンドゥー教の祭司の手で描かれ、降魔除災の力を示す。

⑦

⑧——「アラーの力なしには、何にもなれない。すべては偉大なアラーの力による…」というコーランの一節が「建築のクーフィック」書体で記された、エジプト・シリアの護符。

文字護符が生みだされた。

◉この金剛十字は、バリ島にも姿を現し→⑦、チベットの十字と同じような効力をもつものとされている。

バリ島の護符では、十文字の記号が、まるで蔓状の植物が力強く絡みあうかのような渦巻く曲線へと変容している。シダ類の葉が繁茂し結びあうように、チベット護符の縦・横の線が、バリ的な唐草模様のみごとな渦へと溶けこんで、その力を加速させる。

もう一度、インドの、幾つもの文字を重層させて生まれでた護符の形を見てみよう。インドの場合でも、漢字に似た複雑な積みかさね、字画を並列し溶接したような造字法を感じとることができるだろう。

イスラム圏のペルシャ文字にも同じような表現法が生みだされ、生い茂る植物や水の流れに似たしなやかな護符(呪文)が、数多く描かれている→⑧⑨。

◉インドやチベット、さらにイスラム圏において、これらの護符を生みだした人びとが漢字に触れ、その造字法を研究していたかどうかは、あまり論じられていない。

だが、これらの護符・靈符が秘める「読むことを超えた呪術性」が、表音文字の文化圏の文字体系にも見いだされるということは確かである。さらに、護符化してゆく過程には、表意文字としての漢字の造字法に似た手法が見いだされる。

⑨——植物の生命力を模すクーフィック書体。イスラム教徒が最初に唱える「アラーの名において。アラーは永遠なり」の言葉が記されている。

この二つの現象が、私には興味深く思えてならない。

見えない木の「根」、その文字化…

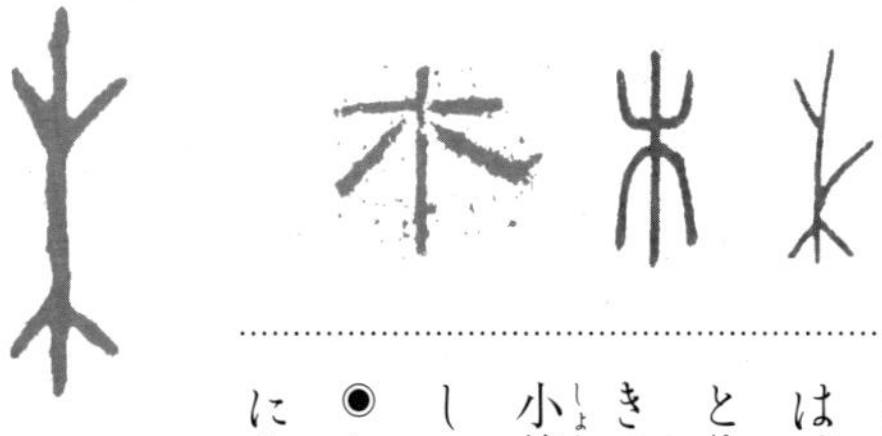

●さてここで、「木」という文字に登場してもらおう→⑩。

木の字画には、幹があり、枝がある。そのためにこの字形は、枝のある木の姿を描くものだと説かれている。

だが多くの人が指摘しているように、木の文字をじっと見つめると、下の部分には、「根」の形が現れていることに気づかされる。金文の木の字形は、そのことをとりわけ感じさせる。幹に絡む上向きの曲線と、下向きの曲線が対になる。下向きのものを根と見るのが、素直な感じ方だと思われる。

小篆《しょうてん》以降の木の字になると、根はさらに盤石不動なものになる。根は八の字形にしっかりと張りだして木を支えている。

●ところで、木の字形に根の存在を描きこむ…というような文化圏が、中国以外にあっただろうか。

シュメールの楔形《くさびがた》文字にも、エジプトの聖刻文字にも、根が記されることはなかったはず。一般的な写生の感覚、造形感覚では、土の上に現れた力強い幹と、大きく広がる樹冠だけで木の姿を描くことに終始するのではな

⑩—「木」の書体の変化を見る。上図の右端と左端は甲骨文の木。上図の中央は、説文解字の木文字。中心を貫く幹から左右に張り出す上部の形は枝、下部の形は根であることが読みとれる。説文解字の篆文(上図中)、漢代の隷書体(左)へと進むにつれ、根がしっかり張りだしてゆく。

⑪—生命の樹の根は大地にのび、生命の源泉である樹液を吸いあげる。樹液は樹冠に向かって上昇し、花実を実らせ、不老不死の妙薬となる。地母神の化神としての樹木の女神が乳房から不死の水や花実を死者たちにあたえている。エジプトの壁画、紀元前十三世紀。

いだろうか。

幹や枝葉などを、木の実体だと見る。根は土中に隠れて見えない部分である→⑪。ところが古代の中国の人びとは、見えない根を引きだして文字の字画を組みたてた。その結果、ふと見直したくなるような、特異な木の字形を生みだした。

◉考えてみると、樹木という生命体は、垂直の二つの方向へと伸び立つ珍しい生きものである。まず最初に、地下に向かってしっかりと根を伸ばす。次いで光を求め、地上に頭を出して真っ直ぐに立ちあがる。そのあげくに、枝葉を天高く張りだしてゆく。

地下—地上—そして天、三つの世界を一直線に貫いて生育する。

◉二つの方向に伸びる樹木の姿は、相反する意味や対比するものを関係づけ、結びつけるという特性をもつ。天と地、光と闇、火と水、上昇と下降、明るく華やぐものと暗くよどむもの、生と死…など。

樹木は、若芽を萌やし実をならせ、葉を落として枯れてゆく。春がめぐり来ると再び蘇る…という四季の変化を繰りかえす。木や植物は、「死と再生」の象徴だと考えられ、人間にとってとりわけ意味深い存在になってゆく→⑫。

●「再生する」、「蘇る」。生命力にかかわるこの現象は、人間が抱く時間の観念にも深い影響をもたらした。

時間は一般的に、過去から現在、未来へと、一方向に伸びると考えられている。時間は、直線的に流れている。だが、死んでふたたび生まれ変わる…ということは、もう一度始まりに戻る…ということになる。時間というものが、閉じた一つの輪、無限のくり返しをもつ輪になることを示す。樹木や植物が見せる死と再生の変容は、人びとに「神話的な時間」の存在を告げるものとなった。

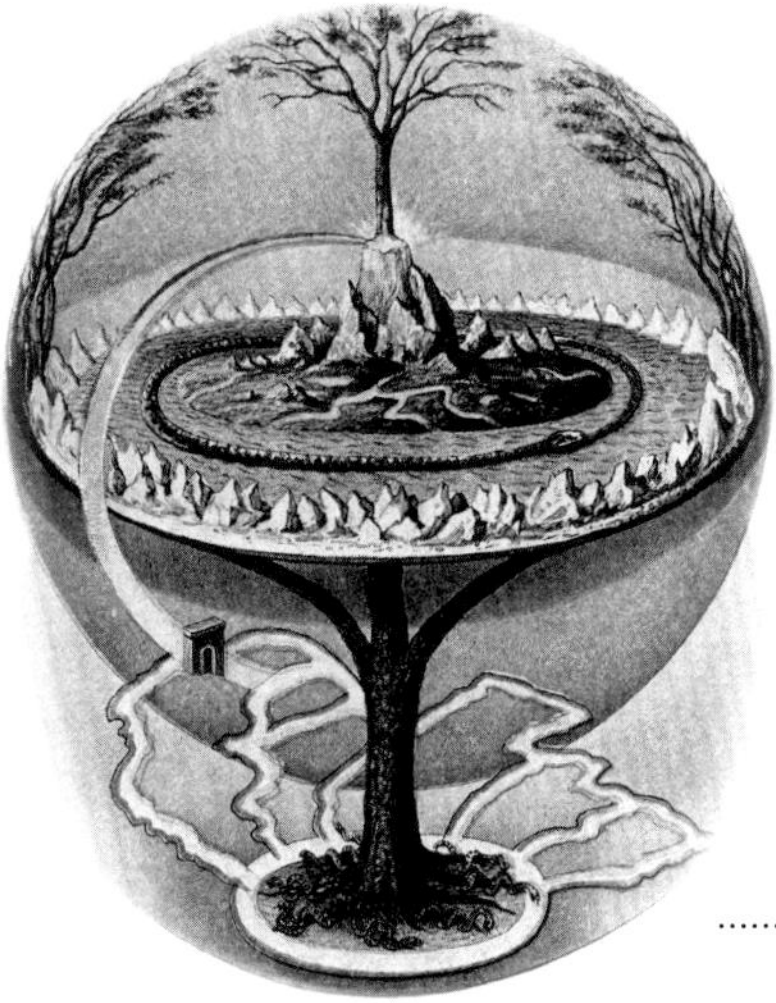

⑫—北欧神話で語られた、宇宙樹「イグドラジル」の姿。
全世界に枝をひろげ、根を伸ばすトネリコの木。
三つの根は、神々の世界、巨人の王国、
地下の冥界へと張りだしている。
三人の運命の女神が絶え間なくこの巨樹の根に水をやるが、
その根を蛇がかじりつづけ、若枝を牡鹿がむしりとる。
枝には鷲がとまり、そのことばをリスが根に伝える。
蛇(月の象徴)と鷲(太陽の象徴)は敵対している。
水を吸いあげ成長する樹木、その樹を攻撃する動物たち。
コスモスの終りなき再生のイメージと、
円環し回帰する時間の流れが表される。
神々は日々、樹下の泉のほとりに集い協議する。
世界が終末をむかえるとき、
イグドラジルは巨人の火によって焼き尽くされるという。

心の深奥、見えない働きを映しだす…

●さて、改めて「根の働き」、「根の意味」について考えてみよう。
見えない存在としての、根。だが根は、木の存在をしっかりと支えている。地上から天空に向かって聳えたつ幹を支え、さらに木の生育に必要な樹液を地下から吸いあげ、樹冠に向けて押しあげてゆく。

●こうした根が果たす見えない働きに気づいたとき、人間は、自らの存在の表に現れない部分、つまり心の深奥に横たわる無意識の動きや深層世界のひろがりというものを、根の存在、木の立ち姿に重ねて探ろうとした。
フロイトやユングらの研究によって明らかにされた深層心理や、エリアーデなどが取り組んだ神話学における祖型論などは、木が秘める象徴性を深く掘りさげ、多角的に解き明かすものとなる。（→★1）
古代の人びとは、意識することなく、眼に見えぬ根の大切さ、その存在の意味の深さを直観していた。根の働きを神話化し、根の姿を文字にまで取りこんでいたのである。

●漢字の「根」は、「木」と「艮《こん》」の合字である。
艮は、目と人とに従う文字だ。「呪眼《じゅがん》に出あい、進みがたいこと」を意味するとい

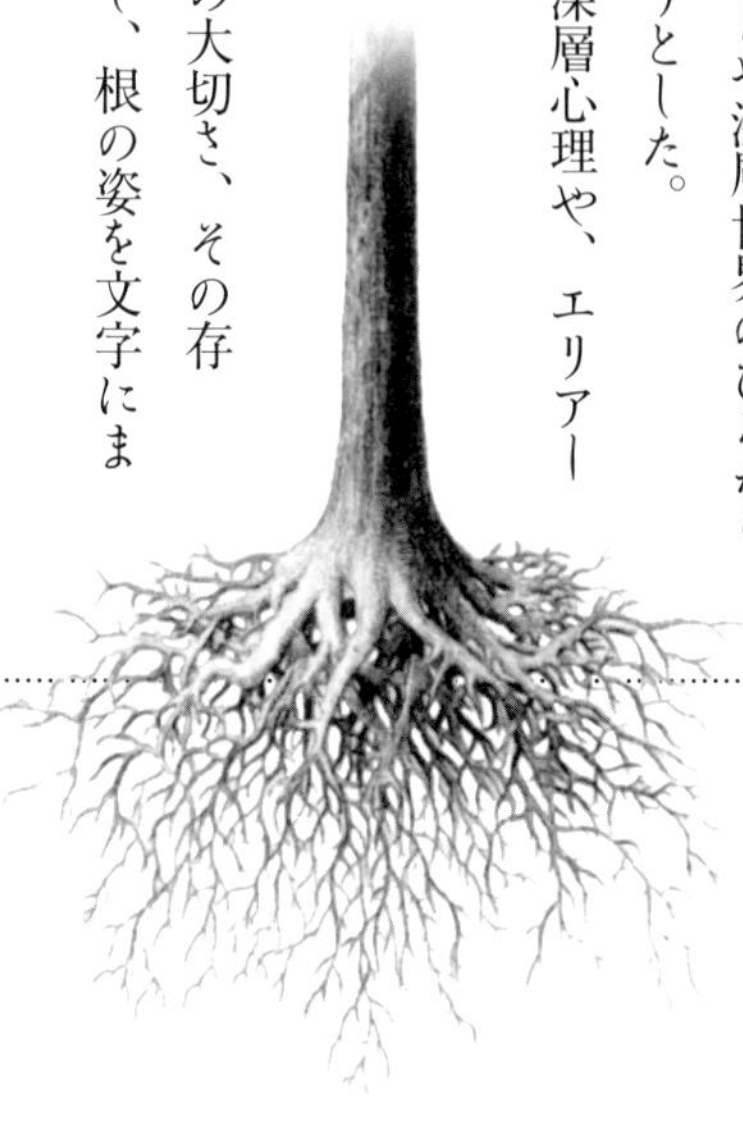

イラスト＝山本匠

う（白川静『字統』による）。つまり停滞し足踏みする状態が、土の中で現れる。それが根だ…と解かれている。

一方、深層心理学における根のイメージは、「固定して動かぬもの」。あるいは「重々しくて深い、原初的なイメージをいだかせるもの」だという。木の根についてのこのような根源的なイメージは、東・西の文化圏の差異を問わず相互に共通しあい、人びとの心に働きかける…と思われる。

◉中国の古代社会では、母権が社会を支える強い結合力となっていたという。こうした「母の力」が地母神の豊穣力に結びつき、木の文字の場合にも、「下を向く根」となって書き加えられたのではないかと考えられる。

中国の人びとは、木の文字を根の力で支えている。

見えない世界に足を伸ばす根の力を描き加えることで、生と死を結びつける根の世界、復活と再生を支える根の働き、世界に豊穣をもたらす母性原理に結びつく根の世界…などのイメージを巧みに束ね、塗りこめていたのだと思われる。

★1——
ミルチャ・エリアーデ
『大地・農耕・女性』
堀一郎＝訳、
未来社、一九六八年。

バウムテストが物語る、女性と地下的なるもの…

◉木の姿が人々の心に投影する深い象徴性を探りだす、「バウムテスト」が、ドイツで創案された。心に浮かぶ一本の木を人びとに描かせる…という単純なテスト

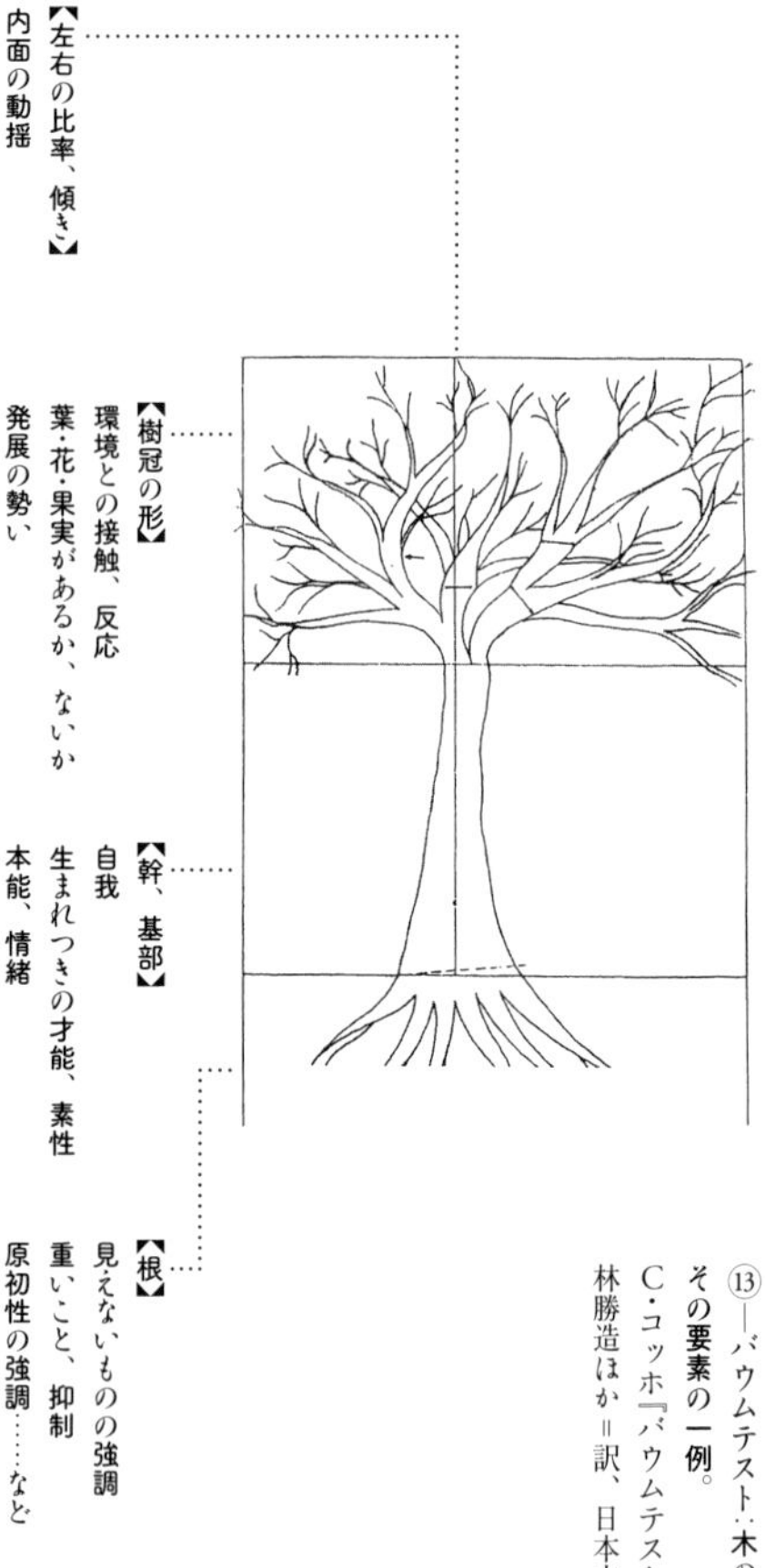

⑬—バウムテスト：木の絵による性格判断。その要素の一例。
C・コッホ『バウムテスト』
林勝造ほか＝訳、日本文化科学社より。

である。被験者が描く一本の木の絵で性格判断をしたり、あるいは病気治療に役立てようとする試みで、すでに数多くの効果をあげている→⑬。

日本でも幾人もの研究者によって、バウムテストの調査が行われている。

◉バウムテストの結果を見ると、木というものが一人一人のイメージの中で、じつにさまざまな姿で描きだされることに驚かされる。

やせた木、ふとった木、曲がった木。枝だけを生やし、葉も実もない木。そうか

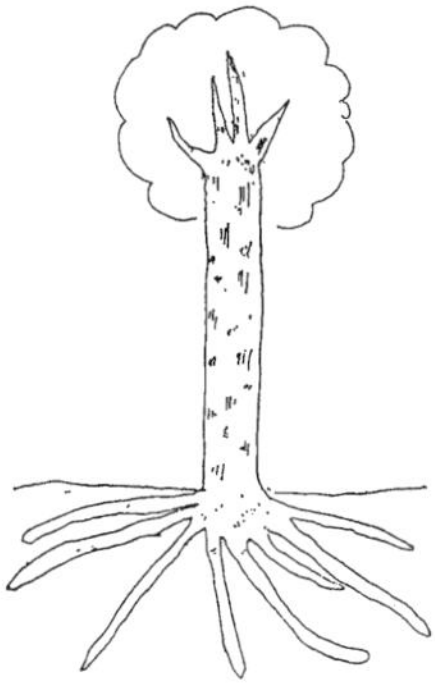

⑭―バウムテストで描かれたさまざまな木の姿。両面のひろがりとの関係も判断の重要なポイントになる。
高橋雅春ほか『樹木テスト』より。

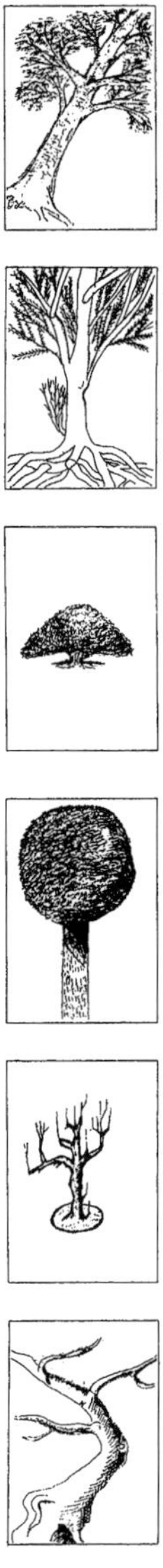

と思うと一枚一枚の葉が刻明に描かれ、数知れぬ花が咲き、たわわに実をならせる木が描かれる。あるいは、右傾し・左傾する木の姿…など。

樹冠が大きくふくらむ木もあれば、幹が長く、その上にちょこんと小さな樹冠が乗る木があったりする。枝の生え方を見ても、左右同時に生えるもの、分岐する無数の枝や無限の枝をもつもの…などなど→⑭。さまざまに意表をつく、樹相の変化が見いだされる。

千変万化する木の描かれ方。そのなかに、とりわけ根の形をしっかり描く…という人がいる。

根を描く理由は何なのか…。この点については、研究者の間でもまだよく解き明かされていないようである。

◉バウムテストの結果を分析した、ある統計がある。学年別の幾つかのクラスで、男女の学生を対象にして、木の構成要素の出現率を調べている。

「男の子と女の子とで、どちらが根を描く率が高いのか」――、いくつかの統計のなかでは、「女の子が根を描く率が高い」という。単純な読み取りではすまない問題だと思えるが、女性と地下的なもの、地母神的なものとの結びつきを改めて気づかせてくれるのではないだろうか。

バウムテストの結果を重ねてみると、中国の漢字における木の文字と、そこに描きこまれた木の根の問題は、なお興味深いものがある。

漢字の方形性、大地とのかかわり…

◉漢字のもう一つのきわだった特徴、漢字の形態にまつわる最大の特徴の一つは、「四角いマスのなかに文字が書かれている」…ということではないだろうか。

四角いマス、正方形の場のうえに、漢字の一点一画が枝葉を張りだしている。私たちがかつて使っていた原稿用紙を見てもわかるように、ほぼ正方形のマス目の並びに従って、一文字・一文字が書き記される。

◉漢字が、いつこのような「方形性」と結びついたのか。その正確な時代について

⑮—西周初期の青銅器を代表する「大盂鼎」。直径八十センチ、高さ九五センチという大きな器。下は、その内壁に鋳込まれた銘文の一部。二百九十の文字は、周王が克という名の人物に官位を与えたこと、克が自らの祖先もまた周王に仕えたことを記念して、この鼎がつくられたことを記している。

は、わかっていない。

だが、たとえば西周の青銅器の鼎《かなえ》である「大盂鼎《だいうてい》」(紀元前千年ごろ)の内側の銘文→⑮を見ると、三百字近い文字が、縦・横にきちんと並び、刻印されている。春秋戦国期に鋳造された鐘の銘文などにも、整えられた文字の配列が見いだされる。

こうしたものを集めてみると、文字を刻み記す場を「格子状」に分割することなしに、漢字の配列はありえない…ということが、見えてくる。

文字が、方形の枠のなかに書きこまれる。これは、漢字が正方形という場所を必要としたことを物語っているのではないだろうか。

◉すでに見てきたように、漢字は天地自然のたたずまい、その動きや内に秘めた力を映しとることで自らの形を整えてきた。

単に紙や石の上に書かれたり刻まれたりするだけではない、人間が生息する土地の姿、大地に潜む生命力、そうしたものと深く結びあいながら、文字の形を整え

⑯——「井田制」の分割法。九百畝の公有地を「井」形に等分し、中央を共同で耕す公田とした。その収穫を租税として献納する。孟子『梁恵王篇』より。

たと考えられる。
大地や場所が秘める磁力ともいうべき力。その力が、漢字の方形性、文字の四角い形態を決定づける重要な要因になっていたのではないだろうか。

井田法から囲碁まで、方形性が秘めるもの

◉中国古代の土地制度に、「井田法《せいでんほう》」と呼ばれるものがある。孟子の歴史書にも記された大地の分割法だという。

たとえばここに、九百畝の土地があったとする。この土地を、縦横三つずつの方形のブロックに区切ってゆく。すると百畝の、九つの区画ができあがる。中央の一区を公田《こうでん》とし、まわりの八区を私田《しでん》とする→⑯。

土地は全部、国家のもの、公有のものとされていた。だがこの井田法では、八つの私田を農民に貸与し、中央の公田は八軒の農家が共同で耕やした。八つの均等な面積をもつ残りの私田は、それぞれの農家が自ら耕す。八軒の農民はまず公田を耕し、ついで私田を耕すということになる。

この公田の収益が、税として国に納められる。つまり、国土の九分の一の生産量、ほぼ一割の税金がごく自然に国に納められる。巧みな制度ではないだろうか。

◉白川静氏は、孟子が記す井田法とは、甲骨文が流布したころの西周にはまだ見

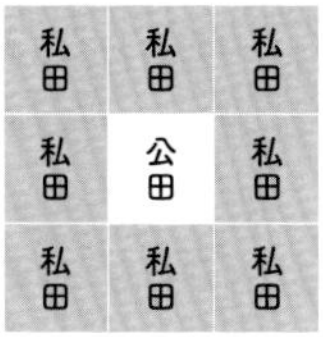

⑯

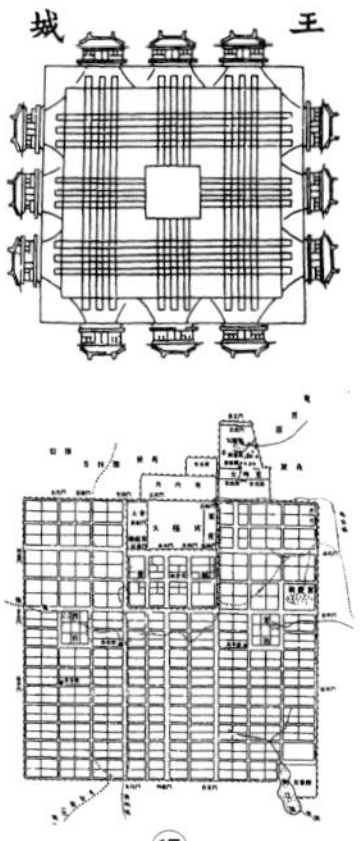

⑰

⑰—『周礼』に示された王城のプラン(上)と、方形の大都市「長安」の図(下)。長安は、隋唐時代の首都。七世紀初めに着手し、四十年間の大工事をへて完成。東西約十キロ、南北約九キロの方形の城郭に九つの門が開かれている。

られない制度であった…と説いている。文字の方形性と、土地分割の方形性を重ね合わせることは、早呑みこみにすぎるかもしれないと記されている。

だがこの大地の方形性は、中国人がもともと心に抱いていた、ごく自然な空間感覚の発露だと考えられないだろうか。

◉たとえば、井田法の「田」という文字。甲骨文字では長方形で複雑な分割であったようだが、金文ではすでに、正方形に近い比率の字形に収められている。田の文字は、家単位の耕作面積の形を映しとるものとされている。

次に、「井」の文字に注目してみよう。これは、首かせ(刑罰の)の木組みの形で、土地とは無関係の起源をもつ文字なのだが、これも方形を縦・横に分割する形に収まっている。首かせの木組の形と土地分割…。単なる偶然とはいえない理由が、その背景に潜んでいるのではないだろうか。

◉ところで、春秋の末期、紀元前五世紀の後半ごろから、中国は都市化の時代を

⑱——唐人と囲碁対局する吉備真備。「吉備大臣入唐絵巻」（鎌倉時代）より。

⑱

迎える。『史記』や『周礼《しゅらい》』には、王国の中心には王城がなければいけない…と記されている→⑰。

城とはつまり、都市の形成である。王城の形は「方形」、まさに正方形とせよ…と説くのである。

◉『周礼』によると、王城とは、九里四方の土地が城壁で囲まれる正方形の区画である。東・西・南・北の城壁のそれぞれに三つの門があけられ、さらに城郭の内部を縦横の九つの道で分け、八十一の区画が生みだされた。

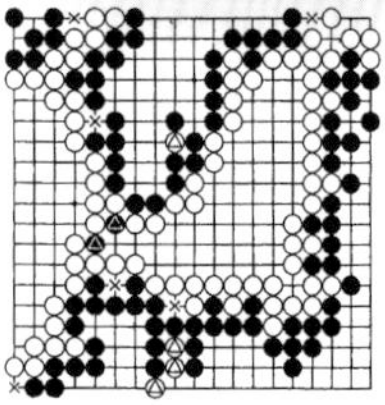

⑲

王城の中央には、南面して宮殿が建てられる。宮殿の前方（南）には政務を執る殿堂が、対する後方（北）には物品の交易をする市場が建てられた。東・西の方位では宮殿の左手側（東）に祖先霊を祀る廟がおかれ、右手側（西）には土地神を祀る廟がしつらえられた。

このようにして整えられたものが王城、つまり都市であるという。

◉これはまさに、先に見た井田法における土地の方形性、均等の分割法などが拡大された計画

⑲―十九道三百六十一路(目)をもつ碁盤。
角ごとの九十目は四季の九十日にあたり、合わせて三百六十目は一年三百六十日(旧暦)をあらわす。
外周の七十二目は四季の七十二候に相当する。
中央の一目は万象の始まり。その拠点をしめすという。
方形の碁盤の上には白石・黒石が交互に置かれ、天星の動き、陰陽の変転の刻々を映しだす。

法に相似している。加えて方位への配慮や、右・左にまつわる聖・俗の観念など、多くのものが統合され、位置づけられた。中国固有の土地感覚が結晶化したのではないだろうか。

こうした大地を区画する考え方が、文字の字形や文字の方形性に影響せずにはいられなかった…と思われる。

◉古代中国で、方形性にまつわる独創的なゲームが生みだされた。「囲碁」である↓⑱⑲。中国では歴史時代以前から行われていたといわれ、孔子の時代には、すでによく知られた遊戯であった。日本には六世紀半ば、仏教伝来とともに渡来したといわれている。

「碁」という文字は、将棋の「棋」と同じ。「其」の文字は、「四角いもの」を表すという(『字統』による)。四角い場のなかに、石を並べて遊ぶ。碁とはこのように、会意に発する文字である。

石は白であり、黒である。中国ではこの石を「烏鷺《うろ》」と呼んだ。烏は黒い石、鷺は白い石を意味している。

◉「碁盤の盤面の正方形は、大地の法則性を表す。また盤上を縦横に区切る線、路とは、宇宙の『徳性』の霊妙なる表現である。白・黒の碁石は、陰陽二つの気を表す。また、石を並べることで、天体を模すのである…」と、古い囲碁論(後漢の班固『奕旨《えきし》』)に記されている。(→★2)

★2―大室幹雄『囲碁の民話学』新装版、せりか書房より。

この記述にみられるように、方形性というものは、土地の生産力や人間の生活を律する都市の形に止まらず、天地万象の理《ことわり》を表し、その力を凝縮するものだ…と考えていることが読みとれる。

囲碁は、神仙が遊ぶものとされていた。

漢字の字形は、こうした方形性が秘める力の数々を凝縮し、象形化したものであったのである。

中国の宇宙観、「天円地方《てんえんちほう》説」と亀甲文字…

◉中国の漢字がもつ方形性は、古代の宇宙観とも結びつく。

古代中国で唱えられた宇宙観、その一つに、「天円地方」説がある（春秋戦国期、紀元前三世紀前後だと伝わる）。

この説を要約すれば、「天は、円い半球状をなして大地を覆う。一方の大地は、平坦にひろがる方形（正方形）をなす。その四隅が少しもちあがって、天の半球を支えている…」という。

天円地方説は、おおらかで単純な宇宙模型だとも思えるが、古代中国の人々は、天円地方の宇宙観を全身で体現する一体の靈獣を見いだした。それは靈亀、固い甲羅で身をかためている、亀である↓⑳。

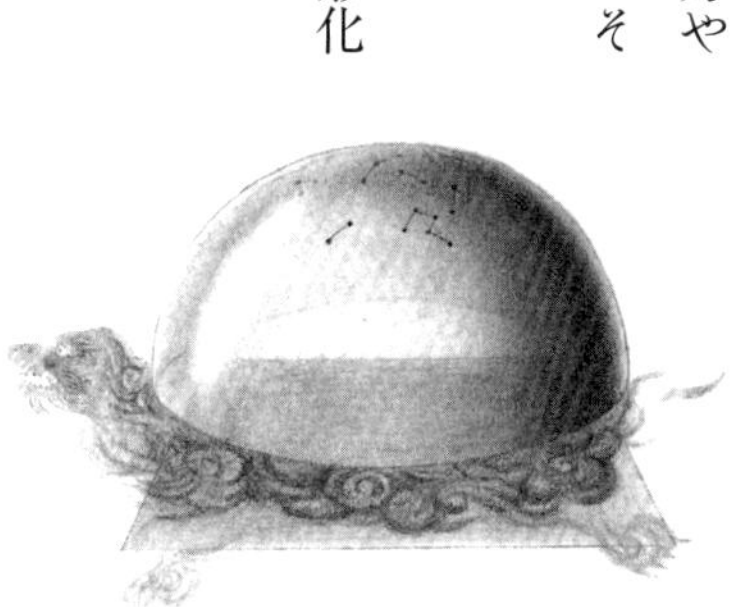

⑳

⑳—「天円地方」説をかたどる亀。甲羅の背側は丸く、腹側は平らで、天円地方そのものとなる。体内をみたす亀の肉は、水蒸気を孕み流動する大気を象徴するという。イラスト＝佐藤篤司

●黒々とした甲羅で体表を覆いつくす亀。のっそりとした動きで、地面をはいまわる。時の流れを確かめるような、悠揚せまらざる動作。ときに手足を引っこめて身を隠し、硬く重い沈黙の塊へと変容する。亀はどれほどの寿命をもつのか……、さだかではない。

見るからに怪異で神秘的な、亀の姿。全身が、悠久の時の流れを凝固した姿、生命力の化石化を思わせる。古代中国の人々は、黒く淀む亀の姿を見るたびに、自

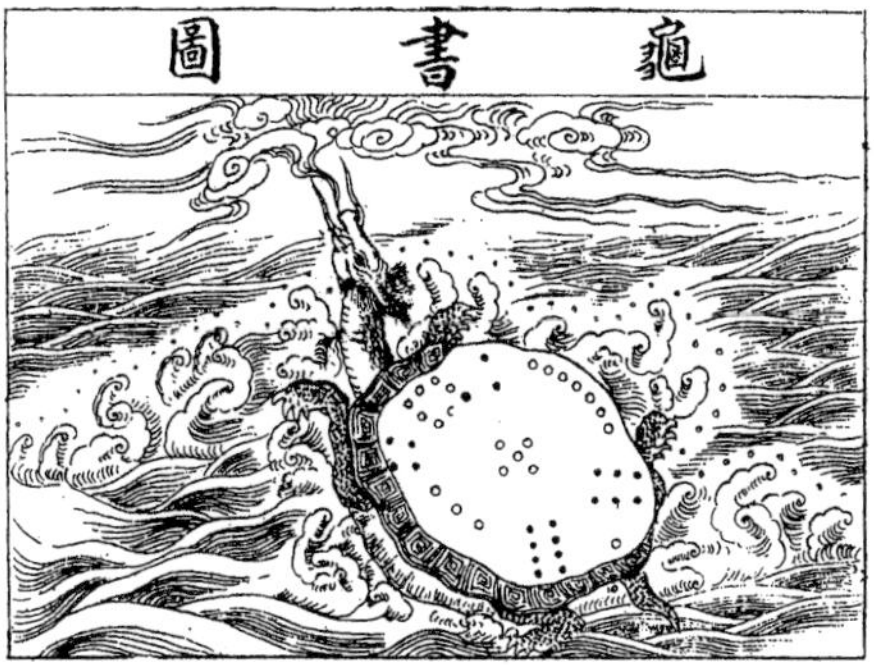

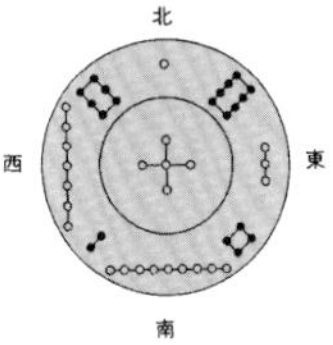

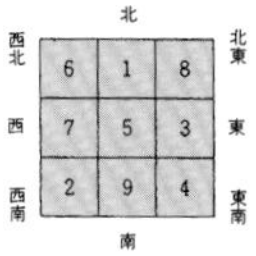

九星図

八卦配当図

㉑—禹王のとき、洛水から現れた神亀の背に印されていたという「洛書」の図。下左はその写し。縦・横・斜め、どの方向から数えても総和が十五となる魔方陣が現れる。白丸で表された奇数は、東西南北および中央を、黒丸が表す偶数は四隅に配当され、その全体が「九星図」（中央）と「八卦」配当図（右）の働きを象徴する。吉野裕子『神々の誕生』岩波書店より。

らの脳髄の奥深くに眠る爬虫類期の遠い記憶を呼び醒ましていたのではないだろうか。現代の子どもたちがゴジラや恐竜に熱狂する、あの心理と同じである。

◉人間にとって、爬虫類とのかかわりは根源的なものである。木の根のイメージと同じような底知れぬ深さ、時の流れの重層性を秘めている。根源にもどろうとするイメージ、時の流れを遡ろうとするイメージが亀の姿に乗りうつり、宇宙の歴史を体現する生きものとして感じとられていたに違いない。

◉古代中国の人びとは黒々とした亀の姿に、この世界が誕生する以前の「原初の混沌」を見いだした。混沌が生みだす、万物誕生の底深いエネルギー。その発現が亀の姿になったのである。

丸くふくれあがった亀の背の甲羅は、天空である。腹側の平らな甲羅は、大地に見立てられた。甲羅が包みこむ柔らかい肉は、水蒸気をはらむ大気だとする。

亀はまさに「天円地方」説を体現する、生きた宇宙模型であった。

◉古代中国では、亀にまつわる重要な説話が、一つ語られている。洛水《らくすい》に浮かびでた靈亀の背に、「洛書」と呼ばれる神秘図像が現れた…というものである→㉑。

「洛書」とは、陰陽九つの数が方形に並ぶ、魔方陣のような図形である。五行・八卦に結びつき、天地の摂理を表す宇宙図形だといわれている。

禹《う》王（中国古代の伝説上の聖王）は、「亀の背に現れた洛書を見て、天地を治める大法を会得し、それを書物（『洪範九疇』）に記した」と伝えられる。亀の甲羅の神秘の働きを

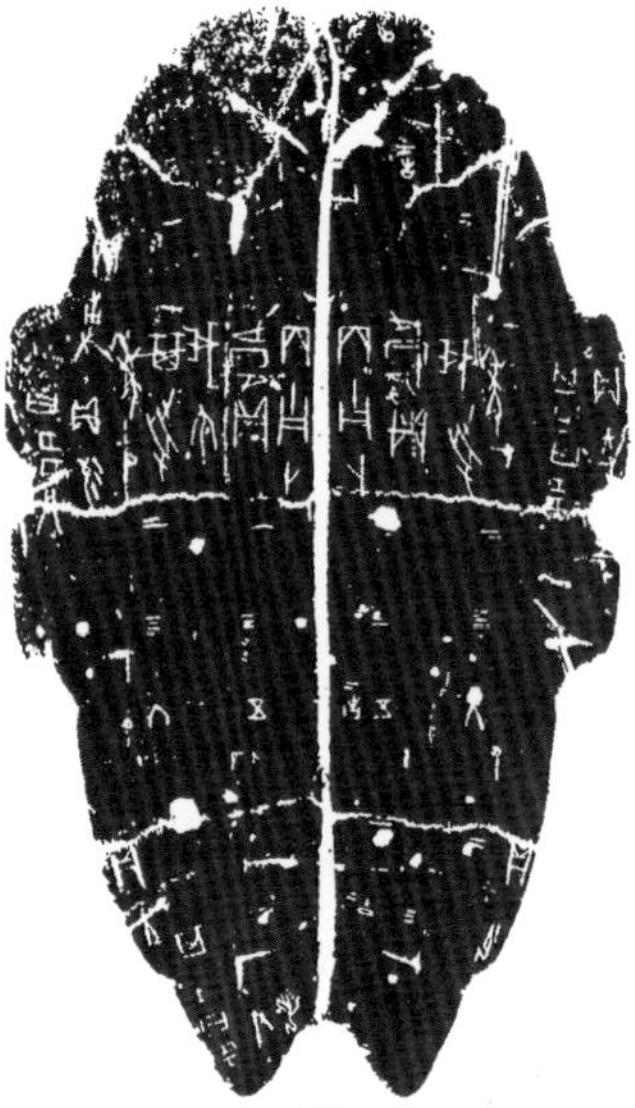

㉒

眼　安

㉒—殷代に行われた「亀卜」と、その結果を記す亀甲文字（甲骨文）。下の二文字は、鋭く刻みつけられた亀甲文字（甲骨文）の二例。亀の腹側の甲を用い、火による割れ目の形から、天の意志を読みとった。「亀卜」に多用された黄河の汾水の亀は、ほとんど絶滅したという。亀甲文字は、青銅や硬玉でつくられた刃物で刻みこまれた。甲骨に文字を刻むには、まず縦線を刻み、つぎに素材を九十度まわして横線を加えたという。

読みこんだ、古代中国の説話である。

天の声を地の方形（亀甲）に映して増殖する…

◉もう一つ、古代中国ではこの亀の甲羅を使って、吉凶を占う「卜占《ぼくせん》」を行っていた。このことにも眼を向けたい。

天下国家の安泰を願い、占いを行う。占い用具として、牛や鹿の骨、あるいは亀の甲羅が用いられた。亀の甲羅による占いを、「亀卜《きぼく》」と呼ぶ→㉒。亀卜には背の甲羅でなく、腹側の甲羅が用いられた。

㉓――「**亀卜**」は日本にも**渡来して**
卜部氏により、**執り行われた**。
対馬・壱岐・伊豆などの**卜部氏が集い**、
卜占をしたという平安時代の記録が残る。
左の図は対馬の卜部、阿比留氏に伝えられた「対馬文字」。
「卜」「兆」の割れ目の形の変化により、
四十七の簡素な字形を整えている。
吾郷清彦『日本神代文字』大陸書房より。

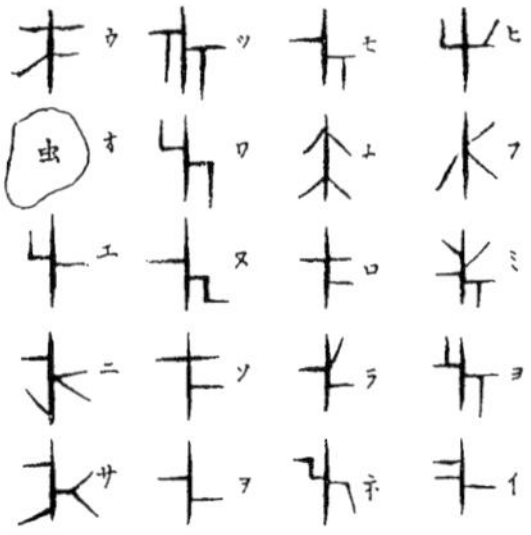

方形の大地を写しとる、腹側の甲羅。それを取りだし、四隅にいくつかの孔をあける。願いごとを託して、この甲羅を火で熱する。加熱によってできる甲羅の割れ目、その大きさと方向を刻明に読みとる。その形で吉凶を判断する。これが、亀卜といわれるものである。

◉亀卜を示す割れ目の形は、天の声を伝えるもの。この形を読みとき、割れ目が暗示する天の警告をその脇に刻みつける。亀甲文字、つまり最古の漢字（現在までの）の誕生である。

天が語りかけ警告するものと、祭祀の記録。それが、天と地を象る亀の甲羅、大地の方形を写しとる腹側の甲羅を用いてなされていた。天円地方説を象るという亀の姿に、文字誕生の瞬間が刻みつけられ、重ねられていたのである。

◉天の声を刻みつけて生まれでた漢字は、方形の場のひろがりの上に大地に湧きたつ万象を写しとる記号として記され、増殖してゆく。

このように見てくると、方形のなかに枝葉を伸ばす漢字の字形は、古代中国の大地や世界のイメージと深くかかわるものだ…ということが読みとれる。

中国以外の文化圏では見られない、暗喩的・象徴的な文字だと思われる。

◉ことのついでに記しておくと、亀卜の「卜」は、亀の甲羅を縦・横にはしる、割れ目の形を写すもの。また「卜」の音は、火にあぶった亀の甲羅が割れるときの、ポクッという音に由来すると説かれている（『字統』による）。

◉亀卜は、日本にも伝来している。奈良時代には公の行事となり、神祇官である卜部《うらべ》が亀卜を執り行った。最近の新聞では、二十数年前（一九九〇年）の大嘗祭《だいじょうさい》（天皇の即位式）の直前に亀卜が行われたという。今日なお続いていることに驚かされる。

面白いことに、対馬の卜部である阿比留《あびる》氏が伝えるものとして、亀卜の形をもとにした「ツシマモジ」四十七文字が残されている→㉓。（→★3）

歴史的な考証をぬきにしてこの字形を見ると、亀卜の形を写しとり整理した文字であると見えるだろう。さらに、卜兆の「兆」の字も、亀卜の割れ目から生まれでた文字だといわれている。卜占にまつわるこうした文字の誕生は、亀の甲羅と深いかかわりをもつものである。

◉古代中国の人びとが感知した方形性と文字とのかかわりは、このように、人間が住まう大地に発し、人びとや天地自然を包みこむ大宇宙の細部に向けてひろがってゆく。漢字の字形、その背後には、深く広い時空が隠しこまれていたのである。

月刊『ひと』226号（太郎次郎社／一九九一年十月）

★3―平田篤胤『神字日文傳』上下巻・付録、伊吹酒屋、一八二四年。

印《しる》す文字、祀《まつ》る文字、奏《かな》でる文字——漢字のカタチ④

印章、方寸のなかの華麗な展開…

◉印章に刻まれる文字は、「篆刻《てんこく》」と呼ばれる。「篆」は篆書、つまり大篆、小篆と呼ばれた古代中国の字体の名に由来する→①。

秦の始皇帝の時代、中国で初めて文字の形と使用目的が整えられた。その成果は、許慎という学者がまとめた辞書、『説文』に結晶している。

このころ、いわゆる「小篆」という書体が中心となって、印章の制度が確立される。

そこで、印章と方形の関係が定着する。

◉正方形に象られた印章は権威の象徴となり、身分・所有を表すものとされて、後世（元末から明代）には、文人四芸（詩・書・画・篆刻）の一つに数えられるほどになる。

こうした展開のなかで、篆刻を用いた印章は方形（正方形）の場と深くかかわり、方形の印面を保ちつづける。方形の場に枝葉をのばす漢字の字形の特質に結びつく

①—右ページ上の瓢箪(ひょうたん)形の印章には、「秘寶」の二文字が繁茂する。
②—流麗な筆の流れが印す「戴」の一文字。中国・唐代の書家、懐素の、狂草体として知られた草書体。その右側に縦に並ぶ五つの印章は、文書の継ぎ目に押される騎縫印。文書の真実性を保証する。左側に並ぶ多彩な印章は清朝皇帝・乾隆帝が好んで捺した、収蔵印。乾隆御覧之寶、乾隆鑑賞、五福五代堂古稀天子寶…などの文字が並ぶ。
(杉浦による配列)

③

③—古代アジアでは、さまざまな印章が流布していた。右は、シュメールの円筒印章。牡牛を彫りだした大理石の円柱に、精緻なレリーフが刻まれている。この円柱を、粘土の上で転がして凹凸のある印面をつくる。高さ五・五センチ。紀元前三千年ころ。

④—右下は、インダス文明の印章。石を用い、銅や瑪瑙などでも造られた。一角獣の上方にみえる記号は、象形文字と推定されている。二〜五センチの大きさ。モヘンジョ・ダロより出土。上の二点は、エジプトのスカラベ型の印章と印面。直径一〜三センチ。

一要因として、見落とせないことがらである。

◉中国の印章の起源は古く、殷代へとさかのぼる。三千五百年ほど昔のことだ。人間が印章を使う歴史はさらに古く、西アジアのシュメールなどでは五千年ほど前から用いられた。彼らが多用した円筒の印章は、文字にさきがけて生まれでたものである↓③。

◉印章は、古代ペルシャやインダス文明、さらにエジプト、エーゲ文明などへと伝播して、戦国時代（紀元前五世紀）には中国にも持ちこまれた↓④。（↓★1）

その影響を受け、戦国から秦にかけての中国で、本格的に印章が流布することになる。さらに漢から唐代へと下るにつれて、官僚制度や階位制度と結びついて印

★1—新関欽哉『ハンコの文化史』PHP研究所、一九八七年。

⑤—封印のしるしとなる「封泥」の一例。長沙出土のもの。食料品をいれた壺の口を藁をつめてふさぎ、粘土をかぶせ、その上に印章を押して、封印した。

章が整備され、中国における華麗な展開をみせてゆく。

◉とりわけ唐代になると、紙の普及にともなって、印章は文書などに多用される。紙はもともと、中国で発明された(紀元一世紀以前)。印章が、紙の上に押されるようになり、印刻の手法や印章の外形が一変しはじめる。

それまでの印章は、封泥《ふうでい》と呼ばれる赭黄《しゃこう》色(赤みがかった土色)の粘土に押しつけるものであった→⑤。小さな粘土の塊を、文書や物を入れた包みの紐の結び目に乗せ、その上に印章を押しつけて乾かし、封をする。つまり、封印のしるしとして用いられていた。

◉紙の出現は、印章を押す材料や押す方法の激変をもたらし、印章の形態や素材が一変する。一例をあげるなら、印面の文字が陰刻(文字の一点一画を彫りこむ)から陽刻(字の周囲を彫りこむ)へと変化する→⑥。陽刻の文字は、紙の表面になじみやすいからである。封泥は印朱、あるいは印泥にとって代わられ、やがて現在使われている朱肉が登場する。

◉宋代に下ると、皇帝・皇后の王璽《おうじ》、列侯や将軍が用いる印璽としての官印のカタチが、方形で大きいものへと変わってゆく。印章が一段と大きくなる。たとえば、それまでは方寸、つまり一寸四方(漢代には一寸は二・

三センチ。隋・唐代になると一寸が三・三センチほどになる)であったものが、方二、方三寸という大きい印面へと制定し直される。

また、印章の偽造防止も図られ、印章それ自身が精緻なつくりで、完成度の高いものになってゆく。

◉中国の印章の最古のものは、前記したように、殷代までさかのぼる。殷代後期(紀元前十三世紀ごろ)の殷鉨《いんじ》だとされるものが、台北《タイペイ》の故宮博物館に三個保存されている↓⑦。

鉨とは印章のこと。秦代以前のものを古鉨と呼び、秦以降は皇帝の印のみが鉨と称された。鉨と璽は同じもの、つまり玉璽を指す。

◉銅製の三個の殷鉨を見ると、一つは「亜」字形、もう一つは「田」字形である。田字形のものは、四角い印面のなかを四つに割り、そのなかに記号をおさめている。亜字形のものは、殷代青銅器に刻印された、氏族の標識に似た印章である。つまり文字ではなく、日本の家紋のように、一つの血縁集団を象徴する記号を刻んでいる。

⑥

⑦

⑥—上の二つは、陰刻(上)と陽刻(下)の印面。
⑦—下の三つは、殷墟から発掘された三個の銅印。方形を四分割した田字形。四隅に方形を配した亜字形。台北・故宮博物館蔵。

「田」形や「亜」形の殷鉞をみると、印章と方形の結びつき、つまり四角い場のなかに記号や文字をどのように納めるか…という美学的な試みが、すでに始められていたことに気づかされる。

篆刻、権威と風雅のしるし…

◉印章は、秦・漢の時代になると、地位や権威を象徴するもの、所有者の階位を位置づけるものとして制度化され、さまざまな形で整えられてゆく。

たとえば、官印と私印が分けられる。印面だけでなく印章の素材、あるいは鈕《ちゅう》・綬《じゅ》などという印章に付属するものにも順位が与えられ、官位・職制の序列が定められる。

鈕とは、つまみのこと→⑧。普通は帯状に形づくられているが、皇帝をはじめとする上位の印章には、霊獣の姿がつまみとして彫りだされた。螭虎《ちこ》(皇帝のみ)、亀(王侯・将軍・列史など)、蛇(それ以下)…というように。また綬とは、持ち運びのためにつけられた紐のこと。その色によって厳密な階位制の区別をする。

⑧—印章のつまみを鈕(ちゅう)という。鼻鈕と呼ばれる、単純な半円状のものが一般的だが、皇帝には螭虎(ちこ)、王侯などには亀(左上)、駱駝(右上)などの霊獣の姿が刻みこまれた。鈕には、腰にさげるための紐がつけられた。この紐は綬(じゅ)と呼ばれた。漢代には、綬の色で官位が区別された。

⑨

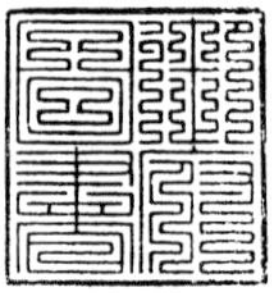

⑨—上の三例は、「九畳体」の印面。
中左のものは、明の皇帝が用いた「御符圖書」の印。

右隣りは、朝鮮李朝の太祖金印。

明印の場合、一辺の長さと文字の点画の長さの合計の比は1：25。李朝印の場合は1：32ほどになる。

上のような印面では、その比が1：8程度。九畳体をもちいることで息の長い線分を印面のなかに棲まわせている。

⑩—「アッラーは一つ。それだけが正しい」。コーランの聖句を「建築のクーフィック体」でまとめたイスラムの護符。中国の九畳篆に酷似している。

⑩

素材に玉を使うことができるのは、皇帝のみ。王侯や文官は、金・銀・銅などの金属を用いていた。

◉印章は、一般には、鋳造によって作られた。だが将軍や武官の場合には、なぜか刀で彫る、つまり穿《うが》ち削る削製《さくせい》と呼ばれる方式で作られるものが多かった。なぜならば、削製の印は、戦にのぞんで作られたからである。出陣のあわただしさのなかで、鋳こむいとまなどあるはずがない。削製無文の印材に急いで刻むというものだった。

ところが、この削製の荒々しい風味、簡潔な味わいが良いとされ、後に、文人、いわゆる知識人が好む手法となってゆく。

篆刻の流行のはじまりである。

◉唐代になると、個人の印章である私印が登場し、流行する。判読しやすい印面であることが主流となり、篆書以外のさまざまな書体が登場した。

宋代には、篆刻を彫ることが、文人たちの風流の一つになる。書・画・詩にすぐれた「三絶」に、篆刻を加えた「四絶」が讃えられた。美意識の重要な表現としての印章が、鑑賞の対象となるのである。

◉このような印章・篆刻の推移を眺めてみると、文字というものにどのようにして権威がこめられ、文字の字形からどのようにして多彩な情趣が引きだされてきたのか、その歩みが見えはじめる。

漢字の魅力、字形・字体の変化の面白さが印章の一彫り一彫りに結晶し、可視化されていたのである。

◉篆刻の書体でとりわけ特徴的なものは、皇帝の玉璽をはじめとして官印にも多用された、「九畳篆《くじょうてん》」と呼ばれる篆書体である→⑨⑩。宋代にはじまる九畳篆の趣向は、明・清の時代には、さまざまな官印に多用された。

近代になると、一般庶民の印章にも愛用され、ひろがってゆく。

◉たとえば画数の少ない文字を九畳篆で彫る場合、文字の一点一画を思い切り長く伸ばして、幾重にも折り畳み刻みつける。方形の印面全体を、つづれ折の線でくまなく埋めつくす。この手法で、画数の少ない文字と多い文字の差をなくす。

㗊

複雑な点画の差異を、巧みに隠すのである。

迷路のように折れ曲がる一本の線。線の流れを目線や指先でゆっくりと辿ってゆかないと、何の文字が記されているのかが、読みとれないほどである。

◉ときに七センチ角ほどの印面に、全長が二百二十センチにもおよぶ折れ線が畳みこまれ、詰めこまれていることがある。

ふつうの篆字（繆篆《りゅうてん》と呼ばれる）による印面では、辺の長さと文字の全長の関係は、ほぼ一対八（辺の長さを一とする）程度。だが九畳体の印面では、一対三十ほどになるという。文字たちがいかに紆余曲折し、その枝先を長く伸ばしているのかがわかるだろう。篆刻に固有の、不可思議な書体が発達した。

◉九畳体を眺めると、碁盤の目を辿り、縦横に走る露地をくまなく散策するかのような方形都市の迷路感覚が呼びさまされる。中国の人びとが好む方形性の本質にも深いかかわりをもつ、興味深い装飾文字ではないだろうか。

⑪——上は、𠙵（サイ）を四つ並べた「しゅう」の文字。日本では使われなかった。
下の金文は、囂（こう）」。
㗊（しゅう）と頁（けつ）の合成。
頁は、神に祈りを捧げる祭司の着飾った姿を写す文字。
𠙵を並べ、神に祈る。その声が囂囂（ごうごう）と響くことを表すという。

⑫—「口」を四つもつ文字の例。上下とも「器」字。四隅に置かれた口、つまり祭祀の器の間に犠牲の犬がすえられる。犬の血で、この器を清めたとも。

「器」、結界と祭祀の文字…

◉「器」という文字に注目してみよう。方形の、きちんとした外郭を生みだしている。四隅に口の字が配置されているからである。

「器」とは、いうまでもなく「うつわ」のこと。日常雑器と呼ばれるように、生活に欠かせない、「ものをいれる」道具の総称である。

皿・椀・壺・鍋…や箱形のもの。「なかに空所《うつ》があり、そこに物を入れることが出来る」もの。「うつ」の響きは、内《うら》、虚《うつ》に由来するといわれている。

◉四隅に配された「口」の字に注目してみよう↓⑪。この形を皿の形や器物の口形とみる従来の説（『説文解字』、以下『説文』と略す）を否定して、白川静氏は祝祷の器、「𠙵《サイ》」に由来する…と定義された↓⑫。

「口」は、顔についた口の形、つまり唇の象形でない。口ではなく、「神に祈り靈を祀るときに用いられる、𠙵と呼ばれる祝詞《のりと》を納める器の形」（『漢字百話』）であるという。口の形を「祭祀の器である𠙵」と解くことによって、口を構成要素とするさまざまな文字たちに、新しい光があてられた。

『説文』（漢代）で説かれた口文字にまつわる数多くの解釈が、殷代の甲骨文を探求し

つづけた白川氏の探究により、大幅に改められることになったのである。

◉たとえば「告」という文字がある。この文字を説文は、「牛が人に何ごとかを訴えようとして口をすりよせる形」だと解釈する。

白川氏は、自らの新しい口の解釈を用いて、「木の枝（口の上にある形）、たとえば榊《さかき》のような神木に祝詞を入れた器である𠙵を懸け、願い事を神に訴え告げることを意味する」神聖な文字だと考えた。

◉また「兄」の文字は、「口から発することばの力に長けている長兄」（『説文』）を意味するのでなく、口に人の形を加えて「𠙵を戴き、神を祀る人」を意味するという。この兄に「示」の形、つまり祭卓の形を加えたものが「祝」の文字で、祝文字は「人の口をもって神に交わろうとする」もの（『説文』）ではなく、「祝詞を捧げ、神を祀る人」を意味する文字だと考える。

さらに、「名」の文字の「夕」の形を夕暮れと解し「薄暗い夕闇のなかで口を開き、自らの名を告げる」（『説文』）のではなく、「夕」の字形は祭肉の形であり、その「肉を捧げて、生まれた子どもの命名の儀を祖靈のまえでとりおこなう」ことを意味する文字だと解かれている。

⑬──「音」字は、辛＋日の会意文字。辛は、把手をもつ大きな直針の形。文身・入墨に用いるという。日は、祝祷の器𠙵（サイ）の中で幽かな音が聞こえること。神に祈る。神がこたえる。それが神の「音づれ」になるとする。⑪⑫ともに白川静『字統』より。

◉白川説を列記しはじめると、興味深く際限ない意味づけが、口、つまり𠙵にまつわる文字群に再発見できる。『字統』という画期的な書物を手にして、一つの文字から関連する他の文字へと眼を移し、ページをこえて漢字の森を散策してみることをおすすめしたい。

文字が語る思いがけない風景がつぎつぎに現れ、消え去って、白川漢字(文字)学の魅惑にとりつかれることまちがいなし…だからである。

◉話がなかなか「器」文字に戻れないが、もう一つだけ、「音」についての白川説をあげておきたい。

「口」の形が音という文字にはないではないか…と思われるだろう。だが白川説では、「音」を解くと、「辛」+「口」+「一」となる→⑬。

口は、いうまでもなく𠙵にあたるもの。辛とは、把手のある直針を指す。

この針で、皮膚に彫る入れ墨をしたという。その針が、𠙵の上部に置かれている。

また𠙵のなかには、小さな一が印されている。この印は、𠙵のなかで聞こえる幽かな音を指すものだ…と読み解いている。

𠙵を捧げ、神に告げごとをし、祈る。神への誓約に偽りがあれば、神罰をうけなければならない。神からの反応があれば、それが、𠙵の中から聞こえてくる幽かな音となり、立ち現れる。

神の「音(訪)づれ」。その意味が、「音」の字形に取りこまれた…と説かれている。

◉「意」の文字も、「音」に関係した文字である。この文字は、神の暗示を憶測することを指すという。

つまり文字とは、眼に見える形を映しとるだけでなく、眼に見えぬ神や万象の幽かなふるまいを感じとり、それを形に記すものであったという。白川先生が生涯をかけて研究された、白川漢字学の一つの結論である。

「器」字。四隅を固め、方形に力をこめる…

◉さて、ここでやっと「器」の文字に戻ることにしよう。

「器」には四つの「口」、つまり四つの𠙵が配されて、文字の四方を固めている。その中央に、「犬」という文字がすわる。この犬は、神に捧げる犠牲《いけにえ》としての犬だという。「大」ではなく、「犬」。つまり文字が秘める意味からすれば、「器」は一点を加えた「器」と記されなければならないのだ。

一つの点の所在によって、大きく意味が変わってゆく。これは、漢字が包みこむ問題点の一つにほかならない。

◉「器」の文字は、四隅に𠙵を置いている。聖なる器を四隅に据えて、一つの場所を結界する。場所のなかを荘厳《しょうごん》し、聖域とする。その中央に、犠牲としての犬を捧げる。結界し潔められたこの場所に、神の降臨を仰ぐのである。

㗊　噩　嚚　囂

品　品

◉場所の力を高めるために、場所を祀り、潔めねばならない。場所を囲み、そのなかの邪気をはらい、方形の場を「結界する」。結界された聖なる場所に、聖なる力が現れる。結界を示す四隅のしるしが、四つの口文字で表された。「器」とは、力を秘めた方形の聖域を象る文字。㗊《しゅう》、噩《がく》、嚚《ぎん》、囂《ごう》など、四つの𠙵をもつ文字群も器文字に似て、それぞれに聖なる意味を包みこむ方形の文字となっている。

◉三つ並べた口は、「品」である。三つ繰りかえされる口は、多いということを表し、いくつもの祝祷を並べて執り行うことを指すという。品の文字の古形を見ると、ときに天地が逆転して「𠱠」と記されることがある。「品」「𠱠」と「㗊」を比べてみる。三角形と方形のかたち。文字の空間性、結界力の差が歴然とたち現れる。この比較から、方形性という場が包みこむ靈力の強さを直感しうるのではないだろうか。

「亞」、墳墓葬儀の文字…

◉もう一つ、「亜」字について見てみよう。旧字では、「亞」と記される。この字形では、文字の四隅が欠けていることに気づかされる↓⑭。先ほど見た「器」文字は、四つの𠙵によって四隅が強調された形である。だがこの

「亞」字になると、四隅が逆に削りとられる形になる。つまり亞字は、マイナスの方形性をもつ文字だといえるだろう。

『字統』によると、古代の王侯の陵墓では、柩を安置する部屋を「玄室」と呼んでいた。殷代の玄室は、室の四隅を入りこませた形で造られた。亞字は、この玄室の意味をもつ。玄室の平面図を写しだす文字だと記されている。

さらに、この玄室で葬儀を執り行う職能者たちの集団を、「亞」と呼んだのではな

亞

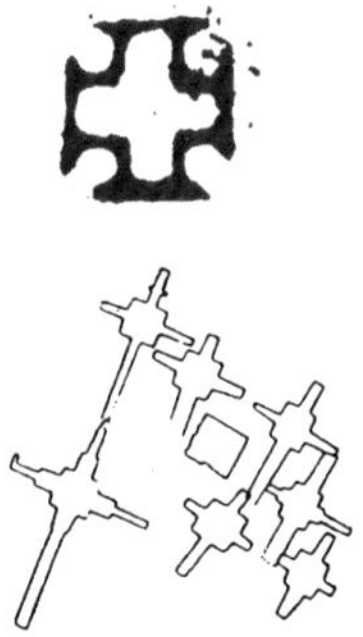

⑭—「亞」字の造形。「亞」は、殷代の墳墓の形に由来する。棺を置く玄室の四隅を、柱あるごとくに入りこませた（上右）。上左および下は、部族標識として用いられた「亞印」の例。殷代の青銅器の器の底、口もとや把手の内側などに、絵と文字のいずれともつかない、このような亞印の銘が刻印されていた。下の亞印には、「醜」、すなわち神に酒を捧げる祭司の姿が描かれている。

いか…とも推定されている。

◉各地の氏族から招集された亞の集団は、亞字を輪郭とするさまざまな図象標識を作成していた。たとえば儀礼を司るものは、儀礼にまつわる祭具を亞の字形のなかにあしらう。また、生贄をあつかう集団は、動物の姿を亞字の枠のなかに取りこんでゆく。

こうした亞字形の図形は、殷代の青銅器の刻文として、数多く残されている。それぞれが亞字の方形性を基本とし、美しく呪術的なまとまりを感じさせる。

◉マイナスの方形性という、特異な特徴をもつ亞の字形。この文字は、神と語る力を秘めた聖職者の一族が標識とする図形を起源とし、誕生した文字ではないか…と推定されている。漢字がその字形を確立しはじめた、文字誕生の境界線上の出来事である。

曼荼羅の結界に、亞字形の壺が現れる…

◉亞字の字形は、別の意味、別の姿をともない日本へと渡来する。中国の殷の時代から時を隔てた平安時代。平安期に伝えられた密教儀礼のなかで、亞字が突然にその姿を現す。

亞字が、壺の形となって現れる。「亞字形の壺」の登場である。形と意味の予想をこえた転位を読みとることができる、意表をつく一例である。

◉「亞字形の壺」。壺がなぜ、「亞字形」と呼ばれるのか…。

肩口と尻が少しつぼんだ亞字形の壺。この壺を横から見ると、まさに亞字の形をしていることが分かるだろう↓⑮。亞字形の壺は、密教儀礼でなぜか尊重され、儀礼のなかで修法の壇上に置く主要な供養具の一つになっている。

◉仏たちに捧げる水、香水を入れるための「宝瓶」がある。

宝瓶に五宝・五香、五薬、五穀を入れ、浄水を注いで香《かぐわ》しい水を醸成する。この聖水は、一切を清める力をもつという。聖水で宝瓶を満たし、瓶の口には一輪の蓮花を挿して蓋とする。

⑮—亞字形の「宝瓶」。
密教独自の法具。
宝瓶の口と脚部が広く、
首と腰が締まり
胴が張る姿が、亞字の形に似る。
宝瓶のなかを香水で満たし、
蓮華と三鈷杵で蓋をする。
上は、胎蔵界曼荼羅、西門のもの。
下は、平安後期の宝瓶。
金銅製のもの。

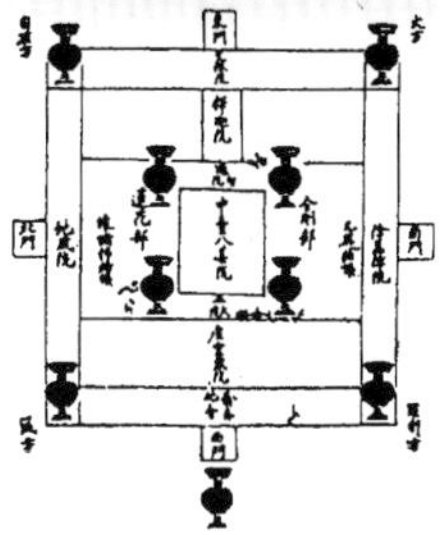

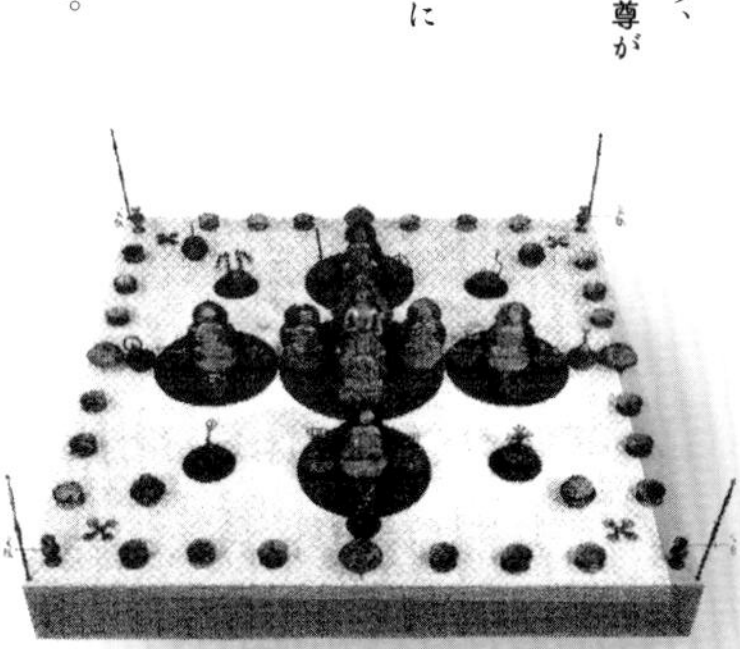

⑯―上は、両界曼荼羅の一つ、胎蔵界曼荼羅。四百八十の仏尊が集会する聖壇。この聖域内に九つの宝瓶が捧げられ、結界内部を荘厳する。中央下の一瓶は、西門のなかに据えられたもの。曼荼羅の中央に燃えたつ八辨の紅蓮華が、曼荼羅の場を支えている。下は、密教法具で荘厳された修法壇。四隅に宝瓶が捧げられている。

このような宝瓶が、修法の祈祷の場、壇上に並べられる。中央に一瓶（やや大きめのもの）、壇の四隅に一瓶ずつ、さらに壇外にも一つ。計・六瓶が配置される。四隅に宝瓶を配置する。この作法は、さきに見た「器」文字における口の配置を思いださせるのではないだろうか→⑯。

◉密教で用いられる亞字形の宝瓶は、曼荼羅供養の場にその姿を現す。九世紀に空海によって日本に請来された「両界曼荼羅」。「胎蔵界」、「金剛界」として知られる一対の曼荼羅である。この細部を詳細に眺めると、随所に配置された幾つもの宝瓶の姿が見えはじめる。とりわけ胎蔵界曼荼羅の構図のなかに、いま記した供養壇と同じ配置が見いだされる。

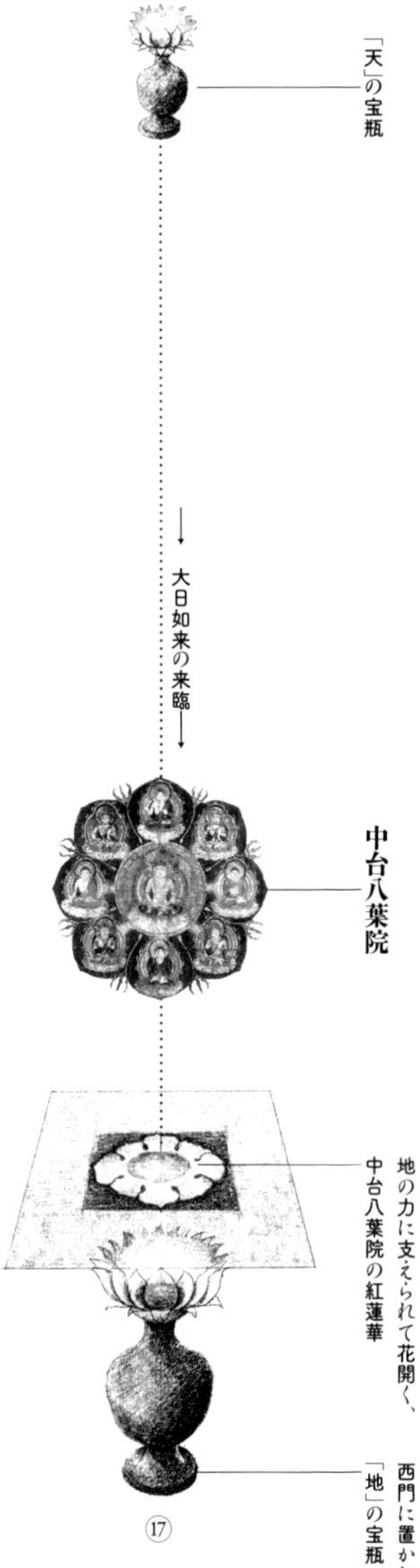
天の力を受け、地の力に支えられて花開く、中台八葉院の紅蓮華

◉中台八葉《ちゅうだいはちよう》と呼ばれる、中心部。大きく開花した八葉紅蓮華の紅色が眼にしみる。密教の中心尊、大日如来を取り囲むように蓮華の花弁の上に座すのは、八体の仏たち。この四如来・四菩薩を取り囲む五色の結界の四隅に、よく見ると四つの宝瓶、蓮華咲く亞字形の宝瓶が置かれているのがわかるだろう。

胎蔵界曼荼羅の中心には、大きな蓮華が花開く。この八葉の大蓮華は、中心軸の最下部（西門）に置かれた亞字形の大宝瓶から咲きいでたものと考えてよい。つまり中心に咲く八葉の大蓮華は、壺に咲く蓮華を真上から見おろす形になる→⑰。

このように、五つの宝瓶が、中台八葉の大蓮華をめぐって配置されている。それぞれに蓮華が咲きいでて、大日如来と四如来が秘める五つの叡智を讃えている。

また、この曼荼羅の最外周の四隅にも、同じような宝瓶が据えられている。外周の四瓶は、曼荼羅に並ぶ仏たちへの捧げものだとされる。

◉胎蔵界曼荼羅には、合計して九つの宝瓶=亞字形の壺が現れている。さきほど見た「器」の字形と同じように、内陣の結界の四隅や、曼荼羅自身の結界の四隅に置かれた八つの壺、それに最下部の一つの壺を加えた合計九つの壺が、仏の来臨を待ちうけ仏の力を讃えている。

亞字の削り取られた四隅、マイナスの四隅にも、同じような意識がこめられていたのではないだろうか。曼荼羅と器の文字、あるいは亞の文字には、その本来の働きにおいて、互いに重なりあうものがあったのだ。

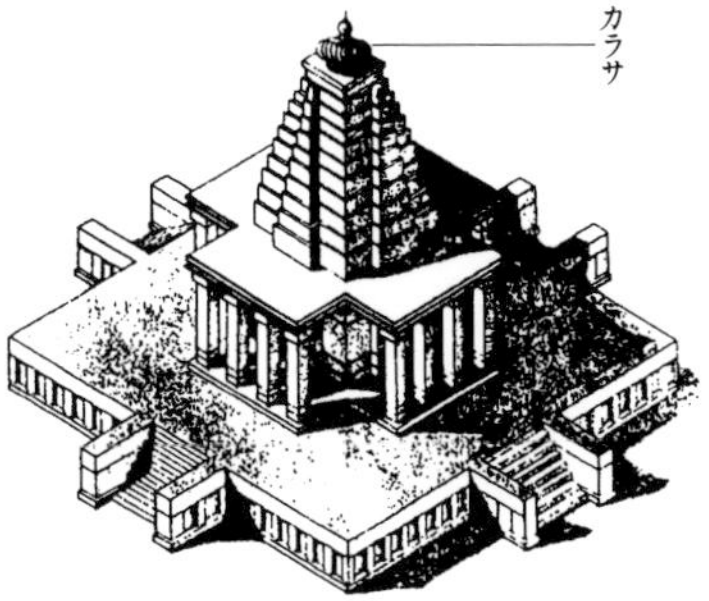

⑱―上は、ヒンドゥー寺院の模式図。マンダラ構造をもつ本殿の上に聳えたつ尖塔の最頂点に、宝瓶(カラサ)が乗せられている。下は、六層の方形壇、三層の円壇に囲まれた立体マンダラ、インドネシアのボロブドゥール遺跡。中心に、壺形の仏塔を戴く。

壺、瓢箪。桃源郷と地母神の豊穣と…

●アジアの聖域における「器」の話を、もう少し続けてみたい。
インドのヒンドゥー教の石造寺院。その壮麗な尖塔の最上部にも、宝瓶が置かれている↓⑱。サンスクリット語で、カラサと呼ばれる壺である。

たかだかと聳えたつ尖塔は、本堂の中心部、つまり神像が安置される本堂の垂直軸の最上部に伸びあがる。聖域の中心、天に最も近い尖塔の頂上に一つの宝瓶が据えられ、神の力の降臨を待ちうけることになる。

壺はまさに、聖なる「うつわ」、容器である。この壺の真下に、この寺院の主役となる神の像が安置された本堂がある。

●ヒンドゥー寺院の本堂は「ガルバ・グリハ」、つまり「子宮（ガルバ）の部屋」と呼ばれている。ガルバ・グリハの空間もまたカラサに似た壺形で、大きくひろがっている。ガルバ・グリハという本堂のうす暗い空間、壺形をした暗い空間に、ヒンドゥー教の神の力を宿していることになる。

●ガルバ・グリハは、さきほど見た胎蔵界曼荼羅の中心部に花開く、主要な仏たちが座す中台八葉の大蓮華や、中心軸の真下の西門に据えられた大宝瓶と同じ意味をもつ。胎蔵界曼荼羅のサンスクリット名が「ガルバ・コーシヤ」（コーシヤは蔵の意）、つまり「胎蔵」の意味をもつことを重ねあわせれば、両者の深い類似性を理解

⑲—「壺中天」の故事を描く。中国・後漢の費長房(ひちょうぼう)という名の役人が、とある夕刻、薬売りの老人が店じまいの後、店先に懸けてある壺のなかに入るのを目撃した。長房が礼をつくして乞い、仙人の壺公(ここう)につれられて壺中に入ると、そこには壮麗な仙官。時をこえた永遠の世界があった(上)。下は、中国の剪紙が切り出した魅惑的な瓢箪の図。その内部には枝葉を伸ばす寿文字があり、左手側に蝙蝠(福)、壽文字の下にはザクロ(禄)が潜む。

することができるだろう。

◉「聖域」と「器」のかかわり方、これまで見た宝瓶や亞字形の壺と聖域の間には、非常に深い関係がある。聖域はまさに「うつ」なる器であることによって、中心点に向かう聖なる力を吸引することができるのではないだろうか。

◉ここで改めて「壺」という字を見直すと、ここにも「亞」字が潜んでいることに気づくだろう。壺文字にも亞字が潜んでいる…。(↓★2)これまでの話をふりかえるまでもなく、驚かれる方も多いと思う。

上の「士」と「冖」は、壺の蓋を象るものだ。だが、その下に置かれた亞の文字は、先ほど見た墳墓の形としての亞字でなく、じつは瓢箪に由来する形だと説かれている。壺文字と亞の文字は、同じ亞の形を内包しながら、基本となるイメージが

★2—本書164-167ページ

⑳—「壺」文字の「亞」は、小さな口、内部に深いふくらみをもつ瓢箪の形。瓢箪は子宮をも暗示する。

少しずれているようである。

◉しかし両者は、遠い部分で響きあう。中国においては、仙人たちが住む不老不死の桃源郷、その理想世界のひろがりがじつは瓢箪の形をしている…と考えられているからである。

◉入口は小さく、内部に深いふくらみを隠す瓢箪。瓢箪の内部は、神秘の洞窟に見える。そのふくらみは、誕生と再生の働きを秘めた母胎(子宮)にも似ている。瓢箪の狭い入口をするりと抜けて内部にいたると、そこには、時空を超えて陶然となる甘美な桃源郷がひろがっている…。

◉こうした瓢箪のイメージは、よく知られた「壺中天《こちゅうてん》」という寓話にも象徴されている→⑲。母胎回帰、大地への回帰願望が、中国では瓢箪の形になぞらえられ、愛好された。瓢箪の形が、「壺」文字の「亞」に託されていたのである。

◉「亞」は古来、地中への母胎回帰を意味する墳墓の形に由来する文字であった。亞—壺—瓢箪—子宮—墳墓…そしてふたたび亞→⑳。こうした連鎖をふまえると、亞字と壺文字は、遠く近く響きあう文字だといえるのではないだろうか。

叩く壺、地中の生命力を励起する…

◉ところで、インドには、こうした壺を叩いて「音を出す」、壺の音を天地に響きわたらせる…という着想がある。

南インドには、「クーリヤーッタム」と呼ばれる神事としての芸能、神々に捧げる舞踊劇が伝承されている。クーリヤーッタムを奉納するための、立派な劇場が建てられている。劇場では、舞台の中心部や後方に、直径が七十〜八十センチほどもある大きな素焼きの壺（現在では銅製）の太鼓が据えられている→㉑。

◉ミラーヴと呼ばれるこの太鼓は、壺の口に二枚重ねで牛の皮を張ったもの。この皮を力いっぱい両手で叩き、強烈で強靭な響きを生みだす。その打音にもう一つの皮太鼓の音を重ねあわせ、宇宙の鼓動を思わせるリズムを伴奏にして劇が進行する。踊り手たちは神話世界の神に扮し、神々の舞をまう。

この壺の打音は、まさに、ヒンドゥー寺院のところで触れたガルバ（母胎）の響き、大地の子宮の豊穣の脈動を象徴するものではないだろうか。

◉大きな丸い壺を叩くことで、大地の奥深くに眠る尽きることのない生命力が励起される。万物の豊穣力が目覚めはじめる。あるいは、仏教儀礼のところで述べたような、宝瓶という壺を満たす香水が滔々《とうとう》とあふれでて、この世を豊穣の渦で充たしきるように…という願いをこめて、壺＝太鼓が叩かれる。

壺の音は天地に轟き、鳴り響くのだと思われる。インドの壺は、まさに「楽」の「器」、つまり宇宙的な響きを放つ、大地の「うつわ」であったのだ。

㉑―ミラーヴと演奏者。南インドのケーララに伝わる古典劇「クーリヤーッタム」の開演を告げるなど、伴奏楽器として欠かせない壺型の太鼓「ミラーヴ」。人が作りだしたのではなく、「自ら自然に生まれでた聖なる楽器」とされるのも興味深い。

合成文字譜で楽を奏でる…

◉音楽の話題が出たところで、漢字と楽譜の興味深い関係を見ておきたい。漢字の特色の一つは「会意」（偏と旁、冠と足…といった要素を結びつける）による造字法だが、これまでにみた方形性と会意性を統合させて、演奏法と音を記録する文字、つまり楽譜としての独自の文字が中国の宋代に創案されている。形声文字は、音の記号としての文字の働きを生かしながら、音と意味を加え合わせて作字された。緻密に展開された文字合成法が、漢字の体系を支えている。漢字がもつ、すぐれた着想の一つである。この形声文字の発想を、楽の音の記録へと転用する。南宋の姜夔《きゅうき》（一一五五～一二二一）という人物が、ユニークな着想を完成させた。

◉姜夔は、琴を弾くときの右手と左手の指の指示や、琴の弦の番号、徽《き》と呼ばれ

㉓—上は、琴の弾奏。「琴は邪心を禁じ、人の心を正しくする」。天人合一の心境をもたらすという。中国琴の各部の名称（下）には、龍と鳳凰に因む名が幾つとなく見いだされる。

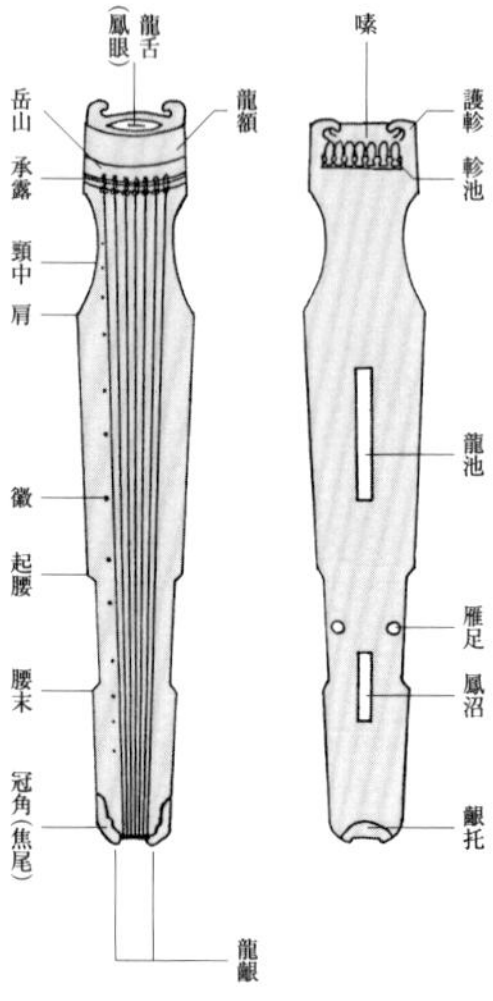

る音程を示す印の番号…などを、漢字の字画から取りだした記号素に対応させて、奏法を示す五十種ほどの新たな文字（記号）を作りあげた。それを方形の桝に並列し積み重ね、配列法に工夫を加えて、複合記号による琴の文字譜を創出した。記号の決め方はやや恣意的で体系的ではないようだが、この工夫で、「減字譜」と呼ばれる琴譜が生みだされた↓㉒。減字とは不要な字画を減らし、要素だけを取りだす…という意味をこめた命名ではないかと思われる。

◉中国の楽器「琴」は、紀元前十五〜十四世紀の殷の時代にすでに存在していた。その形は日本の琴（箏）に比べてずっと華奢で、細身である。琴は単に楽器であることを超えて、中国古来の宇宙観を反映した深い象徴性を秘めている。

◉琴の細部につけられた名称を調べてゆくと、興味深いイメージが浮かびあがる↓㉓。たとえば、琴は鳳凰の眼をもち、龍の額をもつと考えられた。顎があり腰があり、その末端は龍齦《りゅうぎん》や焦尾となる。琴の裏面に穿たれた響鳴孔は、龍池、鳳沼などと呼ばれている。琴の幾つもの部分が、活力と長寿を象徴する龍や鳳凰の姿になぞらえて、命名されていたのである。

◉龍と鳳凰の姿を模す…。これ以外にも、琴の形には、さまざまな象徴性が織りこまれている。前章で記した碁や碁盤のように、細部の数字が宇宙的な象徴性を秘めることによく似ている。

三尺六寸六分と定められた琴の長さ。これは、一年の日数に相当する。琴の肩幅

㉔—右の記号の奏法は、左手中指で第五弦の第八・九徽を押さえ、右手中指で第五弦を手前に弾く。
上の記号は、左手拇指で第六弦の七徽を押さえ、右手拇指で第六弦を向こうへ弾く奏法を示す。

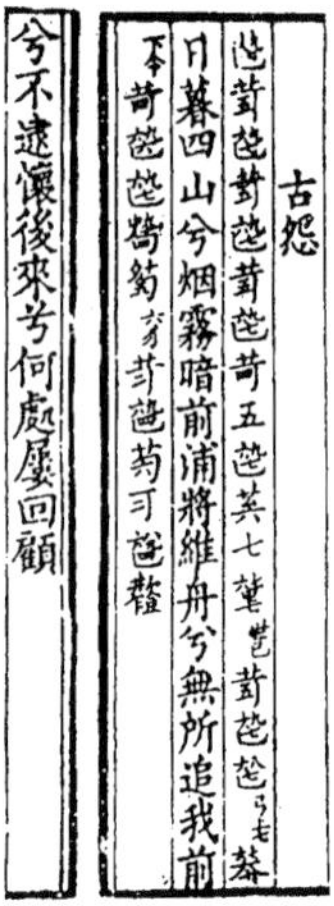

㉒—右は減字譜の右手・左手の指の使い方をしめす五十四種の「指法」記号。奏法に関連し、奏法を連想しやすい文字の一部をとり、記号化している。たとえば2の「乇」は「托」字の略で、右手拇指で弦を向こうへと弾く。5の「乚」は「桃」字の略で、右手人差し指で弦を向こうへと弾く。6の「勹」は「勾」字に由来する記号。右手中指で弦を手前に弾く。
左は、最古の減字譜とされる姜夔の作品「古怨」。歌詞を記す行の右側に、それぞれの文字に対応した減字譜が並べられる。

である六寸は、天と地と四方位の六合を意味するという。

一方、琴の尾の幅は四寸で、春夏秋冬や晦・朔・弦・望（月のみち欠け）、あるいは日・昼・暮・夜などの時の流れの推移を表す。さらに琴の天側の板は丸く反り、天穹のよう。一方、地の側の板は大地のごとく平らである。すでに説明した亀の甲羅に似て、天と地の二つの板が天円地方説を表すという。（→★2）

◉古代の琴に張られた五つの弦は、五音階（宮・商・角・徴・羽）や五行（木・火・土・金・水）に由来する。弦の数は、後に二弦が加わり七弦になるが、これは、五弦の象徴性に文と武の両道が加わったものだ…と説かれている。また、徽と呼ばれる音程の印が十三あり、これは、一年十二か月と閏《うるう》年を示すものだという。

琴は、森羅万象を映しだすもの。その姿の全体が、宇宙の縮小模型に見立てられていたのである。


◉深遠な構想を秘めた中国の琴は、文人・君子によってことさらに愛好された。

琴はときに、弦をはずして置かれたりする。音を奏でることよりも、琴がそこに在るというだけで、「邪心を禁じ人心を正しくする力」を示すと考えられた。修身の具であり、宇宙的調律の具であった。響きのよい楽を他人のために奏すること、音楽を奏でることなどは、第一の目的とされていなかった。


◉興味深いことに、琴自身も、音の響きを抑制する構造になっていた。表面を漆で厚く塗り固められていたからである。地味で、小さな音しかだせない琴…。弾

★2―本書144ページ
三谷陽子
『中国琴の記譜法』
トランソニック②
一九七五年。

ずるよりも、幽玄な琴趣を悟ることが、とりわけ重視されていたのである。琴の作法とその精神を伝授する、「琴道」や「琴楽」と呼ばれる学問が形成された。琴はそれほどに、修養・瞑想の具だと説かれている。中国人の琴に対する愛着は格別である。琴の記譜が特別に案出される…ということは、不思議でない出来事だった。

◉漢字の方形の場のひろがりを、田の字形に四つに区切る。これが、減字譜の記譜の基本構造である。ときに三つ、二つに分割する場合もある。この分割法にそって、奏法や音程を表す記号素がはめこまれてゆく→㉔。

まず上部には、左手のどの指を使うのかを指示する指の記号、さらに、その指でどの音程を出すのかを示す徽の番号、この二つが左右に対置し、並べられる。

下側には、右手の奏法が示される。まず、右手で押さえる弦の番号が記され、それに絡むように、奏法を示す五十種ほどの「指法」の記号が加えられる。

この「指法」記号は、奏法を連想しやすい漢字の一部を取りだしたもの。「減字譜」の名も、このことに由来している→㉕。

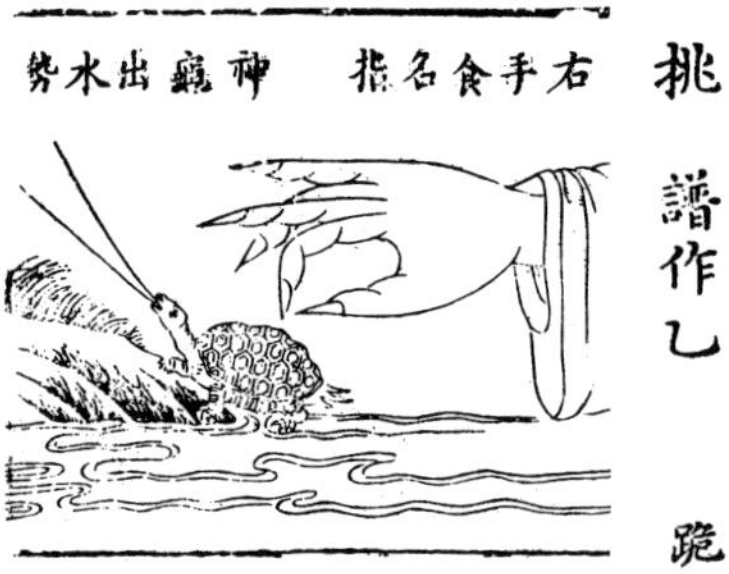

㉕—右手の食指（人差し指）で弦を向う側に弾き、名指（薬指）で手前に奏く「桃」の奏法（上）と、名指（薬指）を曲げ、第一関節から爪先の間で弦を按ずる「跪」の奏法（下）。その奏法を、水面を跳びだす神亀の勢いと、獲物を抱えこむ豹の姿になぞらえ、図化している。中国・清代の『琴曲集成・手勢圖』より。

この記譜法によれば、かなり微妙な装飾音までも表現することができるという。

◉さてこのようにして、琴譜に記される一文字には、二つから四つ、ときに五つ(徽、つまり音程と音程のあいだをさらに十分割し、十分の三とか十分の九などという数字が加わることがある)の記号素が寄りそって、一音を生む奏法が示されている。

◉あたかも一つの文字であるかのように、記号素の組み合わせによる奏法の指示がまとめられた。世界でも類例のない、楽譜文字の出現である。詳細な指示によって生みだされる、音の響き。琴の響きとこの記号の形の間にも、「共感覚」を読みとることができるのではないだろうか。(→★3)

◉アジアの古典音楽のほとんどは口伝であり、心伝である…とされている。つまり、名人の前に座りその演奏を聴きながら、彼が発する音の響き、音の存在を体感し会得する…という修行法である。楽譜というものは永いあいだ存在せず、だが口伝により人から人へとしっかりと伝承されてきた。この琴譜の発明によって、中国琴の消えていく音色が巧みにとらえられ、記録されることになった。

◉中国の琴譜、減字譜は十二世紀以降、ほんの少し改良されただけで、いまなお用いられている。音の世界で息づいている漢字の造字法。文字構成の手法が巧みに生かされ、効果を発揮した、興味深い例だと思われる。

月刊『ひと』228号(太郎次郎社/一九九一年十二月)

★3―本書088ページ

「拍板」を叩くこと。それは編まれ、綴じられた古代の書物としての「木簡」をまるめて
打ちつけることにほかならない。——「木の音、本の響き」

西洋の手相術では、指をひらいた手の形をPalm（しゅろ）の葉に見立て、
手相判断をPalmistryと呼んでいる。植物と人間を結びつける感性が、
中国の「手」文字にも潜むのだろうか。——「「手」文字の象」

4

◉木の音、本の響き

◉文字の海、魚が吐く——原稿用紙の謎①

◉マカラの渦、豊穣の海——原稿用紙の謎②

◉うねり・波うつ宇宙山——山文字の謎①

◉産まれ・増殖する「三つ山」の気——山文字の謎②

◉「手」文字の象《カタチ》

◉日・月、両眼の輝き

◉「壽」「福」融合

木の音、本の響き

◉日本古来の音楽だとされる、「神楽歌《かぐらうた》」や「催馬楽《さいばら》」、「東遊《あずまあそび》」などを聴かれたことがあるだろうか。

朗々と、果てしなく続く歌謡のうねり。その背景にひろがる和琴、龍笛《りゅうてき》、篳篥《ひちりき》などの奏楽のひなびた響き。ゆったりとした曲の流れに耳をゆだね、時の悠久にまどろみかける安らぎの愉悦を、突如、瞬発的な「木」の響き、木の鋭い打音が打ち砕く。

◉木の打音は、声による長い朗詠の句頭で鳴り響く。唱《うた》われる詩の一行一韻が、叩きつける一瞬の「木の響き」で活気づく。

響きを生みだすものは、「笏拍子《しゃくびょうし》」。細長い二枚の板きれをパチンと

①

楽師《がくし》

打ちあわせるだけの、簡素な楽器である。

「笏」とは、官位あるものが束帯装束に身を飾るとき、その右手に奉げもつ細長い板、「笏《コツ》」に由来するといわれている。さきごろの大嘗会《だいじょうえ》の儀式（一九九〇年十一月）のなかで、この「笏」を持つ姿をごらんになった方も多いだろう。

◉中国では、周の時代へと遡りうる威儀具だとされた。天命を受信する小さな柱だ…ともいえる「笏」は、じつは、その上に文字を記すメモ用の木板でもあった。高官たちは、命ぜられたこと、奏上すべきこと、儀式の次第などをメモした紙（笏紙という）を内側にはり、自らのつつがない作務の遂行に備えたのである。

笏拍子《しゃくびょうし》

②

◉文字を記す「笏《コツ》」を二つに割り、打ち叩く。木の上の文字が、瞬発の響きをたちのぼらせる。この文字には、天を讃え、豊穣を願う心が托されている。つまり「笏《しゃく》」の音、木の響きとは、文字の力、言靈の力が起ちあがるための、秘儀的な「音なひ」であったのである。

◉「笏」の規模をもうすこし拡大した打楽器、それが「拍板《はくばん》」である。

①―笏拍子を打つ楽師。
②―笏拍子。
官位ある者が手に持つ笏の板を縦二つに切断したもの。長さ、一尺二寸ほど。唱歌の歌い手が両手に持ち、詩の句頭で鋭く打ち鳴らす。素朴な打音が、凛然たる気をかもしだす。

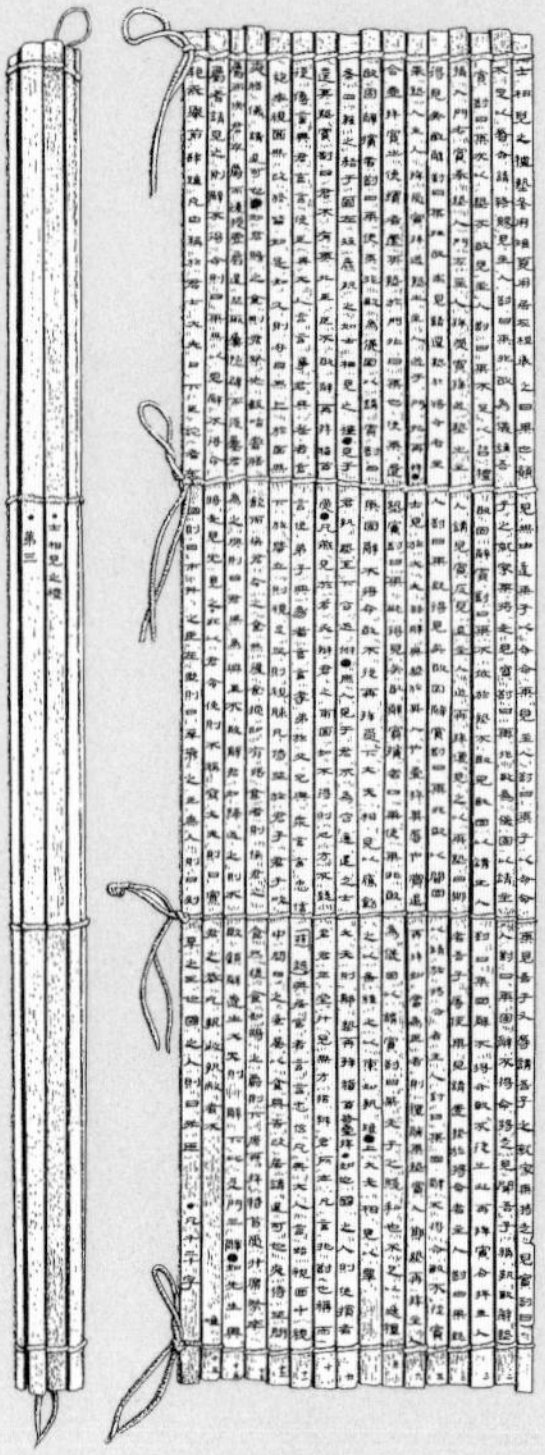

木簡《もくかん》

③—中国古代に生まれでた書物「木簡」。中国では戦国時代から唐代にかけて、用いられ、日本では紙が普及する十世紀ごろまで使用された。

④

拍板《はくばん》

「笏」のような細長い板を三〜六枚、ときに九枚ほど重ねあわせ、その一端に穴をあけ、ヒモ（イグサまたは鹿皮のもの）でゆるく綴じる。「拍板」を扇状にひろげて叩きつけると、激しい打音が一気に迸《ほとば》しり、虚空をかけぬける。

◉「拍板」のなかには、一つ一つの板に詩句を記し、讃を刻みつけたものがある。このとき「拍板」の全体が、字句を載せた「一冊の本」と化す。「冊」の古字が示すその字形は、文字どおり、木片や板をつらね綴じあわせた形をさす。

つまり「拍板」の姿、その形式は、たちどころに中国古代の書物である「木簡《もっかん》」を連想させる。木簡とは、箸のように細く削った木片や竹片に文字を記し、必要な本数をヒモで編み、冊としたもの。編集というコトバは、この木簡に由来するものである。

◉「拍板」を叩くこと。それは編まれ、綴じられた古代の書物としての「木簡」をまるめて打ちつけることにほかならない。書物に潜む文字素、文字靈が一瞬のうちに叩きだされ、交ぜあわされて、叫びに変わる。声を放つ。木の靈と文字靈がぶつかりあい、拮抗し、融合しあって、凛然たる気を放つのである。

◉中国や韓国の廟楽、祭礼楽では、いまなお、奏楽の冒頭と末尾にこの「拍板」が打ち鳴らされる。文字がもたらすものへの感謝を、書物からうまれでる音に托し、天に献じようとするのだろうか。

⑤

拍板《はくばん》を叩《たた》く

⑥

④—中国・韓国の雅楽・古楽で奏される拍板。ふつうは3枚の板で構成される。
⑤⑥—中国絵画の奏楽図に描かれた、拍板の奏者たち。⑤は宋代の墓壁図、⑥は唐代の「夜宴図」より。

文字の海、魚が吐く――原稿用紙の謎①

魚尾《ぎょび》

◉ワープロの普及で、いま、文字を手で書き記す人びとの机上から姿を消し去ろうとしている「原稿用紙」。表面に縦横に走る罫線群をひきしめるかのように、この用紙の紙面の中央にどっかりと座る、風変わりな一つの意匠がある。「魚尾」である。この用紙の意匠を創案した中国で、「魚尾」と名づけられた。

私はこの形を、「魚口」と呼びかえたい。以下、その理由を記すことにする。

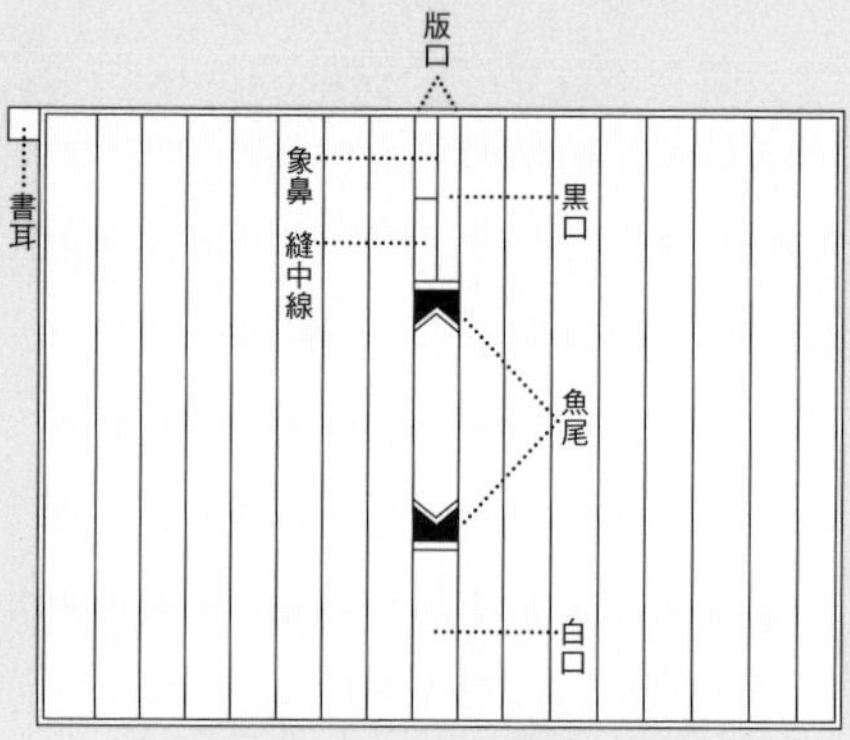

①―中国の割付用紙の中央部の版口に並ぶ飾りものの名称を記す。向いあう魚尾の上方には、象鼻という名称も見いだせる。

②―包背装の冊子の小口を特徴づける、象鼻と魚尾の意匠。

③―岐阜の大垣城の棟上を飾る鯱鉾の雄姿。大きな口をもつ。

◉四百字詰めの原稿用紙には、二百字詰めの大きな枡《マス》が二つ、並びあう。二つを結ぶ「版心」の部分に、三角形を二つ、ぶつけあわせたとみえる奇妙な塊が、上下に向かいあって並んでいる。これがこの話の主役である「魚尾」であり、「魚口」である。

「魚尾」「魚口」とは、その名のごとく、魚の尾、魚の口。三角の塊がつくる形は、魚の尾が開き、あるいは、魚の口が開くさまを模す。それが二つ、原稿用紙の中央で上下に向かいあう。一対の魚が文字の海に潜み、なにごとかを果たそうと身がまえている。

◉「魚尾」「魚口」の縁者が、思わぬところに姿をあらわす。たとえば日本の城の天守閣。大屋根の棟上の両端を飾る、鯱鉾《しゃちほこ》の姿である。

なぜ魚が、天に聳える屋根の上へと昇らねばならぬのか。

なぜ魚が、原稿用紙の枡《マス》目に潜まねばならぬのだろう。疑問の渦が一挙に噴出することだろう。

③

鯱鉾《しゃちほこ》

◉棟梁の両端を飾る鯱鉾（鯱瓦）は、もと、鴟尾《しび》と呼ばれる屋根飾りを起源とする。鴟尾とは、「鳥」の「尾」のこと。鳥の頭、ま

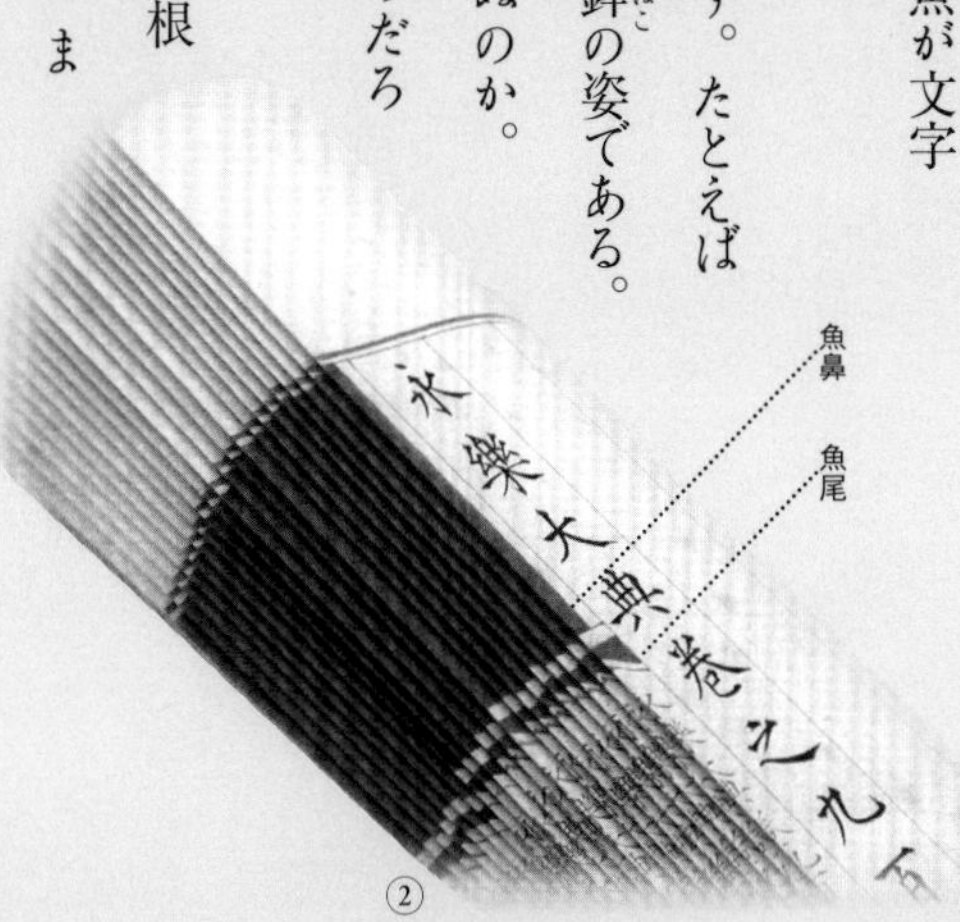

②

鴟尾《しび》から鴟吻《しふん》へ

たは鳥の尾の形を大屋根の棟の両端につけ、反りかえる屋根瓦のうねりを、羽搏く大鳥の翼に見立てている。

◉中国・漢代に遡りうる鴟尾の意匠は、飛鳥・白鳳期の日本にも伝えられ、東大寺や唐招提寺など、大伽藍の棟上を飾るものとなった。

唐代の中期をすぎると、中国の鴟尾は獣頭形に変じて、鴟吻《しふん》へとその名を変える。唐末には、魚頭(竜頭に似る)を象るものも生まれでた。

⑤

④—寺院・廟・王城などの棟上を飾る聖獣の姿。古代には鳥の嘴、鳥の尾が飾られ、後に、そり返える龍の子の姿も現れる。北京・紫禁宮の大屋根を吐きだす螭吻(ちふん)は頭を巻きあげ、後方に獣の首を背負い、背に宝剣を突きだす。

⑤—しなやかに反りかえる魚の口から、渦巻く水流が吐きつくされる。中国・成都、都江堰の屋根飾り。

怪「魚」の頭が巨「口」を開き、大棟を吐きだす怪異な意匠。棟を吐き瓦を吐き、あげくの果てに水を吐き火を鎮めて、大屋根のうねりを鳥の翼から大海の波濤へと変容させた。

◉魚となった鴟吻は室町・桃山期に日本へと渡来し、猛々しく反りかえる鯱《シャチ》へと翻案され、その姿を大屋根の上にあらわすのである。

◉「鳥」から「魚」へ。「尾」から「頭」へ、さらに大きく開く「口」の形へ…。

建築空間をかけのぼった「魚」の「口」…。このようにみてくると、原稿用紙に並びあう三角塊が、なぜ「魚尾」でなく「魚口」なのか、その理由がほのみえてくるのではないだろうか。

豊穣《ほうじょう》を吐く…

マカラの渦、豊穣の海――原稿用紙の謎②

①

摩竭魚《まかつぎょ》

◉「マカラ」とは、サンスクリット語で「鰐《ワニ》」のこと。水面に眼と鼻をだし、不気味に静まりかえる水中の怪獣、鰐である。

鰐は獲物が近づくと、裂けるほどに開く大口と鋭い歯で獲物を捕え、たちまちにして水中へと引きずりこむ。

◉静寂な殺気、一瞬の狂暴…。水面下に潜み眼にみえぬ鰐の姿態、その激しいふるまいの神秘が人々に靈感をあたえ、アジアでは、特異な役割をになう神話的靈獣へと育てあげられ

②
マカラ

渦巻《うずま》くマカラ

③

た。それが霊獣「マカラ」であったのである。

◉マカラの姿はヒンドゥー教や仏教の図像とともにアジア各地を遊泳し、中国では摩竭魚《まかつぎょ》と音訳された。眼をこらして眺めると、アジアの聖域のあちこちに、摩訶不思議なマカラの姿が出没する。神話的霊獣としてのマカラは、首だけ、あるいは首と足だけで描かれる。つまり、胴をもたぬ複合獣だ。胴がないのではない。その胴は「巨大な渦」、つまり「原初の大海（プリモーディアル・シー）」だとされている。あまりにも膨大にひろがりすぎて、描ききれぬのである。

◉原初の海…。この世が始まる以前に、世界を覆いつくしていた海。すべての生命を産みだす豊穣の力を秘め、黒い闇に包まれて茫洋とひろがる神話的な海。その無限の

①—正倉院御物の「密陀彩絵箱」（八世紀）に描かれた摩竭魚。その姿は、自らが吐く唐草模様の渦と重なりあう。

②—インド・バールフットの仏塔欄楯（らんじゅん）に刻まれた、マカラ像。鰐の頭に象の鼻、河馬の胴に、魚、あるいは龍の尾がつく。水にかかわる獣の集合体…。

③—黄金に輝くブロンズ製のチベットのマカラ像。象の鼻、鰐の頭、河馬の胴。その胴は、大海の渦へと変容している。

ボロブドゥールの門《もん》

④

海水の渦を胴とし、その上に首だけを突出させている…。これが、マカラの姿である。

◉マカラは大きな口、——そりかえる牙と巻きつく鼻をもつ渦だらけの口——をいっぱいに開き、自らの胴である海水を天に向かって吐きあげている。身の内なるすべてのものを、外に向かって吐きつくす。渦巻く豊穣の水を、渦の力を加速させて天頂へと送りだすのである。

◉こうしたマカラの姿は、弘法大師・空海の手で中国から日本へと請来された、曼荼羅図にも登場する。

胎蔵界曼荼羅の最外周、結界の四方位に向かって開かれた楼門の棟上に眼をこらすと、首と足が直結した（つまり胴がない！）一対の異形のマカラが見えるだろう。対をなすマカラは向かいあい、その口から豊穣のアーチ（原初の海水）を滔々と吐きつづけている。

曼荼羅《マンダラ》の門《もん》

⑤

マカラのこのような吐出力は、すでに、インド・サーンチの仏塔の楼門やボロブドゥールの門の意匠となり、現れいでていたのである。

◉やや駈け足の説明だが、原稿用紙に向かいあう三角形の口が、なぜ、「魚口」と呼ばれるべきなのか、なぜ、魚口が向かいあうのか…、その理由が少し判りかけたのではないだろうか。

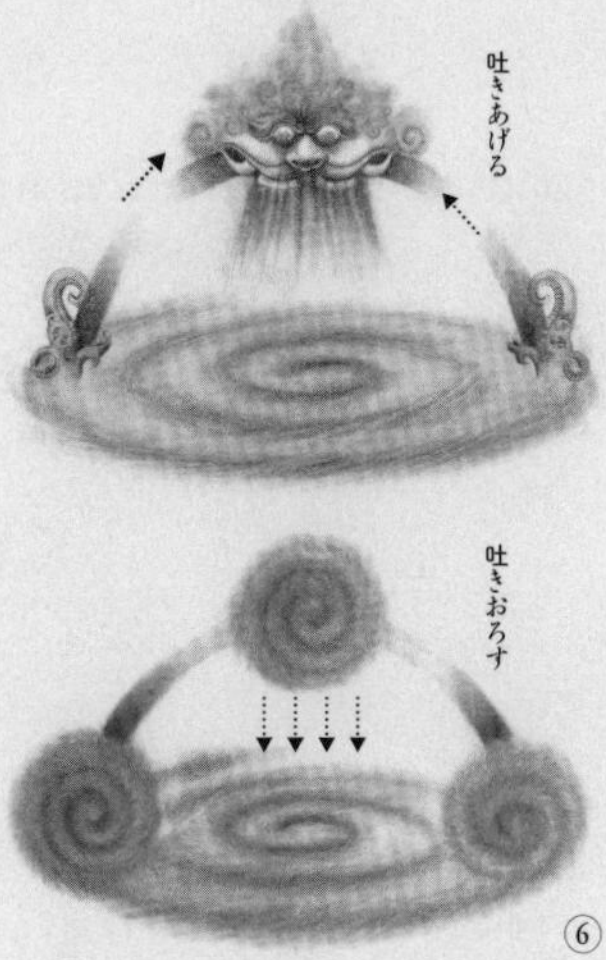

⑥

吐《は》きあげる、吐《は》きおろす…

マカラの力が屋根の棟木と同じように、原稿用紙の中心軸上で向かいあい、座っている。マカラが秘める霊力が、文字を記すものの心に豊穣の気を吐きかけ、彩なす言葉を書き記す気力を産みだしている…と見えるのである。

④—インドネシア、ボロブドゥール遺跡の門を飾るマカラ・アーチ。
⑤—日本に伝わる曼荼羅図。四方位に向って開かれた門上にマカラが現われ、向いあう。二つの門の頂上には、太陽の輝きを象徴するカーラ（ボロブドゥール）、あるいは鬼面（曼荼羅）の顔が据えられ、大きなアーチを形づくる。
⑥—曼荼羅の門の構成原理。原初の海を胴とするマカラが、渦巻く大海の水を天に向かい吐きあげる。天頂で待ちうけるカーラの顔（鬼面、太陽の力）がそれを呑みこみ、豊穣の力に変えて、地上へと吐きおろす。

うねり・波うつ宇宙山——山文字の謎①

弥山《みせん》

◉厳島。広島沖の西方に霞んでひろがる、美しい小島である。

「イツクシマ」とは、「神を祀る島」の意。宮島とも呼ばれ、古代からの信仰の地であった。北岸には、海神を祀る厳島神社を抱きこむ。

島の中央に隆起する小高い山を、人びとは、いつのころからか「弥山《みせん》(=御山)」と呼んだ。

◉「弥山」とはいうまでもなく、仏教的世界観の中心に聳えたつ宇宙山、「須弥山《しゅみせん》(しゅみ…はサンスクリット語のスメール…の音訳)」のこと。仏教

①

①—神の島、厳島。海神を祀る厳島神社の背景に大きくひろがる弥山の姿。厳島神社は、平氏一門の崇敬と支援に支えられた。

②—弥山の山のうねりは古代インドの宇宙観で説かれた宇宙山・須弥山の山容を連想させる。下は、カンボジアの壮麗な王宮「アンコールワット」。寺院の全容は、波うつ弥山に似る。

波《なみ》うつ山《やま》

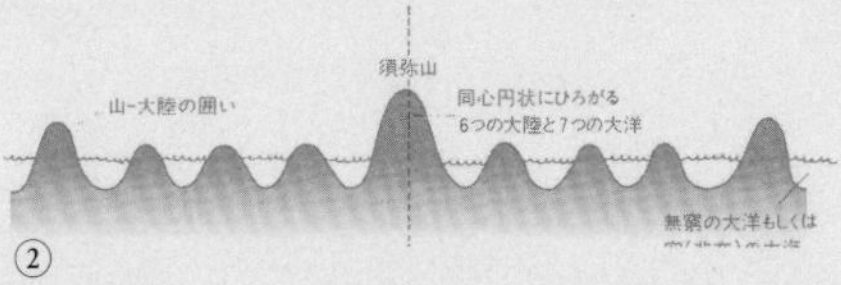

②

経典によれば、その高さ八万由旬《ゆうじゅん》(一由旬はほぼ七キロメートルとされる)。
今の尺度に換算すると、約五十六万キロメートルにおよぶという。
月をこえ、遥か太陽にまでもとどくかという、途方もなく高い山。
天と地を貫く柱の山だ。

厳島の弥山は、標高わずか五百三十メートル。どうみても、須弥山と呼びうるほどの高さではない。この低い山が、なぜ弥山なのか。
なぜ、仏教の宇宙山と同じ名で呼ばれるのか…。

◉その謎は、厳島をめぐる巡航船に乗って洋上からこの島を遠望したときに、氷解した。

弥山は、西南から東北へとひろがる島の両端が、海の波のうねりの中からゆっくりと姿を顕わす。波のうねりが次々に強まり昂まって、山頂にいたる。つまり上下動を繰り返し、波うちながら起ち上がるという、特異な山容をもつのである。

◉うねり、昂まる山。これはまぎれもなく、須弥山がもつ独特なイメージである。

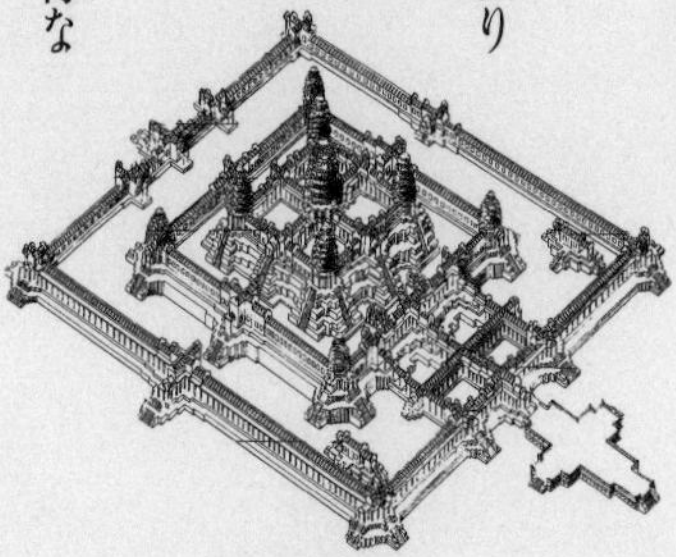

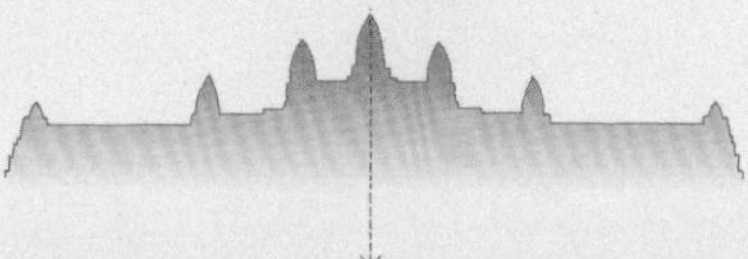

七重の山、八重の海に囲まれた須弥山は、最外周から中心にむかうにつれ、倍…倍…とその高さをのばし、海溝の幅をもひろげてゆく。山の昂まり、海のひろがりが畳みかけるかのように七度びもゆらめいて、大きなうねりを中心の宇宙山の山頂へと送りとどけているのである。

◉海上から眺める厳島の弥山は、まさにこの姿であった。北九州と畿内を結ぶ、古くから発達した海上交易路。その要地に遠望される厳島のうねる山容。ゆらめき起ちあがる山の姿を霧かすむ須弥山にみたて、瀬戸内に暮す人びとは信仰の対象としたにちがいない。

◉須弥山に代表されるアジアの聖山、さらに中国での神話的靈山の数々は、いずれもが聳えたち、波うち、うねり、沸きあがる山容をその特徴とする。

タイやビルマの仏教壁画に描かれた、外輪山の七重の列柱がひしめき波うつメール山像。中国の神仙境、崑崙《こんろん》山や蓬萊山などのゆらぎ聳える五嶽・三山の姿。とりわけ中国の戦国時代、楚(紀元前三世紀ごろ)の漆器に意匠された山嶽模様には、炎のゆらぎや風の動きに似て、ざわめき波打つ山なみが現われる。

③

沸《わ》きたつ山《やま》

須弥山《しゅみせん》、聳《そび》えたつ山《やま》

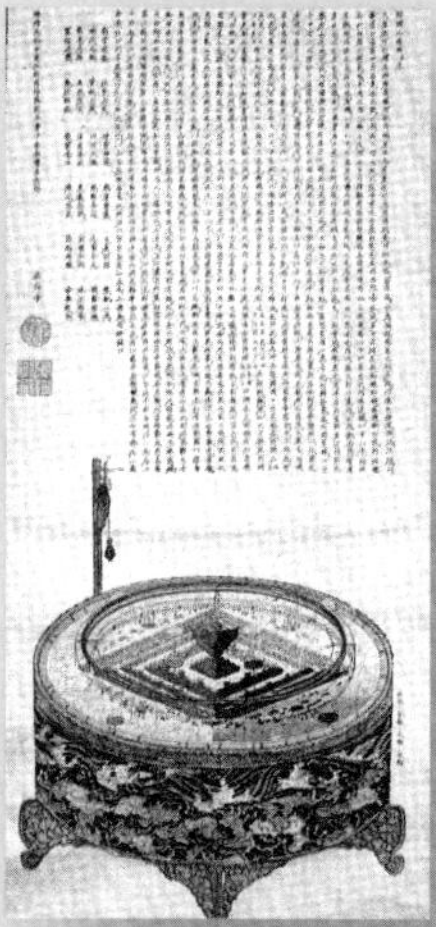

④

⑤

◉山なみを龍脈とし、気の動きととらえる中国人の自然観は、「山」や「火」「炎」などの文字をあい似た形で定着させた。このやのように、同じ要素を三回くりかえす形は、萌えいずる「艸」や「木」の字形にもあらわれる。とくに「木」は、地下に潜む根の形にまでゆらめきがおよんでいる。

◉数多いうねり、ゆらめきをなぜ三本の線で象徴しきったのか。次回は、その理由を尋ねることになるだろう。

③—中国の馬王堆で出土した、楚代の漆画に描かれた、渦巻き沸きたつ奇怪な山容。怪獣や弓を射る人の姿が見いだされる。
④—江戸末期に日本で描かれた「須弥山」像。円形にひろがる鉄の輪の山にふちどられた大海の中心に、七重の波打つ山なみに囲まれて聳えたつ須弥山が現れる。
⑤—四段の基壇に支えられ、逆三角形にひろがる山頂は、仏が集う八葉蓮華の曼荼羅に似るという。

産まれ・増殖する「三つ山」の気――山文字の謎②

空海《くうかい》の「山《やま》」文字《もじ》 ①

◉「山」文字を、なぜ「丄」や「丠」のような字形とせず、「山」と記したのか。あるいは△や⏶のような素直な山の形をとらず、ш形としたのだろうか。山とは平地に突出し、天にむかって伸びあがる大地の塊である。

ならば、富士山の姿を映すかのように∧や⛰、あるいは⏶として表せばよいのではないか。この場合、下の一の印は大地の象形であろう。しかし山文字は、このような山一つの姿とはならず、三つ山の形でまとめられた。

①―平安の三筆とうたわれた弘法大師・空海の「山」。「三つ山」のうねりから霊妙な霊気がたちのぼる。

②―日・月輪を従え聳えたつ富士山頂には、大日、阿弥陀（中央）、薬師如来の三尊が並びあう。「富士参詣曼荼羅図」より。室町時代。

靈峰・富士《ふじ》

◉その理由を推理しよう。

まず第一に、山とはなによりもその高さを競いあい伸びあがる大地の塊であった。たかだかと聳えたつ山頂は大地と天空を結びつけ、神靈依ります宇宙山、宇宙軸の存在を予感させた。

山容のとび抜けた高さを強調し、宇宙山の靈性をしめすために、左右に二つ、中心の高みに従う山のうねりを添えたのではないだろうか。

◉第二に、古説により「山」文字をひもとくならば、山とは「産」、つまり、生き物を生み出すところ（釋名、釋山）。あるいは「気」をあまねく行きわたらせ、万物を生ずるところ（説文）…だとする。

さらに気の源、精をふくみ、雲を蔵するもの（春秋元命苞）とも説かれている。

「山《サン》」の音を「産《サン》」に通ずるものととらえ、山を包み立ちのぼる雲の変幻に、万象生成の源となる「気の精」の動きをみとったのだ。

◉雲は雨へと変化する。山や森に降りそそぐ雨粒は、地中にもぐって

②

フラクタルの山《やま》

④

地下水脈となり、地上にあらわれて川の流れを形づくり、瀧を落とす。山の産出力の根源に、水の力が絡むのである。

こう記してふと気づくのだが、いま並べたばかりの「山」「森」「水」「脈」「川」「瀧」「気」などのいずれにも、三回くりかえす形が潜んでいる。漢字の字形には、この「三《サン》」の反覆形が数多く見いだされる。

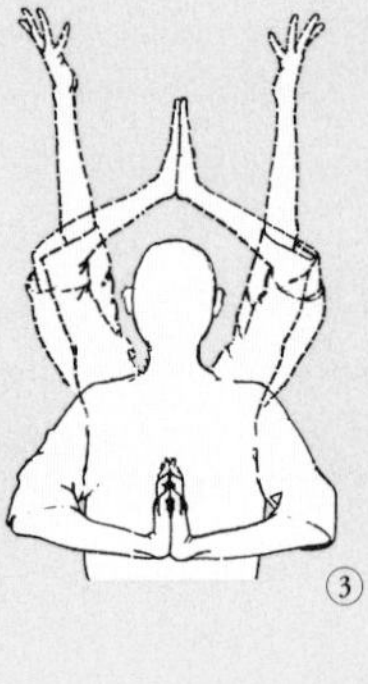

③

身体《しんたい》の三《み》つ山《やま》

◉「道は一を生ず。一は二を生じ、二は三を生じ、三は万物を生ず…」。老子が説く「道」の攝理にも、「三」は万象を「産」出する根源の数だと記されている。山文字が「△」や「丄」でなく、「」や「山」となる第二の理由は、この点にあると思われる。

◉第三は、身体とのかかわり。人間は自らの身体に中心軸があることを、幽かに感じつづけている。心臓であり、背骨であり、脳髄であり、臍であり…、そしてこころでもある。この中心軸をふと考えなおすと、右と左、二つに分かれる意識がごく自然に生まれでる。中心軸に、左身・右身の存在が加わる。一極であり、同時に二極となり三極でもある、身体の感覚…。

李朝民画《りちょうみんが》の山《やま》

◉この感じ方が表にあらわれいでたもの。たとえば、ひとつの身体の上半身をなす首（一）と両肩（二）、あわせて三つの突起である。それが仏像の三尊形式に映しとられ、相撲の横綱を中心とする三力士の土俵入りの形などにも様式化された。（→★1）いずれもが、中央が高く左右が低い（小さい）、三つ山の姿となるのである。

★1—本書112ページ

◉伝統画に描きだされた富士山の山頂をよくみると、のびやかな三角形に安定した靈山の山頂に、三つにうねる小峰が刻まれている。一つの「山」の山頂に、小さな「三つ山」が顕われる。「」へとむかうフラクタル的な増殖感覚が、「山」文字をしっかりと支えているのではないだろうか。

⑤

③—人間の身体に潜む「三つ山」の感覚。左・右身の分離と、中心軸…。手を合わせると、全身が「一」に回帰する。

④—フラクタルによる山文字。「三」の分岐が限りなく繰りかえされる。

⑤—韓国李朝民画の山岳図でも、「三つ山」のうねりがごく自然に描きだされる。

「手」文字の象《カタチ》

①

仏《ほとけ》の手《て》（ミャンマー）

◉ぱっ、と指をひろげた手の形。

漢字の「手」、その古い字形の「」は、手首から上、五本の指を記す象形文字だと説かれている。上端がやや右傾する中心線の上寄りに、上方に向って円弧を描く二本の曲線が交叉する形は、五本の指の象形というよりも、木の幹から生えてた枝ぶりや、植物の葉（たとえば柏）、葉脈のひろがり…などを連想させる。

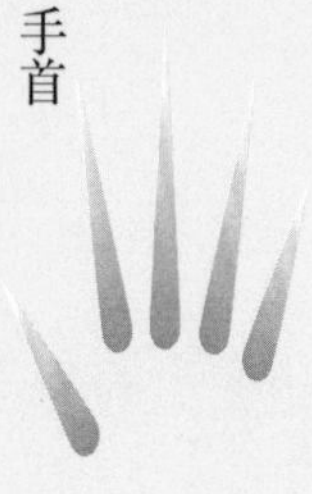

西洋の手相術では、指をひらいた手の形をPalm（しゅろ）の葉に見立て、手相判断をPalmistryと呼んでいる。植物と人間を結びつける感

性が、中国の「手」の文字にも潜むのだろうか。

◉試みに目の前に両手をかざし、の形と重ねてみよう。その先端の湾曲から、は左手を象る文字、自らの左手を「真上からみた」形だということが判るだろう。楷書化された「手」の文字は、五本の指を三本の横棒で表し、上の一本を左側に傾け、さらに全体を貫く腕（垂直線）に続く部分を左側にはねて、左への偏位を強調している。

◉手の動作、手の働きにまつわる数多くの文字、人間の文化に結びつく重要な文字たちが、の象形に援けられ、造字された。

だが、手の形を直接に表象する文字は数少なく（たとえは挙、拳、掌、撃、擧…など）、圧倒的に「扌（てへん）」と結びつく文字が優勢となった。

扌は亻、忄、氵、犭、木、言…などとともに、造字数の多い部首である。扌では、手の三本の横棒が二本に簡略化されて、指ののびやかさが失われた。偏として

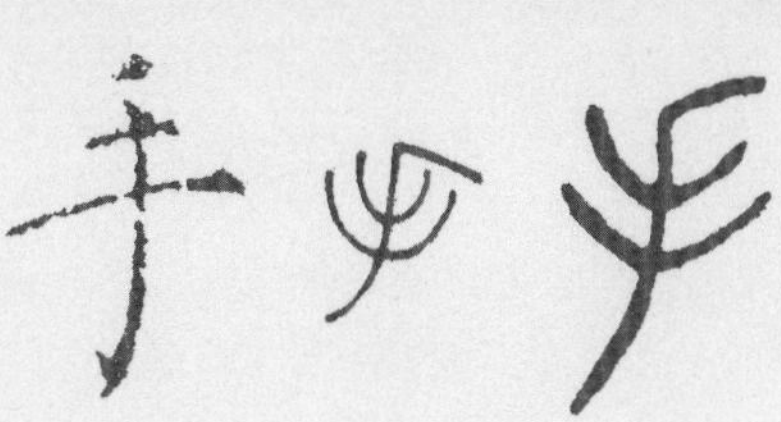
②

①—一輪の蓮花を差しだすネパールの仏像の手。寺院の門扉の装飾。
②—「手」の文字。古代の金文や篆（てん）文は、樹木や葉脈を想わせる。左は、唐代に書き記された伸びやかな「手」の楷書。

の働き、字形の機能性が優先する。

◉意外なことに、正面でなく、横向きの手も活躍した。「ヨ」や「ミ」を古形とする、一群の文字たちである。

「ヨ」は、親指を押しだした手の形。その方向性から、物を掴もうとする右手の横向きの姿だ、と見えるだろう→③。五本の指を三本に簡略化したヨは、「又（ユウ）」の字へと変容する。親指と他の四指を向かいあわせ、物を掴みとろうとするヒトの手の形である。

◉靈長類から人類へ…。脳の発達、ひいては道具の発生を可能にした人間の親指と他の指との協働が、横向きの手として映しとられ、象られた。「又」の字は道具をもつ利き腕の働きを巧みに映しだし、

掴《つか》む手《て》

③

寸 支 支 聿 隶

④

⑤

擧《きょ》

與《よ》

さまざまな文字の母胎となる。

◉「攴」は枝をもつ「支《シ》」に、「攴」はムチをもつ「攴《ボク》(攵)」に、「聿」は筆をもつ「聿(イツ)」に、「隶」は獣の毛を掴む「隶(タイ)」に…。

右手と道具の多彩なかかわりが、三本の指、横向きの手の形にのせて顕れいでたのである。

「爫」は上から垂れる右手を模す。「爪」にはじまり、摘むこと(たとえば菜)、おさえること(たとえば印)…などの原形となる。

◉五本の指を三本に…。漢字の字体を特徴づける「三」や「三回くりかえす」特性が、手にまつわる文字の上にも顕れいでた。

手が作りだすものたちへの、「産=三」の願いがこめられている。

③—落雷の輝きや、仏教の堅固な智慧の教えを象徴する金剛杵を握る手。チベットの仏画より。

④—横向きの手を映すヨは、「又」や「聿」へと変容して、さまざまな文字を生みだす。上から、寸、支、攴、聿、隶。

⑤—上下左右、四つの手に支えられた、「與」と「擧」の文字。貴重なものを数人で捧げ持つ「與」に対して、「擧」は、さらに支えの一手を加えてより高く擧げる…の意。

日・月、両眼の輝き

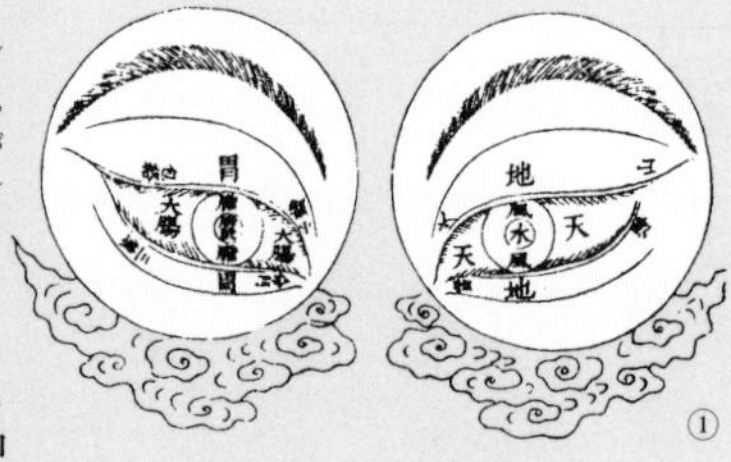

①

宇宙眼《うちゅうがん》・身体眼《しんたいがん》

◉「明」。明るく、明らかなこと。その文字は、日偏に月。天に輝く二つの光球をあわせ並べて、またとない「明るさ」を出現させた。

◉「明」は古代、甲骨文では「朙」と記され、「囧」は窓をあらわす字形だといわれている。「朙」は窓から射しこむ月の光、神を祀る場所を照らしだす白い光を映しとる。「神明」、つまり、神迎えの意をもつ文字なのである（白川静『字統』による）。いつのまにか「日」の字が「囧」にとってかわり、字形も左右がうらがえって、日・月あい照らす文字へと統一される。忍び

②

いる静寂な冷い光から、照らしだし輝く明るい光へ…と能動的に移りゆくのである。

◉「明」は「朙」ではない。つまり、書き手の左眼側(偏)に太陽が、右眼側(旁)に月がある…ということを記している。左右の眼にかかわるこの配置は、「盤古」の眼の神話を想起させる。

中国の宇宙開闢神とされる盤古。天と地をひき裂くほどの巨大身である。盤古の死体の頭は四岳となり、毛髪は草木となり、脂《あぶら》は江海となる。そして、その左眼から太陽が、右眼から月が生まれたと伝えられる。

◉この神話は、日本神話の三貴子誕生——黄泉《よみ》の国から逃げ帰ったイザナギが禊《みそぎ》をしたとき、その左眼からアマテラス(太陽)、右眼からツクヨミ(月)、鼻息からスサノオ(嵐)が誕生した——へと連続してゆく。日・月の光が、顔の上部、頭頂ちかくに水平に並ぶ二つの眼球の輝きに重ねみられている。

◉左眼が太陽、右眼が月。天に輝く二つの光球と頭蓋内の二つ

①—人の眼を形づくる八つの部分を「地・水・火・風・空・雷・澤・山」の八掛けの働きに見立て、人体内部の八つの臓器の働きに対応させた中国伝統医学の図。

②—甲骨文の「明」字。右に「窓」、左に「月」。のちに左右逆転して「明」となる。

③—中国の天地創造神話に登場する「盤古」。その巨大な身体から万象が生まれ、その両眼は日・月の輝きになった。「三才図会」より。

盤古《ばんこ》

の球体の関係が、南半球に位置するインド神話では逆転する。宇宙原神・プルシャは、その右眼が太陽の輝きを放ち、左眼が月の光をおびるとされている。中国とインド。文化の差がひきおこすこの逆転は、なにに由来するものなのか…。

◉インド亜大陸の北端を一直線に区切る、ヒマラヤ山脈。白雪きらめく靈峰を、人々は神々が住む聖地だと直観した。山に抱かれて修行を重ね、山に向かって瞑想する。

行者が北に向かって座すとき、その右手側が東となる。天空を紅に染め世界を活気づける太陽の光は、右手の彼方から射しこんでくる。

ヨガの修行では、呼吸を整えて右半身に太陽の力を発露させ、左半身に月の力を呼び醒ます…とされている。両者の力を統合させ、瞑想成就へと向かうのである。

瞑想成就《めいそうじょうじゅ》

④

◉一方中国では、北斗星を背上にいただき、南方を向いて座すことを良しとした。天子南面、太陽は左手の彼方から出現する。中国仏教で形を整えた両界曼荼羅も、太陽を象徴する胎蔵界を本尊の左手側(東の方位)の壁に掛け、右手側の壁に掛けられた月を象徴する金剛界(西の方位)と対置させた。左手側に太陽、右手側に月が配されたのだ。

◉試みに、目の前に向かいあって立つ人の顔に、「明」の文字を書いてみる。その人の右眼側に日、左眼側に月が重ねられることだろう。つぎに、自分自身の頭の内側に「明」の字を書く…と想像してみる。日の文字は左眼に、月の文字は右眼に重なりあう。

盤古神話は、この、「自らの」身体の内部感覚により生みだされたものではないだろうか。「明」とは南面して座す身体、その内部意識がみとる、日の出の輝きを映す字形であったのである。

⑤

宇宙大巨神《うちゅうだいきょしん》の日月眼《にちげつがん》

④—インドのヨーガ行者。体内に張り巡らされた無数の気脈(ナーディ)に「気(プラーナ)」を巡らせ、右半身に太陽の力、左半身に月の力を目覚めさせる。

⑤—右眼が太陽の輝き、左眼が月の輝きを放つ、インドヒンドゥー教の神・クリシュナ。宇宙のすべてを体内化した宇宙大巨神へと変身して、立ちつくす。「バガバット・ギータ」の一場面を描く細密画より。十八世紀。

「壽」「福」融合

◉銀と銅。二つの色を組みあわせ、ふっくらと形を整えたモンゴルのヤカン。その手のこんだ仕上りから、由緒ある品であったと推定される。

◉儀式や宴席で用いられたものだろうか。龍の首を象る二つの注ぎ口の、物々しい形が特徴的だ。人々が集い、膝を交えて団欒する場…、このヤカンはそうした場に登場して、右に左に座す人に、バター茶や馬乳酒をたっぷり注ぎ、ふるまったにちがいない。ヤカンを持つ手首の角度を少し変えるだけで、中の芳醇な液体が、左や右に座す人びとの杯につぎつぎと注ぎこまれるからである。

①

モンゴルのヤカン

◉球形の胴は、団欒の席で人々の心が円満にくつろぐことを願う形。赤銅の色にきらりと映える銀色の二種の飾りは、ともに、「壽」の文字の思いきりよい変形である。左右の円相は「円壽」と呼ばれ、中央の形は「方壽」と名づけられた。

方壽《ほうじゅ》

②

「方壽」は四方に腕を長くのばし、方形のかたちにまとまってゆく。「円壽」はその腕を内側に収め、まろやかな円相をえがきだす。対立的な姿で意匠された二つの「壽」文字は、生きものの形を映すかのように、その体軸(中心軸)に印された三角の頭と半円の尾をたがいに反転させて並びあう。

◉「壽」の字は、長毛で腰が曲がり杖をつく老人の姿をうつしとり、長生をあらわす文字だとされる。あるいは、田の疇《うね》で豊穣を祈る文字だとも説かれている。(↓★2)

長壽と豊穣への願いをこめた「壽」の文字。その手足をいっぱい伸ばした「長壽」の形を、中国の人々は、天と地を結びつける創造神、父

円壽《えんじゅ》

①―モンゴルの銅製の注器。両側に注ぎ口をもつ、珍しい形。この二つの注ぎ口を、龍の子である「螭吻(ちふん)」が吐きだしている。清代のもの。

②―その胴に印された「方壽」(上)と「円壽」(下)。方壽には、二匹の蝙蝠が向かいあう形。円壽には、うずくまる一匹のひきがえる(蟾蜍)の姿が見てとれる。

★2―本書216ページ

の神の姿だと考えた。一方、手足が内に曲がる「円壽」の形を母なる神の姿だととらえ、子宮の円相を重ねみた。

男女原理を表象する二つの「壽」文字が一対のものとして対峙しあい、相交わって、子々孫々の繁栄を願い長生をうる吉祥の印とされたのである。

◉「円壽」には、彎曲する手足をさらに渦巻かせた形もある。抽象化を一段と進めたこの図形は、「壽」文字の極度の変形体であると同時に、もう一つの吉祥をあらわす「福」文字の幾何図形とも重なりあう。変形がさらに進んで、いつの間にか、「壽」「福」合体する文字紋様へと溶けあってゆく。

◉上下に対称形をなす、「円壽」と「長壽」。この二つを、雌雄の龍が

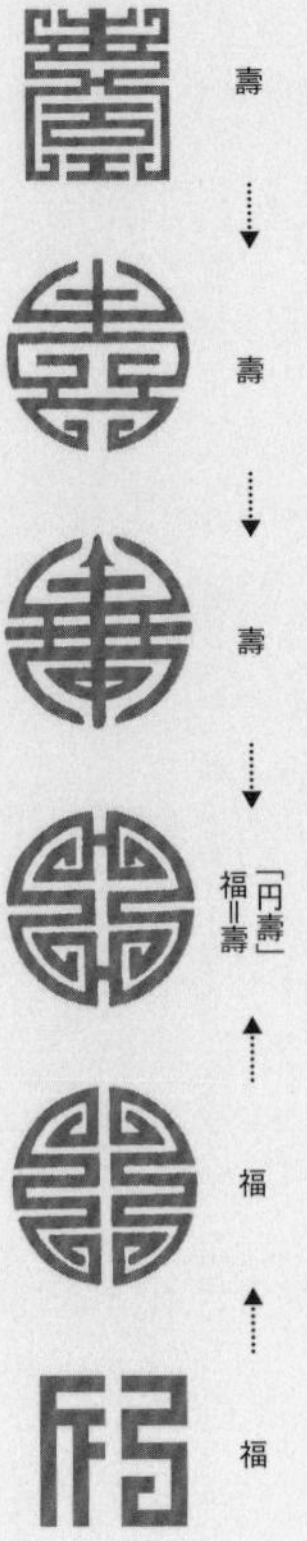

③

福禄壽《ふくろくじゅ》

③—「壽」文字から「福」文字へ…。巧妙に変化し増殖する中国の文字遊び。
④—「福・禄・壽」三文字を一体化した中国民家の建築装飾。
⑤—二つの「壽」文字と二つの「喜」文字を組みあげた剪紙のデザイン。中国のもの。

双壽双喜《そうじゅそうき》

和合する姿とみる見方もあるという。二つの「壽」がうち揃い、陰陽和合する万物の誕生原理を示すのである。このヤカンにつけられた二つの龍の注ぎ口も、そのことを巧みに暗示している。

◉めでた盡くしのヤカンから注がれるものは、まさに、甘露水と呼ぶべきもの。豊穣の源となる、霊妙な液体である。

遠来の客をもてなす熱い心、歓談のざわめきが二つの風変わりな壽文字の意匠から湧きあがり、聞こえてくる。

以上、八編——土星紀・標本箱（工作舎新刊案内／一九九一〜九四年）

漢字の字形は、単に視覚的なものではない。
「身体の動きにのせて、漢字の字形が転がりでる」——「漢字の形、身体の記憶とむすびつく」

文字を着る。目出度い文字で身体を飾る……。
文字の力を借りて幸運を祈るような習俗が、中国では、
幼少のころから行われていた。——「壽字爛漫、森羅万象と照応する」

結ぶことは、漢字という文字体系にも投影されている。
点・線・ハネ・ハライなど、字画を構成する諸要素を束ね・結合させて、
一つの字形が生みだされる。——「壽字爛漫、変幻する文字」

5

◉壽字爛漫、変幻する文字——漢字のカタチ⑤

◉壽字爛漫、森羅万象と照応する——漢字のカタチ⑥

◉漢字の形、身体の記憶とむすびつく——漢字のカタチ⑦

壽字爛漫《じゅじらんまん》、変幻する文字

——漢字のカタチ⑤

渦巻く壽文字、長生と再生の力…

◉「壽」文字。長壽を祈り、長壽を祝う文字である。中国や韓国、日本では、「壽」の文字は多彩な変化を見せながら、生活空間の折おりに立ち現れる。

「壽」文字の古形、金文では、「」と記された↓①。やや複雑な字形である。白川静氏の『字統』によれば、この古形は第一に、「田の疇《うね》で豊穣を祈る」という意味をもつ。祈禱の「壽」、疇の「壽」も同じ意味を表すという。

の部分はへと変形されて、「うねる」、あるいは「曲がりくねる」ものの姿を写す字形にまとめられた。曲がり、くねり、うねるもの。直線的な要素が多い漢

④

④——壽字を記す筆の動きには、陰陽渦巻く「太極図」に象徴される、対極の渦巻く力が見いだされる。

①―内部に流れる渦を抱く、壽字の古形。「善夫克鼎（篆書）」より。
③―「申」の古形。
⑤―「老」の古形。長くのびた髪をおもわせる。「説文篆文」より。

字のなかで、とりわけ際立つ字形である。

◉たとえば、「雷」の文字を見てみよう↓②。（↓★1）現在の表記では、「雨」冠に「田」が添えられて「雷」となる。「田」は、「申」が変形したものだという。

この「申」の字形が興味ぶかい↓③。「申」は、渦に由来する文字だからである。渦巻く稲妻の光、その素早い動きを、右旋し左旋する二つの渦で象形化している。

渦巻く動きを万物誕生の根源に潜む形、大自然の生命力の発露とみる。

この思想の極点には、陰陽の動きを凝縮し渦巻かせて模様化した、「太極図」の図形↓④がある。古代中国で生みだされた、特異なデザイン。太極図が表象する渦巻くもの、曲がりうねるものが発するただならぬ力が、「壽」文字の古形、その字画の動きにも取りこまれているのである。

◉別の説によれば、「壽」の字形は老人の姿を写すもの↓⑤。腰をかがめて杖をつく老人。その横向きの姿から、長壽、つまり永続する生命を表すことになったと

②―「雷」の古形。

★1→本書094ページ

①壽

③申

右旋し、左旋する…

④

⑤老

いわれている。

しかし『字統』に再度あたってみると、老人の「耂」は、「毛の長い人」を指すと記されている。年老いて髪の毛が垂れさがる、ふさふさとした髪の流れを表すという。また、下に置かれた「匕」の形は、「化」の文字と同じように、「死期が近づく衰えをあらわすもの」…ともいわれている。

白川静氏の解釈によれば、壽字の意味を、単なる目出度さや長壽だとしていないところが興味深い。

⑥——桃をもつ童子をしたがえ、鹿に乗り、空に蝙蝠を翔ばせる壽老人。蝙蝠は気を吸って生き、視力旺盛だと信じられ、鹿は富貴を象徴し、二千年生きるという「玄鹿(くろしか)」の言い伝えがある。

◉「福禄壽」の三文字を連ねると、中国では、幸福、富貴、長壽というめでたづくしのすべてを表す。この三文字に、道教的世界観の理想が濃縮されているからである。

◉福禄壽のイメージを描いた、一枚の絵をごらんに入れよう→⑥。鹿に乗る「壽老人」の姿である。桃を手にした童子が老人に従い、空中には蝙蝠《こうもり》が舞っている。

蝙蝠は日本では不吉な動物とされるが、中国では蝙蝠の「蝠」は「福」とおなじに発音され、日本とは逆に、福を招く瑞祥の動物だと考えられている。

また鹿は、鹿《ロク》という発音が「禄《ロク》(さいわい・給与)」に通ずるとい

⑦——頭部を長く伸ばした壽老人。先端が、壽の字に曲がる杖を持つ。韓国、李朝民画。

う。童児が手に持つ桃の実は、「長壽」をもたらすとされる幡桃《ばんとう》（一つの実を食べれば三千年長生きするという）ではないだろうか。

これら三つのもの——空を飛ぶもの、陸を走るもの、そして植物の実となるもの——の勢揃いで、「福禄壽」の瑞祥を壽ごうとする。

◉「壽」の字を神格化した、壽老人のイメージも生みだされた→⑦。

奇妙に長い頭をもつ。だが、背丈は低い。杖をつき、鹿と童児を従えた仙人の姿。この姿は七福神にも組みこまれ、日本人にもなじみ深い。

中国では壽老人は、南極星の化身とされる。秋分の日の明け方に南天に現れ、春分の日の暮れに南に沈む明るい星である。天子は秋分の日に、都の南方の郊外に壽星壇（壽星を祀る祭壇）をしつらえ、その年の世の平穏と隆盛、人々の長壽を祈ったといわれている。

◉民間工芸でも、さまざまな壽老人のイメージが生みだされた。とりわけ下に掲げた、桃のなかに座りこむ一人の老人の姿を象った置き物は、興味深い主題を隠しこむ→⑧。（→★2）

庶民的で賑やかに造られた置物だが、その象徴性は、意外に深いものがある。

◉母胎を表す桃。母胎＝子宮、つまり女性的なるものを象る

⑧——**長壽のシンボル。巨大な幡桃のなかに座る壽老人。その姿は壺中天の故事を想わせる**
★2→本書171ページ
壽老人を背上に乗せ、金塊をくわえた鹿（「禄」をあらわす）**が、「福」を象徴する。**
中国・十八世紀の陶器。

桃の実の洞窟のなかに、年老いた男性が座している。

よく見ると、老人を支えるものは、一頭の鹿である。

みずみずしい胎児が生まれでようとする母胎(桃の実)のなかに、鹿に乗る壽老人が座りこむ。誕生と長生を重ねあわせ、生命の始まりと終わりを結びつけて「生命の永遠回帰」を表そうとする、「福禄壽」をとり揃えたデザインである。

また、長い頭をもつ壽老人は男性の性器を象り、桃は女性器を表す…ともいわれている。つまりこの置物は、男女和合と生命の永遠なることを象り、同時に多産と繁栄をも願うという、深い象徴性に富んでいる。

●「壽」の文字は長壽を表すだけでなく、「福」や「禄」の概念をも合わせもつ。そこで中国ではこの文字をさまざまな形に変容させ、ときに壽文字の原形を止めぬほどに増幅し、変容させた。
変幻を極めた壽の文字は、その一点一画に託された瑞祥を、周囲に向けて放射する。生活の隅々に多彩な姿を纏って現れる、壽文字変幻の姿である。

結び、絢《な》う、壽文字の流れ…

●その代表的な一例として、「結ぶ」ことで生みだされた、美しい「壽」文字をごらんにいれよう。最初に登場するものは、「水引」で結ばれた壽の文字である→⑨。

★3——本書223ページ

結＝丷＋ム＋丨＋ハ＋十＋一＋口

（↓★3）

「結ぶ」という行為は、深い意味を秘めている。さまざまなものを集め束ねて、縄などで一気に縛りあげる。物と物を縄で結び、つないでゆく。結ぶという行為は、人間文化の進化の根源に潜む、際立った発明であった。

◉古代における文字的なものの始まりとして、結び目を用いた結縄《けつじょう》文字が思いだされる。結ぶ記号の誕生である。人間の象徴的な行為である結ぶことが、言語活動にも結びつくことの一例である。

結ぶことは、漢字という文字体系にも投影されている。点・線・ハネ・ハライなど、字画を構成する諸要素を束ね・結合させて、一つの字形が生みだされる。文字発生の根源にも、結ぶという重大な行為が潜んでいる。

◉一説によると、結びの「ひ」は霊魂、「たましひ」の力を表すものだという。「むす」とは、ものを蒸して結びあうこと。湯気で温め、ふっくらとした豊かなものに変えてゆく。「産《む》す」とも記される。

「むすひ」とは、生命力をたかめる魂の働き。産土《うぶすな》と呼ばれるものの誕生の根源にある靈の力、その働きを象徴している。

◉結びはまた、めでたいもの。そこで、「縁を結ぶ」結納《ゆいのう》結びが尊重される。

「水引」と呼ばれる長い一本の縒り紐の両端を結びあわせ、結び目に二人の縁が末

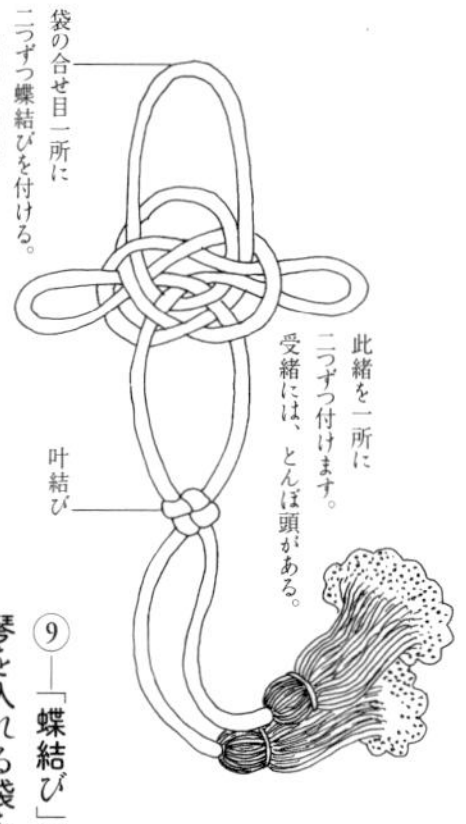

袋の合せ目一所に
二つずつ蝶結びを付ける。
その内の一つは、
このわさの端を
とんぼ頭に結ぶ。
此緒を一所に
二つずつ付けます。
受緒には、とんぼ頭がある。
叶結び

⑨―「蝶結び」の一例。琴を入れる袋を飾る手のこんだ結び。江戸時代の「包結図説」より。

永く切れぬように…との祈りをこめる。また、結び目をしっかり閉じることで、心や魂が抜けでてゆくのを防ぐともいう。後者には呪術的な意味が託されている。結納結びには多重の意味と祈りが封じこめられ、結ばれてゆくことになる。

◉日本では、結び文化が豊かな展開をみせている。大陸の結び文化も積極的にとりいれられた。水引が祝儀の場に登場するのは、桃山時代以降だという。その後、結びの手法は急速に発展する。結び束ねる、結合させる…という結び本来の機能をとび越えて、形の美しさや装飾性が追求された。創意工夫を盛りこんだ果てしない可能性を求めて、千変万化の変幻をとげてゆく。（↓★4）多彩な「結びの美」が出現することになる↓⑩。

◉面白いことに、紐や水引では、一本の紐に二つのものを象徴させるという、際立つ手法が案出された。一方の端を赤く、他端を白く（あるいは黄色と白に）…というように、水引の両端を対照的な色で染め分けてしまったのだ↓⑪。二つとは、たとえば生と死、ハレとケ、祝いと忌み、男と女…など。対極の意味を一本の紐に託して染め分ける。結ぶことで対極の二つを出あわせ、溶けあわせる。結びがもつ呪術性が色濃く滲みでた、意味深い着想ではないだろうか。

◉さきほど紹介した水引は、結納の席に引出ものとして献上される、酒瓶を飾る雌蝶・雄蝶の折り型である。

「壽」の文字は、雌蝶（鶴）の上に結ばれた水引の金色文字。一すじのこよりの糸が、

★4――本書228ページ

⑩―婚礼の祝酒に飾られる、一対の水引折り型の「雌蝶」。加賀（金沢）の水引師、津田左右吉＋津田梅＝作。羽ばたく瑞祥の鶴の上に、「壽」字の水引がのびやかに結ばれる。

⑪―一本の水引きを、紅白に染め分ける。「紅白の色に左右の定めなし。そかれども結ばざる以前に白を左にし、紅を右にすべし。白は五色の本（もと）なり。左は陽にして貴き方なれば、白を左になすべし……」（『貞丈雑記』より）

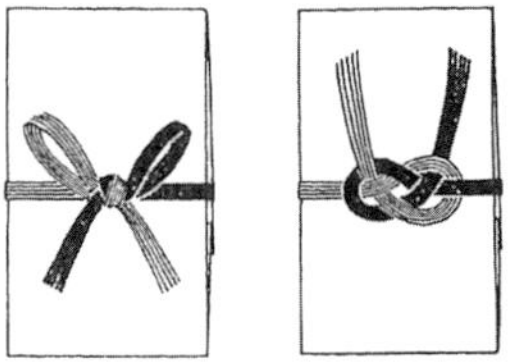

文字を書く手の動きをなぞるかのように渦巻いて、流れるような草書体の「壽」文字を結いあげる。

水茎の跡、つまり墨跡が、水引の紐に託されて文字をえがく。生命をえて文字を結ぶという、心にこもる一例である。

文字を絢《な》う、注連縄《しめなわ》の美…

◉さて、このような水引結びの源流をたどってゆくと、農民がつくる藁細工、つまり植物の茎を用いた結びの手法へとつながってゆく。その代表となるものが、

⑫──注連縄。太い方が縄打ちのはじめ。それを頭として飾る。下の二図は、左ない（右）と右ない。綱の頭を上にすると、左ないにはZ字形、右ないにはS字形が表れる。藤原覚一『日本の結び』築地書館より。

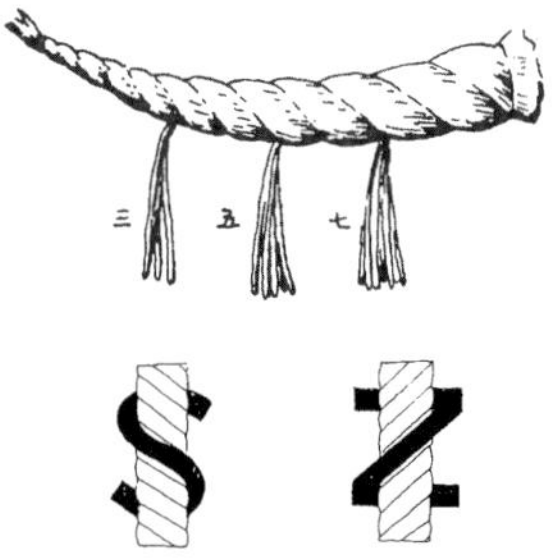

藁による注連縄《しめなわ》の造形である。

日本人の生活を支える米、生命力の根源を産みだす米。稲穂をとり去った後の藁を用いて、さまざまな生活用具が創出された。藁を束ね、綯いあげる縄。その縄を結び合わせ、組み合わせてわらじをつくり、俵や敷物を編みあげる。注連縄もその一つで、神と人を結びつける、心こもる「祈りの造形」である。

◉稲の茎は、それほど長いものではない。短い藁を巧みに束ね、綯いあげて、一本の長い縄に仕立ててゆく。藁を束ね綯う方法には、「右ない」と「左ない」の二種類がある→⑫。

「左ない」は、両手で藁を綯うときに、左手の方を手前に引く。すると、反時計まわりに上昇する藁の渦ができあがる。「右ない」は、その反対に綯う。

注連縄はなぜか「左ない」で藁を綯い、一本の綱をつくりあげる。さらに二本の綱、陰陽二本の綱を合わせて「左ない」で綯いあげて、一本の注連縄が出来あがる。大きいもの、太いものでは、天・地・人の三本の綱を綯い合わせる。

三本は陽、二本は陰。ともに左ないで作りあげる。基本は、普通二本である。

◉出来あがった注連縄は、本殿に向かって右手側が頭になるように飾りつける。神の側からみると、神の左手側（太陽が昇る東側）に頭がくることになる。注連縄を飾ることで神宿る場所が標示され、「結界」が生まれでる。日本では農閑期を利用して、各地でさまざまな注連縄が創案された↓⑬。農民の豊かな造形文化が花開く。さきほど見た水引と同じような、草書体の「壽」文字を結ぶ注連縄も見いだされる。（↓★5）

◉稲の豊作を支えるもの。その一つは、燦々と降り注ぐ「太陽の光」。もう一つは天から大地へと注ぎ、川や湖、地下水となって脈打つ「水の流れ」だ。土壌の成分や虫・鳥の働き、風の流れなど、大自然を巡るさまざまな力も関係するが、最大の原動力は、太陽（火）と水、この二つが果たす役割である。

◉アジアでは水の力が、蛇や龍などの靈獣に託して象徴される。蛇神や龍神は、雌雄一対で姿を現し、絡み合い交わる姿で描かれ、造型される。

たとえば、インドのナーガ（龍王、コブラ）。雌雄一対の龍王が、その尾を反時計まわりに渦巻かせて並び立つ。ナーガの姿に豊穣を託す彫刻が、大樹の根元や路傍に

★5―本書227ページ

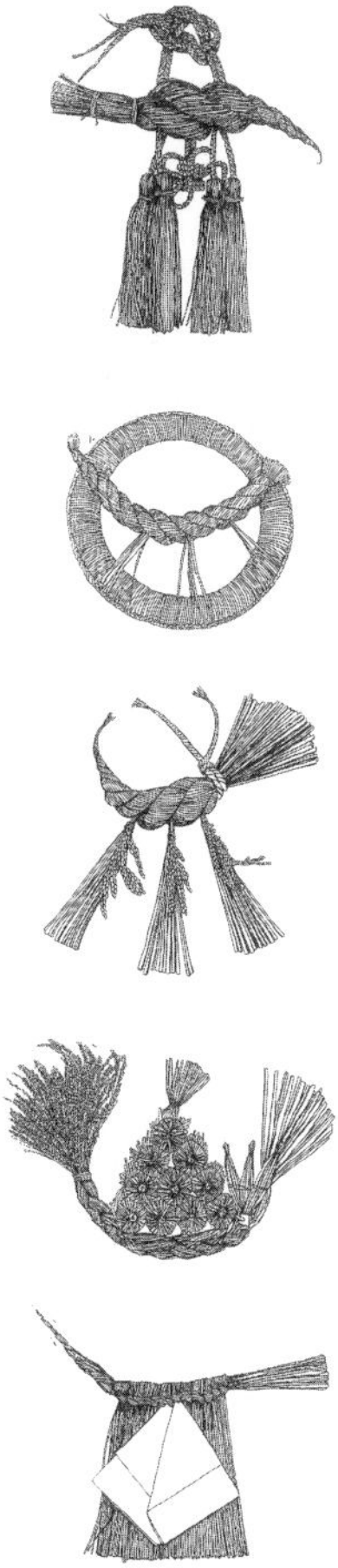

⑬―垂れ下がるもの、反りかえるもの。宝船を模すもの。日本の注連縄の豊かなバリエーション。『縄の文化史』法政大学出版局より。

⑭

数多く据えられている→⑭。
また中国の神話に登場する伏義と女媧、大洪水で壊滅した世界を再創造したと伝えられるこの人頭蛇身の男女神も、交尾する姿で造形される→⑮。

◉陰陽二本の縄で綯われる注連縄は、しばしば、蛇や龍の象徴に見立てられる。絡み合う蛇身を模すものだと考えられた。

⑭―雄雌一対の蛇（コブラ）が絡み合うインドのナーガ（龍王）。

⑮―人頭蛇身の男女神、中国の伏義女媧も交尾する姿で造形される。右巻き、左巻き。尾の絡みあいが逆転している。

鳥居に絡みつくように取りつけられた注連縄も、幾つとなく見いだされる。藁を束ねた巨大な龍も生まれでた。藁による龍神は祭礼の場に担ぎだされ、降雨を願い、農作物の豊穣が祈られる。

◉注連縄は、渦を巻く造形である。神社の神域に眼をこらすと、注連縄ばかりでなく、さまざまな渦が散在していることに気づくだろう。

たとえば、一枚の和紙に単純な切りこみをいれ、渦巻くように折りあげて作る御幣の造形。あるいは、縄を丸く七巻きに渦巻かせた、円座がある。円座には神官が座し、神の訪れを待つ場となる。

さらに、拝殿に吊りさげられた鈴を打ち鳴らすための、縒り綱の渦。叶緒《かのお》と呼ばれる縒り綱もまた、左ないに綯われている。ときに赤・赤・白の三本が縒り合わされて、胎児と胎盤を結ぶ「へその緒」を模す…といわれたりする。また、神宝と

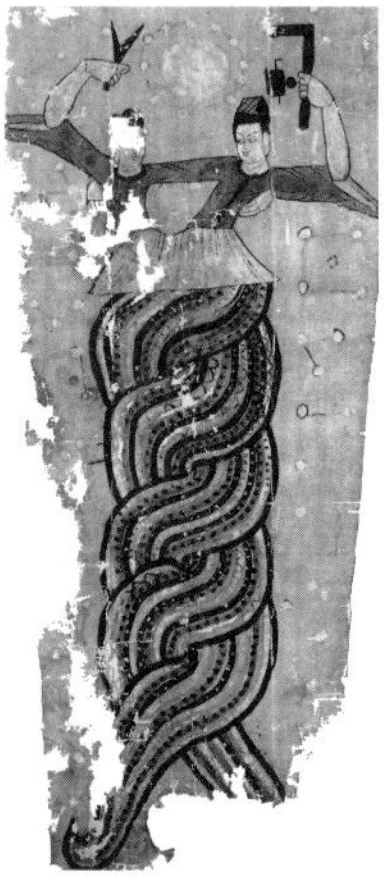

される不思議な形の勾玉も、翡翠などで造られた渦巻くものの一つである。

◉このように、日本の神社の神域はなぜか渦巻くもので満たされて、神の来臨を待ちうける。この世を満たすミクロ・マクロの渦巻く形。DNAから銀河系宇宙にいたるすべての渦と共振しあう、興味深い着想だと思われる。

◉数多い日本の注連縄のなかで最高傑作の一つは、「壽」文字を結ぶ注連縄であろう。おおらかに結ばれた円い形の全体が、「壽」文字を表すとされている→⑯。じっと見つめていると、図太い円相のなかに、草書体の「壽」の文字が浮かびあがる。上方の、左右に張りだす藁は、広げた鳥の翼だという。よく見ると円の中心に向かう鳥の首も見えるだろう。いうまでもなく、鶴の姿である。一方、壽文字の下

⑯—羽をひろげた鶴（上部の形）と、亀（輪のなかの下部の丸）の姿。向かい合う二つの霊獣を円相で囲んだ「壽」字の注連縄。山口県下関付近のもの。

⑰—草書体の「壽」字を結ぶ注連縄。正月二日の早朝に縄を綯い農作業の飾りとする「はつしごと」から発展したもの。秋田県仙北郡のもの。

部にある円相に囲まれた寸の字の部分が、亀の姿を模すという。鶴と亀がめでたく向かい合い、結び合って、壽の文字を形づくる。手のこんだ、予測をこえた注連縄の造形である。

◉鶴と亀。ともに、不老不死の仙人が住まう桃源郷、蓬莱山の名にも結びつく瑞祥の靈獣である。二体の靈獣を「壽」の一文字にまとめ、結びあげる。この注連縄は、日本の農民が冬のさなかに創案した、藁や縄による造形の秀作ではないだろうか→⑰。

香煙の靈山、壽字の線香…

◉多彩な発達をとげた結び文化。その一つに、「封印結び」と呼ばれるものがある→⑱。戦国時代、茶道の隆盛にともない、茶や茶器をいれた袋結びに一人ひとりが独自の結び方を案出した。個人の印としての結びである。他人がこの茶入れ袋や茶壺の結びを解いたりすると、すぐにわかる。毒物を投入されて、命を狙われることがないように…という、心覚えの封印結びである。

◉生命をかけた結び文化。さらに工夫に富んださまざまな様式が生みだされて、飾り結びの芸術へと発展する。慶弔時などの儀式で用いるもの。服装の飾りとなるもの。仏具、楽器や掛け軸の結び…など。結びは広く応用され、その形も洗練

⑱―封印結びで結ばれた「本」の文字と蝶結び。武士たちが所持品の心覚えのために発達させた結び方。橋田正園さんの復元制作。

された。

◉もう一つ、風変わりな例をとりあげてみよう。中国（香港・台湾）の線香、一本の線香の流れが生みだす、隠し込まれた「壽」文字の例である→⑲。

日本の蚊とり線香の原型とも思われる、一本の線香。伸ばせば全長が、三、四メートルほどにもなるのだろうか…。長い線状のお香を渦に巻きあげ、八個所が、放射状の糸で結ばれ作られている。

中心の吊り糸を静かに持ちあげると、外周の渦がその重みで垂れさがり、渦巻く山形の輪がごく自然に現れる。渦巻きながら円錐形に上昇する、美しい線香の輪とも見える。

⑲

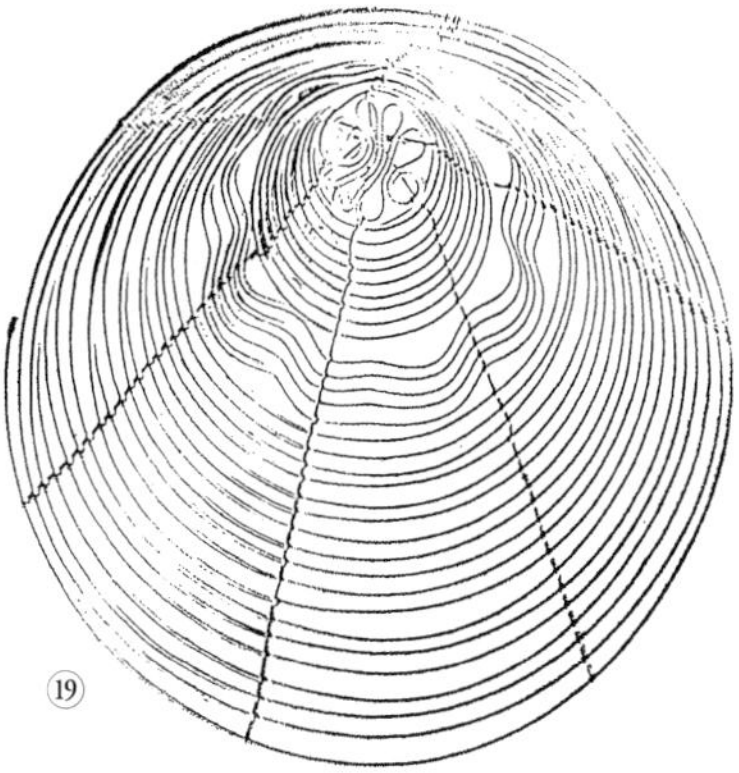

⑲—中国の線香。渦巻く山形になって、吊される。下から上へと燃えつづけ、堂内上部に香煙の雲が生まれでる。

⑳—渦の中心部、つまり最上部近くが「壽」文字と蓮華の形に象どられる。台湾・鹿港市。

⑳

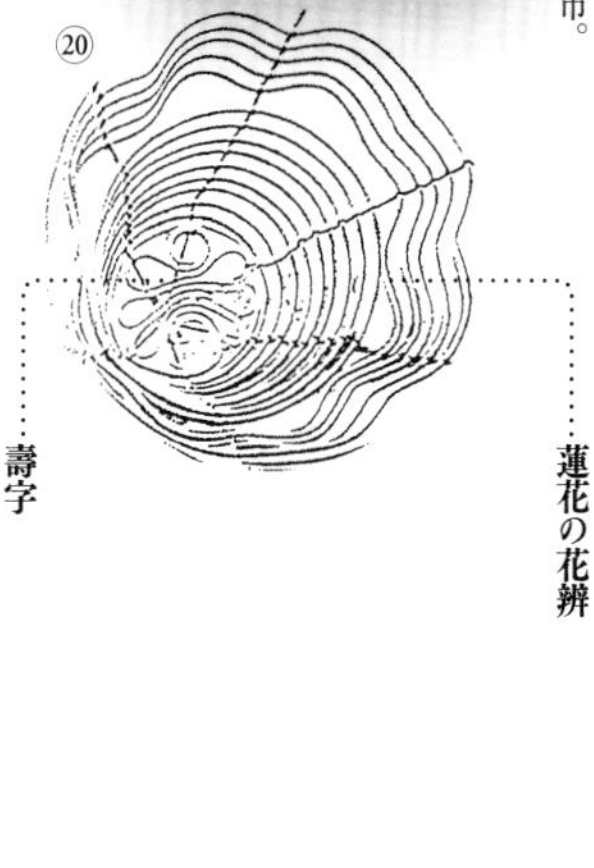

蓮花の花弁

壽字

下端に点火すると、火は次第に上方へと燃えうつり、まるで煙に包まれたお香の霊山のように見えてくる。霊気(香煙)に包まれた仙山の出現である。台湾や香港の廟や寺院の本堂はこのような線香を数多く吊りさげて、深山の霊気を漂わせる。

◉無限螺旋をえがく線香の輪…。その最後の部分、つまり中心部をよく見ると↓⑳、輪の中心に、蓮華の花瓣を象るかのような「壽」の文字が隠しこまれている。(壽の字と読み取ることは、私の強引な判断なのかも知れないのですが…。)

壽の文字ともみえ、蓮華ともみえる線香の渦。無限螺旋に託して、長壽への願い、浄土への道のりをしのびこませていたのである。

◉一本の線を左右対称に折り曲げて、「壽」文字を描く線香もある↓㉑。これも、中国(台湾)のものである。

文字の上端に火をつけると、左右同時に燃えはじめる。壽字はしだいに香煙へと化して、天に向かい消えてゆく。魂を誘い、虚空に漂いでるかのようである。

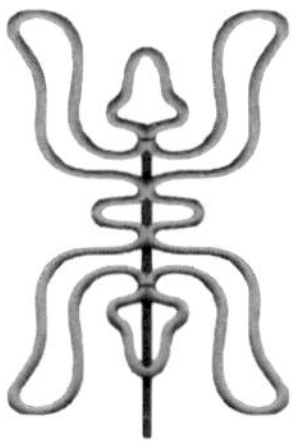

㉑——左右対称につくられた中国の「壽」文字の線香。左右同時に点火され、香料の粉を練り固めた壽の文字が煙となって虚空に漂う。台湾・台北市。

壽字をかたどる一点一画に、人間の生命の行く末を託す。不思議な着想の線香である。日本ではあまり知られていないものの一つだが、線香がえがく壽の文字、煙とともに消えてゆく長壽の文字は、深い意味を紡ぎだすのではないだろうか。

◉一本の線。水引であり、注連縄であり、結びであり、線香である。心豊かな人びとが、ごく自然に一本の線に触発され、想像力を働かせて線の生命を引きだしてゆく。文字をえがく線の動きに乗せて、心を誘う造形が産みだされる。

「文字」と「結び」を結びつけ、祈りをも織りこむ人びとは、その智恵と技を日々の暮らしに役立てていたのである。

百壽字、万壽字に託された願い…

◉次に、文字の力を物に貼りつけ、人の肉体をも飾る…という発想で生みだされた「壽」の文字を、とりあげてみたい。

◉高さ、八十センチあまり。中国、清朝の皇帝である乾隆帝に献上された、大ぶりの壺である。

びっしりと壺の表面を覆いつくす文字。拡大してみると、そのことごとくが、微妙にゆらぎ変幻する「壽」の文字であることが読みとれる。先に紹介した「百壽字」↓㉒(↓★6)がこの壺では百倍に増幅された。総計で一万字におよぶ万壽の文字の

★6—本書118ページ

㉒—「百壽字」の一例。
壽文字を百体に書き分けて、慶祝をあらわす。
装飾性と遊戯性をかねた
百壽字を生みだす書体は「雑書体」と呼ばれるもの。
雑書体は篆刻、隷書をもとに装飾化された書体で、
その流行は斉・梁（中国の南朝、
五〇〇年前半ごろ）にはじまり、唐朝におよんだ。

無限変化が、この壺の表面を飾っている→㉓。

中国では百という数を、「全体」の象徴とする。百花、百官、百科、百薬…など。すべてを尽くす、網羅することを表すという。百壽字の呼び名にも、このイメージがこめられている。

「百福」や「百禄」という文字シリーズも生みだされ、百の「福」、百の「禄」の文字が集い合う。中国における装飾文字文化の、華麗な特徴を形づくるものである。

◉さらに、「壽・福・禄」の三文字を組み合わせて一文字とする意匠がある。「壽と卍」を合わせて一文字化する例もある。（→★7）瑞祥をもつものを取り合わせ接合させて、より力ある文字を生みだそうと試みる。繁栄と増殖の造字法である。

百壽字は、さまざまな壽字の変幻で森羅万象を予感させる。鶴が壽になり、虫が壽になる。壽が亀に似ていたりする…。壽字が擬態し変装して、まるでアニメーションの一コマ一コマを分解して見ているかのように、文字の姿態がゆらめき動

★7—本書249ページ

く。

多くの書き手の工夫が加えられた百壽字は、果てしなく洗練されてゆくのである。

◉こうした遊びを可能にするもの。それは、漢字の字画の多さではないか。複雑な一点一画の構成が、変化への多彩な可能性を深めている。

簡潔な構造をもつヨーロッパのアルファベットの場合にも、思いがけない装飾性で変容したもの、見立てをつくして戯画化したものがないわけではない。だが漢字のような奥行きをもつ、意味と情趣を尽くした遊戯性は生まれえないのではないだろうか。

◉さてここで眼を転じて、いま見てきた百壽字の壺の意匠とは異なる姿で表面を飾る、絵付けの徳利を見てみたい。

㉓—万におよぶ壽文字が表面を覆いつくした、「万壽字」の壺。壽字の図形はすべて異なり、「万壽無疆（ばんじゅむきょう）」をあらわす。清朝、康熙帝（こうきてい）に献上された、青花釉瓷瓶、高さ七十七センチ。下は、その部分を拡大したもの。

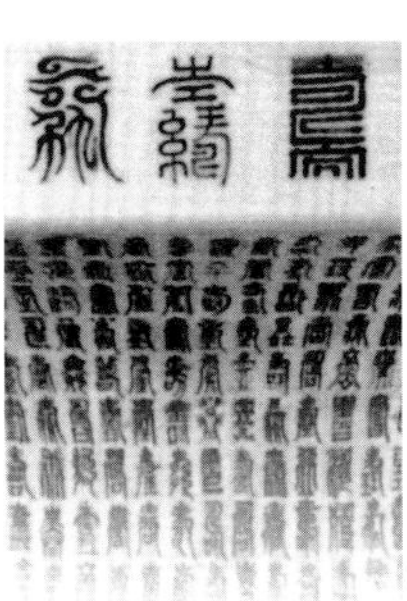

㉔

「百壽集錦」《ひゃくじゅしゅうきん》と名づけられた、明代に作られた瓢箪型の徳利である→㉔。
この意匠をよく見ると、思い思いの枠に囲まれた文字の一つ一つは壽文字づくし。円相、菱形、八角の花弁…など、さまざまな壽文字が浮遊して、虚空を満たす。中ぐらいの円枠、白い円枠に浮かびあがる壽の文字は、それぞれが同じ意匠と見えるのだが、この壽字は、翼を広げて翔ぶ鶴の姿に見立てられる。翼の上方に印された草冠りは、松の葉を象徴するものである。

瑞雲とともに中空に浮く白い壽文字は、およそ十二、三個。十羽をこえる松喰い鶴が空中を乱舞していることになる。

◉さらに、白い壽文字の間を浮遊する、黒地に白抜きの円相の文字にも気づくだろう。これも壽文字で、その字画は、甲羅を背負う亀の姿へと変容している。鶴の壽文字・亀の壽文字が交互に並び、ふっくらとした瓢箪の丸みを瑞祥の気で包み運びこむ。

㉔——百壽字で飾られた瓢箪形の徳利。瑞雲のなかに舞いあがる壽の文字は、松喰い鶴、亀などの霊獣や、三多、歳寒三友などを模す。→本書239ページ
中国・明代。高さ三十八センチ。

鶴

亀

蓬萊山

◉上方の、大きな円に眼を転ずれば、円相の中に実を生らせた樹木が生い茂る。樹の幹は右に左に旋回して、伸びあがる。壽文字を描く桃の木である→㉕。この実は、「蟠桃」という名の長生の桃。一つ食べると三千年も長生きするといわれる実で、不老長壽の仙桃である。さきほどの壽老人を住まわせた桃（→★8）も、この蟠桃ではないだろうか。

◉中国では、この蟠桃を中心にして、仏手柑《ぶっしゅかん》（仏の手に姿が似ている）と石榴《ざくろ》（種が多い）を加えた三つの果実で、「三多《さんた》」、つまり「長生・多幸・多産」を象徴する。幸多き三つの霊果である。この瓢箪形の徳利の、写真では見ることができない裏側にあるはずの二つの円枠を想像すると、表・裏三つの円枠には、「三多」が生え茂っているのではないだろうか。

◉一方、下方にある花弁型の枠のなかでは、松・竹・梅が枝葉を伸ばしている。

この三植物は、「歳寒三友」と呼ばれるもの。万古不変の松は長壽を表し、群生力にとんだ竹は君子の気品をしめす。薫りたかい梅は、超俗の心に満ちる…といわれている。三植物のそれぞれが寒い冬に花を咲かせ、枝をはり、忍耐強く生きのびる。生命力あふれ「意志堅く貞節あり…」といわれる、吉祥の三種の植物である。

長生の果物と長壽の植物。「三多」と「三友」のすべてが、この徳利の意匠のなかで多彩に変化する壽文字を形づくり、育ってゆく。

★8―本書219ページ

㉕―皿絵に描かれた壽文字の桃の木。右に掲げた徳利の、長生の桃の木、壽字の樹木によく似た発想のもの。

㉖―盆栽が描く生きた壽文字。幹の中を、地中から吸い上げた樹液が上昇する。中国・上海にて。

壽字の体液を飲み、酔いしれる…

◉中国の人々は、眼に見えぬ生命力の発現を敏感に感じ取る、摩訶不思議な智力と眼力を備えている。鋭い直観力は、道教という宗教の核心をなすものである。

一例をあげるならば、樹液の働き。樹木はその内部にとうとうたる樹液の流れを秘めている。中国の人々は、この眼に見えぬ樹液の流れを読みとってその力に感応し、書の筆の動きに水茎の跡を重ね見ていたと思われる。

書と樹木の関わり…。生命力をもつ木の幹が、自らの動きで文字を描く、あるいは文字となって生い茂る…という卓抜な発想に、ごく自然につながるのではないだろうか。ここでは、上海の街中で見いだされた、「壽」の字形に育てられた盆栽の写真を紹介しておきたい↓㉖。

◉先ほど見た徳利、さまざまな壽字に包みこまれた瓢箪型の徳利は、いうまでもなく酒の容器である。酒は、生命のエッセンス。飲むほどに酔うほどに、仙人が遊ぶ桃源郷へと夢みる心を誘う。

美酒、つまり生命の水のエッセンスを飲むための器に、樹液をたっぷりあふれさせる「生命の樹の壽字」が林立している。なっとくのいく着想ではないか…。

◉中国ではさらに一歩進んで、酒瓶そのものが壽の文字を描くという、奇想を極める器も生みだされた↓㉗㉘。この場合には、まさに酒という液体が、壽という文字の樹液＝体液となって酒器をみたす。

ひと筆書きの壽文字を写しとる酒器。この酒瓶の場合には、文字を書くための墨汁が甘露水である酒に変わる。壽文字の体液、つまり酒の雫《しずく》を盃に注ぎ、それを飲みほし体内化する。文字の力をめぐって、酔いしれるような象徴性の連鎖が生みだされる。

●漢字の魅惑に根ざすこうしたマニアックな発想は、おそらく、他の文字文化にはありえないものだろう。文字の靈力に感応し、その深い働きを引きだそうとする、中国文字文化ならではの豊かな発想に驚かされる。

㉗

㉗—壽字を象る中国の酒器。獅子が座る蓋をとり、壽字の字画のなかに酒を注ぐ。注口と把手が胡蝶の羽のようにひろがり、荘子の故事に似た陶酔への夢をかきたてる。中国・二十世紀初、陶製。

㉘

㉘—福文字の酒器。「畐」文字は、中国では酒樽の形を模すとされる。中国・二十世紀初、陶製。

◉壽と並んでめでたい文字を代表する「福」文字へと眼を移してみよう。福の「畐」の形を、中国では、器の腹のふくらみと見る。瓢箪型の器は、まさにその代表となるものだ。さらに、「福」文字そのものを酒瓶に見たてる器もある。壽文字とならんで福文字をあしらう酒器が数多く見られるのは、そのためである→㉙。

◉瓢箪型の器・酒器は、その小さい口から覗きみる内部に、もう一つの世界があると信じられていた。桃源郷のひろがりである。

小さな酒器と、桃源郷、あるいは蓬莱山の結びつき。時空をこえた不老不死の甘美なる陶酔世界が、まさに壽・福文字の内部に潜んでいる…という発想である。

◉このことを象徴するかのように、先ほど見た瓢箪形の酒器の最下部(→★9)には、海上に聳え立つ靈山の遠望が印されている。中国の遙か東南海上にあり、ときに海中に没して見えなくなる…といわれる蓬莱山の姿である→㉚。

蓬莱山には、仙道をきわめた仙人のみ、あるいは限られたの靈獣だけが近づける。靈獣のなかには、松喰い鶴が含まれる。さきほどの徳利の意匠に注目するならば、円相に記された鶴の壽文字が松の葉をくわえる…と見えるのは、このことを象徴している。

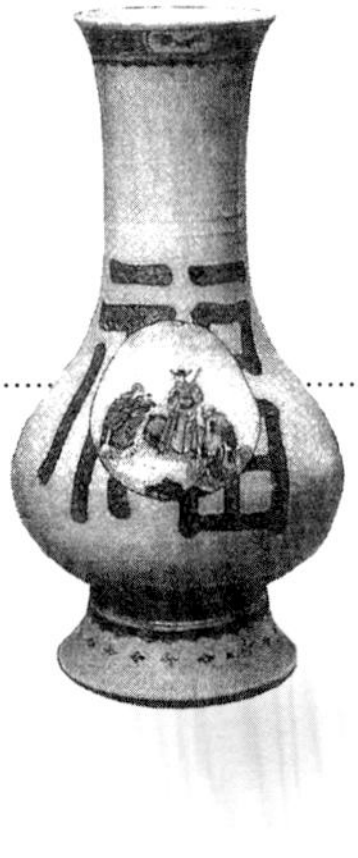

㉙—福文字をあしらった酒器。中国のもの。

★9—本書234ページ

壽字を食べ、瑞祥を体内化する…

◉文字の力を、もっと直接に体内化する例をあげてみよう。

慶祝の際の祝い菓子。神に捧げ、知人と共食するこの祝い菓子にも文字を印し、文字を象る菓子とする。文字そのものを食べてしまおうとする、発想である。

「民は食をもって天となす」。食べること・飲むことは、空にひろがる天のごとく

㉚――古代中国で、不老不死の楽園を夢見る人々が構想した神仙境「蓬莱山」。巨大な亀（鼇）に背負われて、海上を漂い、遠望すると雲のようだともいわれている。近づくと海中に沈み、俗人を寄せ付けない神秘の霊山は、浮島のようだともいわれている。「蓬莱山蒔絵袈裟箱」、法隆寺献納宝物、平安時代。
蓬莱山の松の枝に巣くう鶴は、松喰い鶴と呼ばれた。左は、この松喰い鶴を象る壽文字と、仙境・蓬莱山を背負う鼇を表す亀文字。

に重要なことだと考える。人の一生をも左右するのが食である…という。
これは、中国の諺である。

◉そこで、「食」にまつわるさまざまなものに瑞祥文字を印し、飾りつけ、天の力を招き寄せ体内化しようと試みる。
たとえば、赤い紙に書かれた福や壽の字を米櫃などに貼りつけて、器にも瑞祥の気が宿ることを祈願する。中国での一般的な習俗である。

中国皇帝の朝服「龍袍」の裾をうねる大海の波浪の間から剣先にも似た蓬莱山の姿が浮かびあがる。その鋭い山容は、威厳に充ち、不思議な靈気に包みこまれている。

落雁《らくがん》や、糝粉《しんこ》などでつくられる、色鮮やかな祝い菓子→㉛。わが子誕生の祝日にふるまわれたものである。文字の靈力を体内化する。今からみると風変わりとしか思えない発想が、ごく一般的なものであったことが見てとれる。

◉文字を食べるという発想は、世界広しといえども、その数は意外に少ない。ヨーロッパでは、パスタやチョコレート、ビスケットなどに、アルファベットを象るものが見いだされる。

アルファベットのような単純化された音素文字でなく、複雑・精妙をきわめた象形性に富む漢字を食べる。体内化する。字画が示す旺盛な生命力をとり入れる。麗妙な、えもいわれぬ文字の靈力を、ヒトの身体にも宿すことができる…と信じていたのではないだろうか。

月刊『ひと』232号（太郎次郎社／一九九二年四月）

㉛—台湾の祝い菓子に印された「福・禄・壽」の文字。菓子や餅を神前に供え、神人共食して、神の加護を祈る。文字の靈力を体内化することを願ったのだろう。

壽字爛漫《じゅじらんまん》、森羅万象と照応する

——漢字のカタチ⑥

不死の夢を託す、椅子の壽文字…

◉さてここで、一つの座椅子に登場してもらおう↓①。中国清朝の時代に作られた、どっしりとした構えの、方形の座床をもつ木製の椅子である。板状の直線的な背もたれや、肘掛け。全体は、折り紙のような平面的な構成をみせている。だが、背もたれには複雑な彫りがほどこされ、一枚の漆絵がはめこまれる。背板の構図は中国らしい、文字を主題とする意匠である。よく見るとこの意匠には、深い意味が隠しこまれている。

◉唐草状に枝葉を絡ませた、生命樹のうねり。その渦に囲まれて、漆絵の板がはめこまれている。湧き立つ瑞雲《ずいうん》に囲まれた中心部に、奇妙な形が現れる。じっと眺めていると、この奇妙な形は、変形された壽文字だということに気づかれるのではないだろうか。

構図の骨子だけをとりだした次ページの図で、壽字の形を見つけだしていただきたい→②。

◉壽字をとりまき周囲に立ちのぼる瑞雲の中に、五匹の蝙蝠《こうもり》が舞っている。なぜ

①――中国の明代に作られた、木製の椅子。中国では「搨（ター）」と呼ばれる。座の部分は「床（チュワン）」、背は「屏（ピイン）」と名づけられた。屏の高さ約九十センチ、床の横幅七十五センチ。屏には、漆塗りによる、見事な背板がはめこまれている。上は、その拡大写真。繁茂する蔓草の渦に囲まれた背板の中心に据えられたものは、左右対称の形に整えられた壽文字。意味ありげに枝葉をのばす。

→本書245ページ

か朱色の蝙蝠である。大きな一輪の紅蓮華が、壽文字の下方に咲いている。赫々と燃えたち、ゆらめくような花弁を開く。

なにものかを暗示しようとするかのような、全体の構図。妖しい気配が潜んでいる。その気配を察知した瞬間に、この壽文字はただの文字ではなくなるだろう。壽字の形が暗示するものは、物を加熱し暖める炉ではないか。燃え立つ蓮華は、炉を加熱する火ではないか…。しだいにある形が見えはじめる。

◉この漆絵は、じつは、「煉丹術（中国における錬金術）」の加熱炉を描くもの。中央の壽文字は、不老長生の妙薬である「金丹《きんたん》」を煉成する炉の形を象るものだ…ということが、ゆっくりと解き明かされる。

さらに眼をこらせば、炉の中央（壽文字の中心部）に現れた小さい円相の中にも、壽の文字が印されていることに気づくだろう。円相に記された小さな壽文字は、生成された金丹の塊を暗示するものにちがいない。

◉靈薬としての金丹。その誕生を壽ぐかのように、上空を飛ぶ一匹の蝙蝠が火炉の蓋をもちあげようとしている。他の四匹の蝙蝠は、口ぐちに、玉や珊瑚、磬《ケイ》といった宝物を吊りさげている。

壽字の火炉と蓮華の焔。金丹である壽字の誕生。飛び交う朱色の五匹の蝙蝠…。

この椅子の背板の構図には、これ以上は望めない目出度さが連続している。

◉「金丹」は、それを飲むことで不老不死の身体をえて仙人になれる…とされる靈薬《エリクサー》

②—中国・明代の椅子の屏（ピイン、背板）に描かれた漆絵。中央に座る壽文字の部分をとりだすと、下のような模様になる。最下部、蓮華状に燃えたつ火に熱せられた、壽文字形の煉丹炉。その中央部には、小さな円相の壽文字が象徴する、金丹＝丸薬が生成されている。

である。この金丹を得るための、さまざまな秘法が試みられた。創意をこらした物質の混合と融和。「煉丹術」への執拗な探求である。

不死・不滅。永遠の生を求めた中国の人びとは、光り輝く「金」以上に、その先に煉成される「丹」の効力を求め、丹の靈力に不死の夢を託していた。丹は、水銀と硫黄の混合物だとされ、その色は朱色である。そのためか、漆絵の背景を埋める靈芝に似た瑞雲を縫って飛び交う蝙蝠も、丹（朱）の色を体色としている。

◉壽字の背板の上方を飾る、椅子の頭部の意匠も、特別なものである。古代中国で礼楽に用いた石の打楽器、「磬」の形を象っているからである。磬は「慶」と同音であるところから、古くから吉慶の象徴とされた。

翼をひろげた蝙蝠に似た、瑞雲とも傘（傘蓋）とも傘蓋（これは天界を象徴するもの）とも、あるいは蓮華の花ともみえる形が磬板の中央に現れて、慶祝の気を漲らせる。

◉この清朝の椅子に座る人は、まずこの背板の構図の力をえて、上半身の全体が瑞祥の渦巻く気に囲まれる。金丹が生まれでようとする誕生の瞬間を、背負うことになるからである。

心臓の位置には、煉丹生成の火炉がぴったりと重なり、火炉が発する靈気が体内へと導かれて、自らの身の内に潜む金丹の真の力を目覚めさせる。

道教の瞑想術をも暗示する、幻惑のドラマ→③。その終幕を飾るかのように、頭上には、赤い蓮華の傘蓋が冠となって花開き、座り主の長生を壽《ことほ》いでいる。

③——丹砂（たんさ、水銀をふくむ朱い砂）と汞（こう、鉛）を火炉で加熱し、融合させて丹薬を産みだし、それを服用して不老不死の仙人となることを夢みた古代中国の「煉丹（外丹）術」。その生成過程を絵解きした「娘娘分身図」より。
唐代以降は、物質の化学反応によらず、心身の鍛錬と呼吸法で臍下丹田を練り上げ、丹を産みだす「内丹術」が重視された。
中国道教協会編「道教神仙画集」より。

◉壽字の姿を不老長生術の過程に見立て、座す人の生の願いを叶えようとする。この漆絵の中で、壽文字は巧みに、煉丹の火炉へと変容している。瓢箪《ひょうたん》型の火炉。これは、前章でみた瓢箪型の壺と同じように（↓★1）、子宮を連想させる器である。その内部のふくらみが、桃源郷、仙境へと通じている。壺形と不老長生のイメージが、中国人の心のなかでいかに深く結びついているのか。ただならぬその連鎖を、深く読みとれるのではないだろうか。壽文字を隠しこむ。巧妙な文字の変容術が、魅惑の意匠を生みだした。

空間を彩り、天空に舞う壽文字…

◉中国では、椅子ばかりでなく、人びとが住まう空間、住居のあちこちに瑞祥の文字が棲みついている。一例として、台湾の文人の家の装飾を見てみよう。贅をこらした客間の、梁《はり》の上部。横梁を跨《また》ぐようにして立ちあがる方斗《ほうと》（棟を支えている）に眼をこらすと、そこには美しい装飾文字が記されている。「壽宝」と読める二文字である↓④。相対する側の方斗には、「福禄」の二文字が現れる。

◉一族の繁栄や土地の安穏を祈る、瑞祥の文字。咲き乱れる花々や唐草文様に囲まれて、一家を護る大屋根の支えとなる部材に彩りをそえる。文字が建築装飾そのものとなり、空間の隅ずみに活力を与え、引き締めてゆく。

★1—本書171ページ

◉空間と結びつく装飾文字は、数知れず生みだされた。ここに掲げたものは、卍と壽字の合成文字→⑤。不思議なことに、卍と壽字が無理なく容易に連続している。

もう一つの例は、福禄壽、三文字の合成である。旁《つくり》の側の福と禄の下に、壽文字がしのびこむ。一瞬、このような漢字があったのではないか…と眼をこすりたくなるほどの巧みな構成、合成術だ。文字同士を思いきりよく加算しつぎ足して、漢字らしい一文字を組みあげてしまう。

これも台湾の官吏の旧家の装飾に見られたもの。中国の特異な造字法である。

◉漢字は単に紙に書かれ、文章として並び読まれる記号ではない。さまざまな物体に書き印され、場所や空間に刻印される。文書の空間をはるかにこえて意味を紡ぎ活力をあたえる、自由自在な力を孕んでいる。

漢字は自然の姿を写しとり、自然が秘める靈力を字画に宿す。漢字が抱きこむ多彩な表情、漢字が包みこむ靈力のひろがりが、中国の人びとの生活空間に豊かな活気をあたえる。自然と人間が漢字の魅力で深く結ばれ、日々の暮らしに深い彩りをそえてゆく。

◉空に描く壽の文字があっても、不思議ではない。風そよぐ日には天高く、壽文字の文字凧が揚げられる→⑥。

壽文字の凧は日本にもあるが、その発端はいうまでもなく、中国で生みだされた

⑤―建築空間を彩る壽文字。
台湾の民家のもの。
上の写真の上梁には、「卍と壽」の二文字が、
下梁には、「福・禄・壽」の三文字が
複合されて、意匠される。
④―梁上の方斗に印された「壽宝」の二文字。
左の複合文字は、上の写真の下梁に記された
「福・禄・壽」文字を拡大したもの。
撮影＝大木茂

ものである。中国の凧は、風筝《フォンツェン》と呼ばれる↓⑦。風で音を奏でる凧。凧を支える竹骨や糸に、鳴弓や呼子笛、ときに打ち紐《ひも》や爆竹などを取りつけ、騒がしい音をたてて空を泳ぐからである。鳥の鳴声に似た音や不気味なうなり。打楽器を打ち鳴らすかのように鳴りつづける騒音、ときに小爆発音…など。凧と風が生みだす騒がしい音は、魔除けの力をもつといわれている。

ひろびろとした天空の広がり。その広がりを広大な画面に見立て、天に壽の字を書き（揚げ）記す。壽の文字は右に左にゆらめいて、のびやかに動きまわり、天の瑞気を人々に降りそそぐ。

●中国（のある地方）では、元宵節《げんしょうせつ》（陰暦一月十五日）のあと、目上の人が後輩に凧を贈る風習があるという。力と幸福を贈るためだといわれている。

また立春のころには、家族そろって戸外に出て、凧揚げをする。地方によっては、

⑥—遥か彼方に富士山を望み、江戸の街を見下ろして遊泳する壽文字の凧。北斎の版画「富嶽三十六景」より。

⑦—中国の壽文字の風筝、「五福捧壽」。多福をあらわす五匹の蝙蝠が壽字の周囲を飛び交い、長壽をあらわす幡桃が添えられている。

大きな凧をたかだかと揚げ、糸を切って飛ばすこともある。「放災」と呼ばれるこの行事は、不運（厄）を払い、豊作を願い、一家の安全を祈るためのものである。「五福捧壽」と名づけられた風筝の壽字。中国の凧の文字意匠は、さまざまな習俗の趣を伝えている。

壽字を冠り、壽字を纏う…

◉次に、文字を「冠《かぶ》る」、文字を「身に纏《まと》う」、文字を「着る」といった例を見てみよう。

まず、文字を「冠る」ということ。たとえば、祝い事（日本の七五三にあたるもの）を迎えた子どもの冠である→⑧。中国では、「繍花《しゅうか》童帽」とよばれている。冠の中央に座る意匠は、いうまでもなく壽の文字である。

頭上に戴く壽文字。その周囲を花々が取り囲み、華やぐ帽子の両端が、いつのまにか鳥の頭へと変わっている。鳥の姿は天に羽ばたく力、同時に、太陽の放射力を象徴する。天の力と結びつくことで生命力の永続を願い、病魔の退散をうながす働きをもつと信じられている。日本の春祭りの花傘に似て、豊穣と平穏の祈りをこめた呪術的な意匠だと思われる。

壽の文字は帽子に限らず、簪《かんざし》として飾られたり→⑨、靴の先に飾られたりもする。

肩掛けや袋物などのアクセサリーにも、しのびこむ。

◉丸襟の艶やかな衣装→⑩。これは、清代の中国の女性服、「女掛《じょけ》」である。中国独特のデザイン衣装、その襟合わせのボタン止めをよく見ると、壽文字が二つ、向かいあって並んでいる。二つの壽文字が力を合わせ、襟元をきちんと封印しているかのようだ。

また、襟合わせの裾《すそ》へと眼を移すと、そこには、蝶々にも蝙蝠にも見え、柘榴《ざくろ》を

⑩

⑧

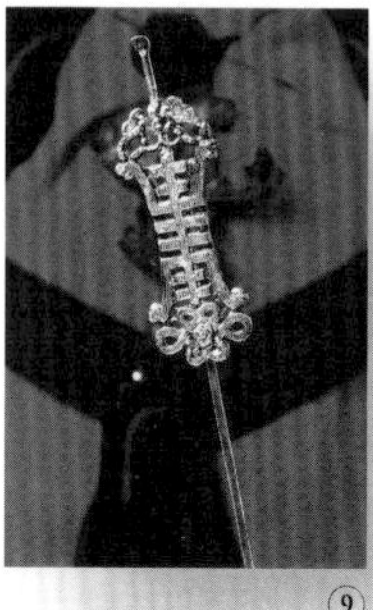
⑨

⑧―中国の「繍花童帽」。中心の壽文字を抱きこみ、向かいあう、一対の鳥の姿を模す。
⑨―蝙蝠と吉祥結びが添えられた、銀製の壽文字の簪。その先端は、耳かきになっている。
⑩―百年前の台湾女性が着た上衣、「大襟衫」。大きく円を描く襟まわりを二つの壽文字が向かいあう布ボタンで止めている。下に置かれたザクロの実は、福と禄の複合文字か…。

も連想させる不思議な文様が現れている。蝙蝠は「福」の文字を、柘榴は「禄」文字を暗示するデザインではないだろうか。

襟首を優しく取り囲む円い縁どり。ふくよかな美。それに、長壽を祈る福・壽の二文字が華をそえ、加わっている。細やかにうねる周囲の線の流れが、柔らかい調和をみせている。

柘榴は、実のなかに種が多いことから、多産、多子を象徴している。そのために「禄」の意味をもつ。福・禄・壽、瑞祥の三文字。その巧みな変容が一着の服に寄り集い、着る人を飾り、護るのである。

◉文字を着る。目出度い文字で身体を飾る……。文字の力を借りて幸運を祈るこのような習俗が、中国では、幼少のころから行われていた。

壽字の礼服、宇宙気の壮大なドラマ……

◉さて、次に登場するものは、中国最後の王朝である清朝の皇妃の衣装である。乾隆帝の最初の妃となった孝賢純皇后。英才の誉れ高い、だが若くして病死し、その死を惜しまれた皇妃の肖像画が残されている→⑪。この皇妃が纏う朝服（礼服）にも、意表をつく壽文字が現れる。

金糸きらめく絢爛《けんらん》たる衣裳。真珠の白球と珊瑚の赤球で形づくられた宝珠形の壽文字が、前身頃《まえみごろ》の縁にそって並んでいる。じつはこの意匠には、壮大な宇宙的なイメージの連鎖が潜んでいる。その細部をひもとき、読み解いてみよう。

◉天下を統べる中国の皇帝。皇帝が着用する朝服の意匠には、漢代（またはそれ以前）から「龍」の姿が主役となった。龍は、しだいにその数を増やしてゆく。

靈力と気品に満ちあふれた龍。古代の中国ではこの龍が、麒麟《きりん》・鳳凰・亀（この三獣に龍を加えて四靈獣と呼ばれている）をはじめとするあらゆる動物の祖先だと信じられ、敬愛された。

◉皇帝は、龍そのもの。龍袍《りゅうほう》（龍をあしらった衣装）を着、龍顔に龍眼を輝かせ、龍鱗（威光のこと）を放ち、龍棲に住む…といわれている。

皇帝の力を象徴する最高の文様、瑞祥の文様は、龍であった。持ち物のすべて、皇帝が住まう場所などの装飾の主題には、必ず龍が用いられた。この皇妃の朝服にも、雌雄一対をなす無数の龍が、全面を覆いつくすかのように棲みついている。

◉ところが皇妃の朝服には、龍の数に負けぬほどに際立つ意匠がもう一つ添えられている。円相にふくらんだ、壽の文字である。

すべての壽文字は、真珠（白）と珊瑚（赤）、白と赤の粒玉でできている。真珠も珊瑚も、海中から探しだされた宝物である。一粒一粒がていねいに縫いとられ、並べられた。

宝珠形（円相）の壽字が、列をなして浮かびあがる。壽文字の列は、衣装の裾に渦巻いてひろがる大海の中から湧きいでて、瑞雲に乗り天空に向けて立ちのぼる。天界には（肩口にあたる）一対の龍（あるいは複数の龍）が待ちうけて、浮上する壽字の宝珠を掴みとろうと身がまえている。

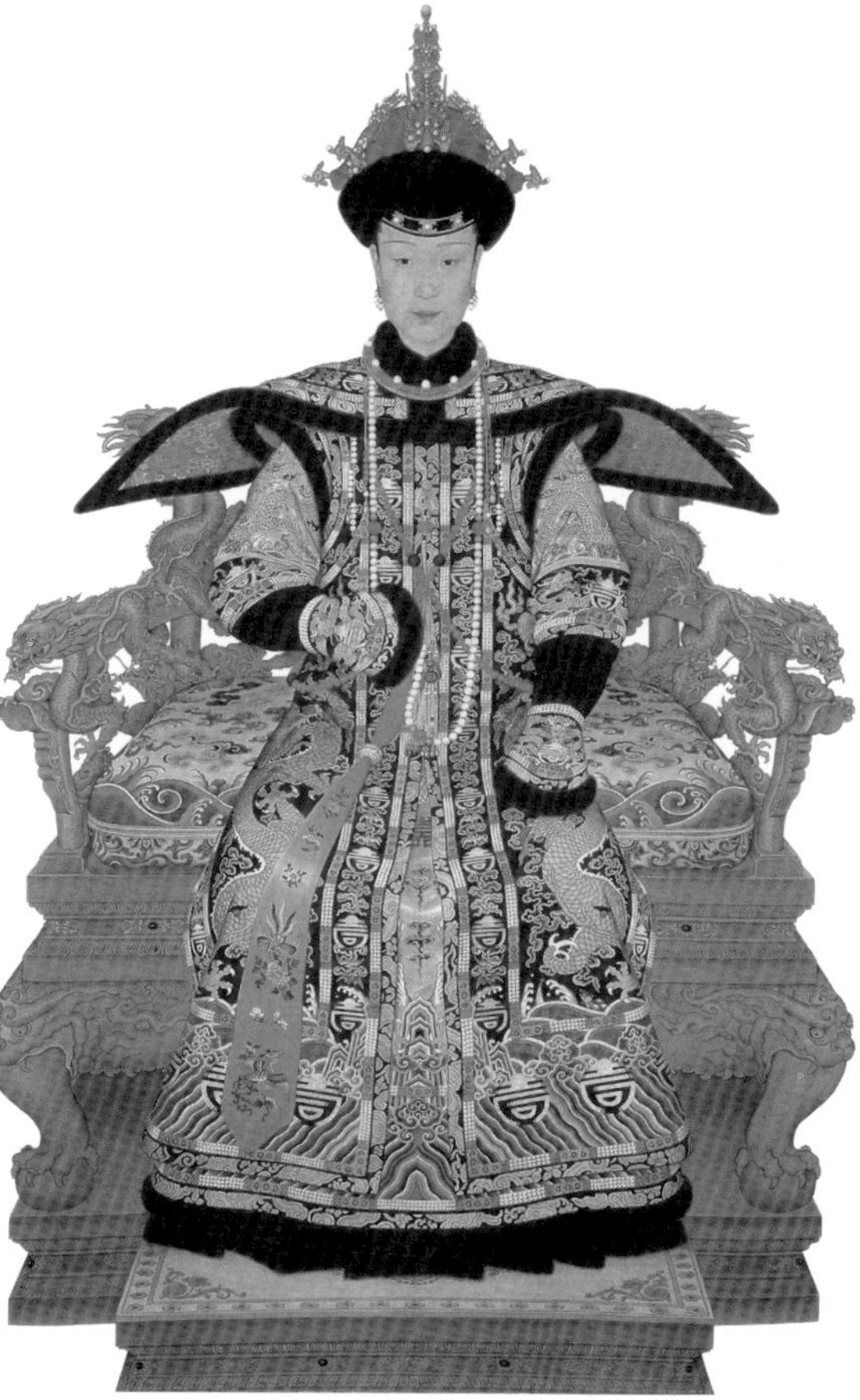

⑪—清朝の乾隆帝の妃、孝賢純皇后の朝服を飾る壽文字。皇后は金色の鳳凰をあしらう朝冠をかぶり、鳥の羽ばたきをおもわせる披頭（肩覆い）をつけて、無数の龍がからみあう玉座に座す。冬の礼装である。裾からおくみにかけて立ち昇る宝珠形の壽字は、海中の宝、真珠と珊瑚の粒で縫いとられたもの。

◉「双龍、玉を争う」。玉《ギョク》（宝珠）、つまり世界の「元気の源（気の根源、あらゆるエネルギーの源）」である玉を、雌雄一対の龍が掴みとる。これは、きわめて中国的な構図である。龍と玉、海中の宝物（真珠と珊瑚）が結晶化して生まれでた宝珠の壽文字が朝服を覆いつくし、華麗な主題を物語る。

雲に乗り、天頂へとたち昇るこの宝珠を、龍たちがついに掴みとる。この構図に誘われて、「元気」の源、宝珠が放つ力が肩口を伝わり、袖をへて、皇妃の掌中へと誘われる。

裾の正面、中央には、三角形に突き出して光る岩塊がある。不思議な形の岩塊は、海上に聳えたつ神仙世界、蓬莱山の山容をあらわすもの（蓬莱山の形状については、前節を参照のこと）。（→★2）蓬莱山をめぐる壮大なコズミック・ドラマが、中国の皇帝や皇妃の朝服に、必ず…といっていいほどに演出される。

◉円相の壽字は、生命力の核となる宝珠（つまり玉）を象徴する。真珠と珊瑚で形どられた円相の壽字は、人々の長壽を願う瑞祥の文字であるばかりでなく、宇宙的な生命力の永続を祈るものへと拡大される。

皇帝、皇妃の華麗な衣装は、このように、天地をめぐる宇宙気の壮大なドラマを演出して、王たちの身体がただならぬ力を秘めることを告げている。

花鳥風月の優雅な情趣。今日の私たちの眼に止まる日常の美意識を一息に飛びこえてひろがる、宇宙観や生命観の根源に触れる壮大な着想ではないだろうか。

★2――本書239ページ

文字の力を、肌にしるす……

◉さてもう一つ、中国・京劇の瞼譜《れんぷ》で描き印される、壽文字について見ることにしよう。京劇の瞼譜は、日本の歌舞伎の隈取りとは一風異なる展開を見せている。中国では、文字をあしらう瞼譜が数多く見いだせる。額に印した壽の文字→⑫。蔣忠という名の武将である。蔣忠は相手方の謀略に気

⑫—壽字が印された京劇瞼譜。額(脳門という)の意匠は重要で、その役柄の隠された性格を象徴的にあらわしている。上と左下の瞼譜は、壽字。奸計に立ち向う忠臣・蔣忠の壽字(上)は、力みなぎる。壽字のほかに印されるのは、虎字(右下)。勇猛な武将の、直截な気質を表象している。ほかに、忠・孝など儒教の教えを伝えるもの、金・熱・斗など役柄の熱い気質を伝えるもの…などが意匠される。

⑬——インド、ハヌマン教の信者たちの呪文の入れ墨。彼らはその全身を、ハヌマン（猿神）に捧げるラーという文字で覆いつくし、インド各地を巡礼して歩く。ハヌマンは「ラーマヤーナ」という伝承説話に登場する猿。孫悟空に似た性格をもつ。

づき、彼等と戦い、上官の命を守る。忠勇の士だと讃えられている。蔣忠の額には、黒地に強い白で浮かびあがる壽の文字が印されている。だがこの壽文字は反意的で、彼が長壽をまっとうできなかったことを告げている。勇猛で直情型の性格をもつ蔣忠は、非業の死をとげたからである。

◉役者の額は脳門とも呼ばれ、瞼譜にとって重要な部分だとされている。役柄の性格を深く暗示する、重要な場所だからである。また黒の肌色は、勇猛果敢、度胸と見識をもつものだという。ときに愚直さをも表現している。

◉京劇の肌色、顔に塗られた色彩は、役どころの性格を象徴している。赤は正義と熱血を、紫は清廉さを、青は凶猛な性格を、黄は腹黒さで白は狡滑さを、緑は妖魔、金銀は神仙妖怪を表す…という。

◉文字を頭にいただき、文字を身に纏い、文字を肌に印す。このような発想は、文身《いれずみ》の習俗に由来するものである。

日本でも、全身の肌に経文を書きこんだ…という例がある。だが耳に書くことを忘れたために、亡者たちの悪靈に両耳を喰いちぎられてしまう。「耳なし芳一」のこの話は、ラフカディオ・ハーンの怪談ばなしでよく知られている。

◉壽文字の意匠ではないのだが、インドのある教団（ハヌマン教、信者たちはラーマヤー

ナに登場する猿の神を信仰する）では、全身に、ハヌマン神を象徴する「ラー」の文字を入れ墨する→⑬。霊力あふれる聖文字を肌に彫り、心魂一体となって、神の力に帰依するためだ。耳なし芳一の元祖とも思われる強烈な一例が、今日なおインドに現存している。

タイやクメール（カンボジア）、ミャンマーでは、文字の護符を胸や背いっぱいに入れ墨する…という例が、今なお見いだされる。肌そのものが魔除けの力を宿すことを、願うからである。

★3―本書171ページ

瑞祥を体内化する文字……

◉壽字そのものが、瑞祥の世界をとりこみ、めでたさを体内化しているという例がある。

第一のものは、壽文字のなかに仙人が住み、文字自身が神仙境と化し、壺中天を表しているもの→⑭。（→★3）

中国では「八仙」と呼ばれ、人々に親しまれた八人の仙人にまつわる民間説話がよく知られてい

⑭―八人の仙人たち、その持ち物（上）が散りばめられた壽文字。扇子（鐘離）、竹筒の道籤（張果老）、陰陽板（曹國舅）、葫蘆（李鉄拐）、宝剣（呂洞賓）、横笛（藍采和）、蓮花・蓮葉（何仙姑）、花籠（韓湘子）。カッコ内に記したものは仙人たちの名前。何仙姑の蓮華花はときに如意笊となり、張果老の道籤はときに魚鼓となる。

る。唐代・宋代に始まる信仰である。延生益壽、無病息災をこの世にもたらす仙人たちの働きは、芝居になり、祝宴の席の演題となって、人々に親しまれた。八仙の姿は掛軸になり、正月の客室に飾られたりする。

◉ここに掲げた一例は、八仙のことごとくが住む壽文字である。だが仙人の姿は見あたらず、奇妙な八つの道具がその代わりに詰めこまれ、壽文字の上に並びあう。八仙の説話を知りつくした民衆には、一つ一つの品物が、仙人の説話にまつわる持ち物だということを見抜いている。

◉大風をまきおこす、芭蕉扇。死者を蘇らせる、一対の陰陽板。不老不死の仙桃と、それを盛りつけた花籠。妖魔を除き邪悪を斬る剣。未来を占う竹筒の道籤。その音色が千里におよぶという順風の笛。すべての海水をひとすくいするという如意棒。海水のすべてを注いでも、その底にほんの少したまるだけ…という葫盧《ころ》。それぞれの持ち物の間には、紅白・黄金の蓮花が咲きみだれ、八匹の蝙蝠が飛び交っている。

この手法は、持ち物だけで八仙人を象徴する「暗八仙《あんはっせん》（裏八仙）」と呼ばれるもの。壽字の口の部分は太極の渦となり、仙境と俗世をつなぐ出入口、壺中天への神秘の通路を暗示している。巧妙に考えぬかれた構図ではないか…。

◉第二のものは、清朝皇帝・乾隆帝の母、崇慶皇太后の八十歳の誕生日に贈られ

⑮

⑯

⑮―百羽の多彩な蝶が乱舞する壽文字。百羽の蝶は、長壽を意味する耋（てつ）と発音が同じ。
⑯―大ぶりの牡丹が咲き乱れる壽文字。ともに長壽を祝い、五十歳過ぎの誕生日に贈られる刺繍文字。中国の習俗。

たという、慶祝の壽文字である→⑮。百羽の胡蝶が華やかに乱舞して、きらびやかな壽文字を書きあげている。

中国では五十歳をすぎると、壽字を贈りあう習慣があるという。六十歳にして下壽、七十歳にして中壽、八十歳で上壽。祝宴に招かれた客人は、趣向をこらした壽字を創案し、壽字にまつわる贈り物をもって訪れる。

かつて中国では、八十歳以上の老人を「耋《てつ》」と呼んだ。この耋と蝶の発音が同じであることから、蝶は長壽の力を宿すと考えられた。

羽搏く蝶、百羽の蝶が刺繍の色糸で描きあげた、祝いの壽文字。美を極めた壽の文字の一例ではないだろうか。

◉咲き乱れる牡丹が生みだす壽文字もある→⑯。刺繍の技をつくして仕上げられた。糸で結び、糸で飾る。のびた糸、その長さに無限の生命への願いを託し、きめ細かく刺繍された。

喜びにあふれ、たちのぼる壽字……

◉最後に、韓国と日本における壽文字の絵画を見てみよう。まず、韓国の李朝民画の壽文字である→⑰。鳥、魚、動物たち。木、花、虫など。森羅万象が寄り集い、生命力にみちた壽文字を描きあげる。民衆的な喜びにあふれた、おおらかな構図の壽文字が立ち上がる。

⑰——李朝民画に描かれた「壽福図」。鳥・魚・蓮花・蝶・鹿・兎……に竹の子なども加わって、喜びあふれる壽の文字を描きだす。おなじ趣向の福文字と一対をなす。

◉現代の日本で生みだされた壽の文字。その最高傑作は、なんといっても芹沢銈介の手になる染色の絵文字である→⑱。むくむくと立ちのぼる雲が群がり重なりあって、いますぐに動きだすかと思われるような気力あふれる壽の文字が生まれでた。芹沢銈介は、柳宗悦の民芸運動に参加した工芸家だ。染色や型染めの技法をもちいて、大胆な、独創的な作風を樹立した。アジアの工芸にも興味をもち、その伝統を深く学びとることを心がける。数々の文字絵は、数多い彼の作品のなかでも傑作とされ、特異な地位を占めている。

同じ作者の手になる山の文字。靈気のうねりを巧みにあしらい、聳えたつ山に動感をあたえた、すぐれた造形である。

◉さてこれまでに、中国、日本、韓国…。漢字文化圏の人びとが創案した、さまざまな壽文字の変幻ぶりに眼を走らせた。壽字は一点一画に森羅万象のことごとくをのせ、人々の心のなかに眠るさまざまな願いや夢を抱きこむ。着想を極め、変化の妙をつくし、生活のすみずみを活気づけるものとして、道具や生活空間のあちこちに住みついた。

日本人の生活の折々に姿をみせる壽の文字は、多彩な展開をへて生まれでたものである。

◉書く習慣を失いつつある、現代日本の文字文化…。電子メディアによるやせ細った文字を生活のなかに蔓延させる私たちは、これまでに見てきたような壽の文字が醸し出す文字力の豊かさ、読み書きの機能をこえた文字の表現の闊達さに、目を見開かなければならないと思う。かつて人びとは、文字の靈力を日常生活のなかに生かしきり、人間文化の核となるものとして、文字たちとの深い対話を交わしつづけていたのである。

月刊『ひと』233号（太郎次郎社／一九九二年五月）

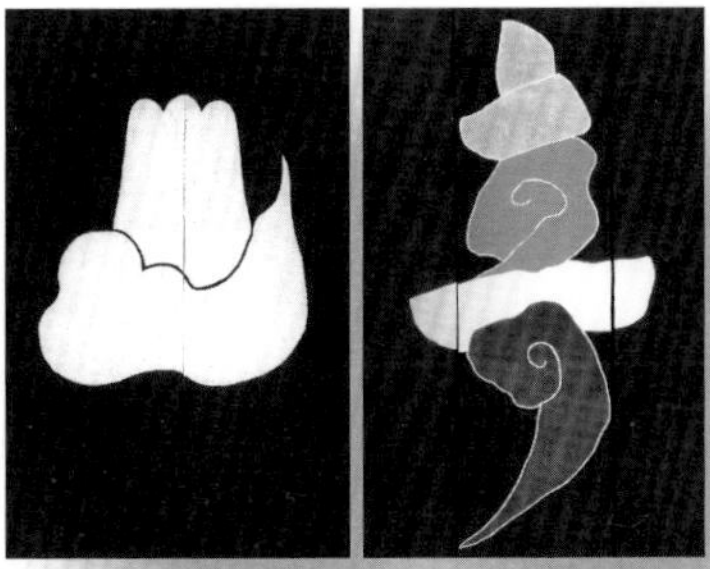

⑱—芹沢銈介の壽文字と山文字。雲に似てふっくらとした塊が渦巻き、重なりあって、ふくよかな瑞祥の文字を形づくる。布、型染めによる作品。

漢字の形…、身体の記憶とむすびつく

——漢字のカタチ⑦

身体を動かして「共感」する…

◉一枚の写真をご覧いただきたい→①。棒高跳びの瞬間をとらえた、ごくありふれたスポーツ写真だとみえるだろう。だがこの画像の中には、じつに興味深い光景が潜んでいる。

棒高跳びの選手が、目指すバーを跳び越えようとしている。たぶん越えるだろう…という場面だと思われる。だが、その瞬間を見上げている周囲の人々の、しぐさに注目していただきたい。よく見ると幾人かが、おやっ…と思われるような動きをしていることに気づかされる。

◉跳躍者が身体を動かすのは当然のこと。ところが、観客の幾人もが、その動きに誘われるかのように身を乗りだしている。とりわけ柱の右脇に立つ人に注目してみると、まるで自らが棒高跳びの選手になりきっているかのようだ→②。足を上げ、身体をくねらせて、跳ぶ瞬間の選手の動きに同化しようとしている。他人の動作をじっと見つめるうちに、その動作が自分の身体に写しとられる。知らずしらずのうちに、対象と一体化しているのである。

◉たぶんこの観客は、自分の動きについて、まったく意識していないのだろう。棒高跳びを見ることに打ち込み、選手が跳びこえる瞬間に気を奪われて生まれでる、無意識の動作であったに違いない。

①

②

①―棒高跳びをする選手と、それを見まもる観客。
バーすれすれに飛びきろうとする選手のきわどい動きに誘われて、地上に立つ観客もごく自然に選手に似た動きをみせる。
②―①の写真の右下に写る観客のポーズを拡大したもの。
ただ眺めているだけでなく、みずからも行う。しぐさの一体化により、共感や感動が昂められるという。
①、②とも牧康夫「共感とイマジネーション」『文学理論の研究』岩波書店より。

自然に誘発された模倣という行為。バーを越えた瞬間の選手の喜びが、この観客の身体にじかに伝わってゆく。選手と観客が、体験を共有しあう。そのことで、共通する感激や感動が生みだされる。「共感」が生まれてゆく…。

●先の写真は、アメリカのG・W・オールポートという心理学者が、自らの論考の中で引用したものである。彼は、何かを行う人と見る人の間に生まれでる、しぐさの共有性に着目した。こうした共有性こそが、人々の感激、共感するということの本質をなすものではないかと考えた。そしてこれを「内部協働(Inneres Mitmachen)」と命名した。

●人間とは不思議なもので、対象に共感し、対象に同化することによって感激が生まれたときには、いくつもの異なる感覚が無意識のうちに引きだされ、縒《よ》りあわされてゆくことになるらしい。とくにスポーツを見る場合には、見る…ということ、その熱中の度合いに応じて、自らの中に潜む運動感覚が目覚めさせられ、引きだされることがあるという。

一枚の写真に登場した観客のなにげない身振りに、じつに興味深い光景が焼きつけられていたのである。

●こうしたことは、人間だけに起こることではないらしい。学習心理学の開拓者として知られたW・ケーラーが行った有名なチンパンジーの知能テストを見てみよう。その実験過程においても、面白い副産物が見られたという。

ケーラーが行った知能テストの一つでは、部屋に吊したバナナを取るために、チンパンジーが箱を積みあげている。未熟なチンパンジーが、箱を積んで天井近くのバナナを取ろうとする。すでに同じことを経験した知能の高いチンパンジーが、窓越しにそれを見ている。彼は、直接テストに参加することはできない。だが、バナナを取ろうとするチンパンジーの手が、バナナに届くか届かないかというきわどいときに、まったく同じ身振りを見せた…という。

つまり、知能を働かせる動物たちは、「内部協働」ということを本能的に行っているのではないかと推測できる。

◉こうした内部協働のイメージを、より具体的に検出した一つの例がある。

ベテランの運動選手に、ウソ発見器——GSRと呼ばれる皮膚の電気反射を計る計器——の末端を結び、彼らがもつ、運動の追体験を検出するのである。

ベテランの選手たちに、身体を動かさずに心に浮かぶイメージだけで自分の得意な運動、たとえば鉄棒の大車輪だとか、スキーなどの身体の動きを追体験してもらう。そのときの体内に流れる電流の波形をとりだしてみる。

◉ベテラン選手の場合には、スキーの大回転をイメージすると、回転の度合いに見合ったかなり正確な波形の揺らぎが、内部イメージによって生みだされていることが読みとれる。同じことを初心者や未経験者に要求すると、測定器に表われた波形に、くっきりとした違いがみえるという→③。

ベテラン選手たちは、自分の身心の内部に「自発的な興奮」を引き起こし、大車輪やスキーの回転などを実際に行っているかのように、明快なリズミカルパターンをイメージしている。

一方、初心者や未熟練者には、そのようなはっきりとしたイメージの波動は浮かばず、途中で息切れしたり途切れたり、迷ったりしてしまう。その結果、波形がはっきり生まれてない…という結果になったという。

◉この実験を行った勝部篤美さんは、さらに、同一の選手に鉄棒競技の別の種目をイメージさせたり(はっきりとした波形の違いがあらわれる)→④、さらに二人の選手に、

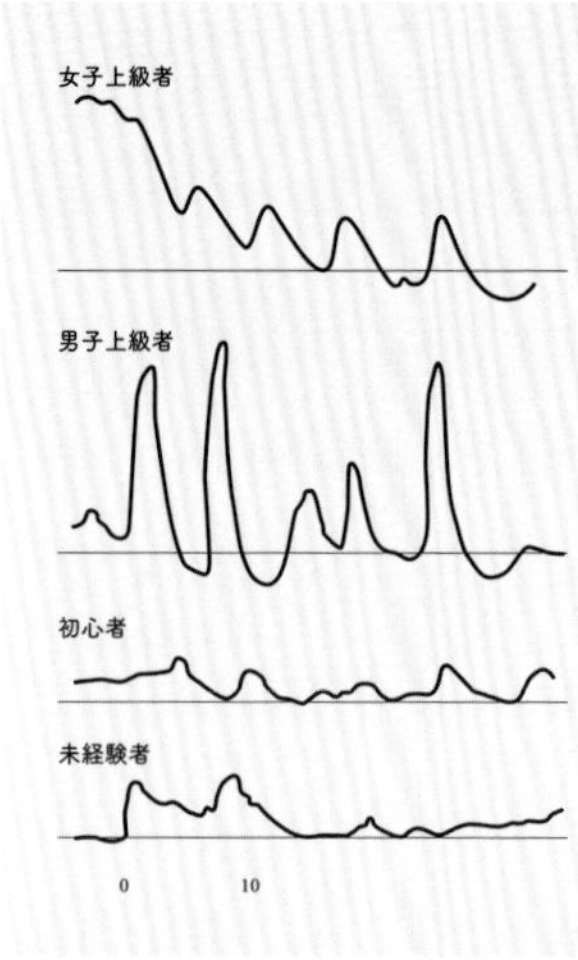

③

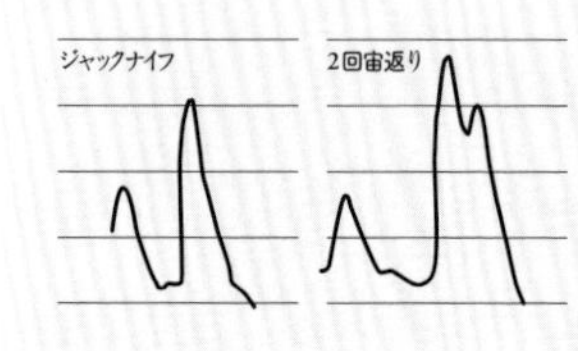

④

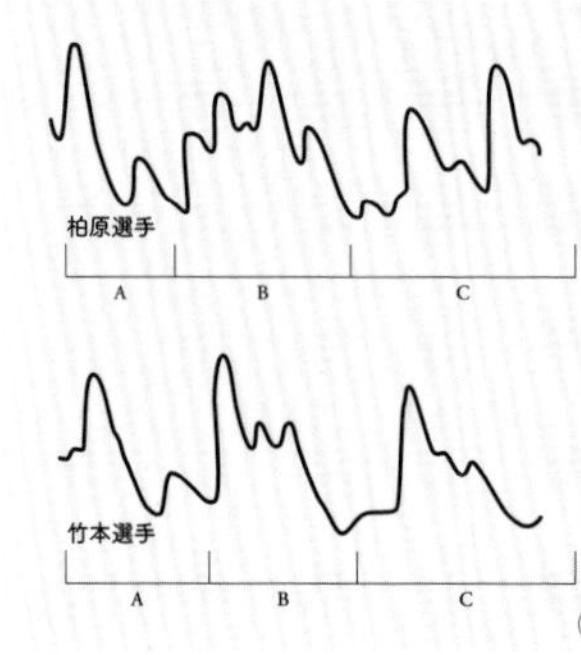

⑤

③④⑤——皮膚電気反射測定器(GSR)を用いて運動演技のイメージを測定したもの。
③は、上達者と初心者のスキー連続回転のイメージを比較したもの。
④は、一人の鉄棒選手の二種目の演技イメージの相違を調べたもの。
⑤は、平行棒の規定問題をイメージした二人のベテラン選手の反応曲線。A・B・Cの各ステップでの反応が、相似的だ。
勝部篤美「運動とイメージ」、『エナジー』第9巻第4号より。

平行棒の体操の同じ種目をイメージしてもらったり――この場合、二人のベテラン選手がイメージすると、かなり見事に波形が一致する――を測定している→⑤。つまり、人間は自らの体内に、運動の痕跡をイメージとして記憶している…ということが読みとれる。

◉深い共感や、深い感動が引き起こされたとき、あるいは熱心に対象を注視しているとき、知らずしらずのうちに対象と自分の姿勢が内的なイメージによって重ねあわされる。同化することで、共感や感動が深められる…、そのようなことが身体内部に生まれているのではないだろうか。

文字の記憶を呼び醒ます「空書」…

◉第2章（漢字のカタチ①）では、その冒頭（074ページ）で、太極拳と文字のかかわりについて考えてみた。ここでは、文字と身体の結びつきを別の角度からとらえ直し、文字の形にまつわる話題をさらに深めてみたい。

◉私が文字の形についてあれこれと考えを巡らせていたさなかに、蓮實重彦氏が書かれた『反＝日本語論』という本に出会った。（→★1）さまざまな話題、ユニークな論考に交ざって、一つの興味深いエピソードが記されていた。まず、そのエピソードを紹介したい。

★1―蓮實重彦『反＝日本語論』筑摩書房、一九七七年。

蓮實氏の奥さんはフランス人で、日本の学生たちにフランス語を教えている。彼女は語学訓練の一つとして、ある遊びを学生たちにさせてみた。その折の学生たちの反応に、少し意外な出来事を発見したという。

◉教室で、学生たちをタテ二列に並ばせる。

まず先頭の学生が、与えられたテキストを黙読する。次にその内容を、後ろの学生の耳元でささやく。他の学生には聞こえないように、小声で伝える。後ろの学生はいまささやかれた内容を、さらに後ろの学生へと伝える。これをつぎつぎにくりかえす。

二列に並ぶ学生たちが、同じテキストを同じ方法で、後ろに向かって伝えてゆく。そして最後尾の学生が、聞きとった言葉を紙に記す。すると、二列の間に大きな差が生まれる。

情報がどれほどに歪曲され、ずれてゆくのかが明らかになる。同時に、語学能力も訓練されることになる…。

◉こうした語学遊びを行っていたさなかに、ふと彼女が気づいたことがあった。耳元でささやかれた言葉を次の学生に伝えようとするときに、多くの学生たちが手を動かしている。記憶が曖昧になったり自信をなくしたりすると、ある学生は、目をつぶって右手の人差し指を膝のうえで動かしている。別の学生は、空中に模様でも書くように、右手をふるわせながら伝えようと試みている。

⑥―「空書」行為を調べるための漢字テスト。簡単な漢字、三文字の合成でつくられた漢字を、イメージするだけで当てさせる。

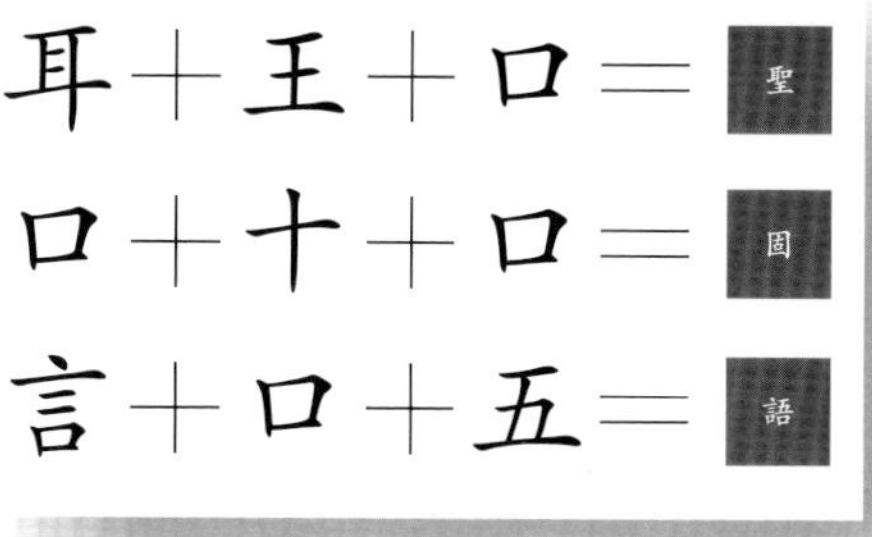

まるで学生たちが、「秘密の指話法」を共有しているかのように感じられた…というのである。

◉蓮實夫人は、この光景を見て愕然とした。日本人には、なにか特殊な伝達術があるのではないか、「秘密の指話法」とでも呼びうるものがあるに違いない…と思えたからである。

◉この話に関心をいだいた佐々木正人氏――アフォーダンスの研究で知られる認知学者――のグループは、さらに新しい試みを案出して追試を行っている。（↓★2） どのようなテストなのか。その内容を記してみよう。

被験者に、音声によることばの伝達だけで、三つの単純な文字をつぎつぎに提示する。たとえば「耳」、つぎに「王」、そして「口」。これを音声で伝える。「この三文字を合わせると、何という文字になるか」…。これが出題である↓⑥。

あるいは「口―十―口」、「言―口―五」などという三文字で合成された漢字を一文字ずつ読みあげ、それを頭の中でイメージさせて、その漢字を当てさせる。

すると学生たちは、フランス語の教室で起こったことによく似た行動をとった。大きく分ければ、二通りの反応が見られたという。

★2―佐々木正人『からだ・認識の原点』東京大学出版会、一九八七年。

◉第一のグループは前の話と同じように、掌やひざ頭に指で文字を書く。指先がたどる架空の文字を見つめながら、問われた文字を探ってゆく。つまり自分の身体の表面に文字を書きつけ、解いてゆく。第二のグループは、目の前の虚空を見つめ、あるいは目を閉じたまま指先を虚空に動かして、文字を探る。先ほどの、フランス語の遊びの場合と同じ反応である。

第一のグループが六十パーセント、第二のグループが四十パーセント。身体の表面に文字を書くグループがやや多かった。むろん、両者の混用もある…という。

◉学生たちは、提出された一点一画のイメージを指先で再現し、確認しようと試みる。漢字の字形を、自らの記憶に潜むさまざまな字画の組み合わせと照らしあわせ、検索してゆく。イメージのなかに蓄えられた幾つもの形と照合させて、どの文字なのかを模索し、同定しているようである。

内部イメージに蓄えられた文字の字形を呼び醒まし、それを確認するために自分の指先を動かしている。蓮實夫人のいう、「秘密の指話法」というものを行っている。文字を書かずに、口のなかでモグモグと唱えている学生もいたという。

◉数多くの人々が、知らずしらずのうちに身体を動かし、文字の記憶を呼び醒まそうと試みる。心のなかに湧きあがる文字生成のプロセスを、身体の動きで誘導しながら、答えを引きだしてゆこうとするかのようだ。

第2章の冒頭に記したエピソード——中国の太極拳の手の動きに書家の手の動き

⑦——指先を動かし、空中に、文字を書く。「空書」の行為。
イラスト＝佐藤篤司

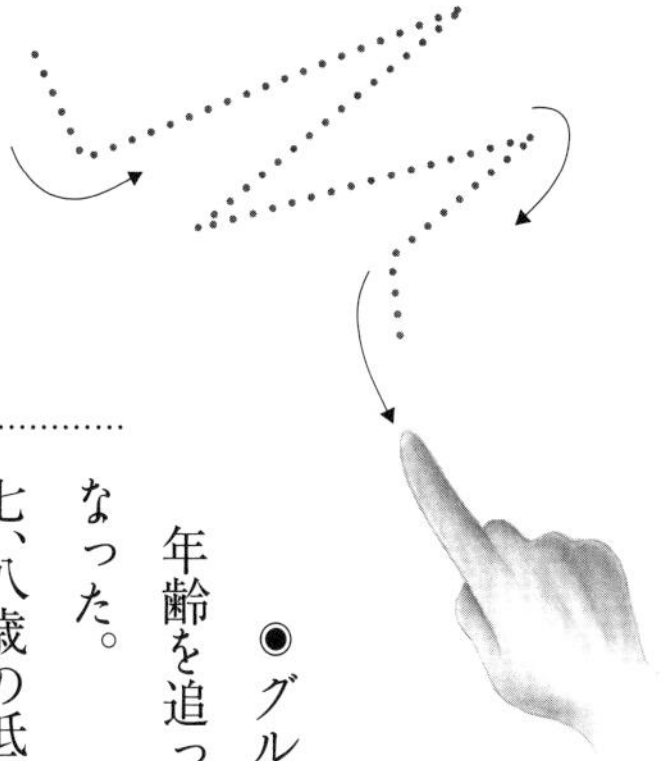

を重ねみた――という、身体動作にかかわるエピソードとは目的も意図も違うのだが、どこか通じあうものではないだろうか。
佐々木氏のグループは、この行為を「空書《くうしょ》」と名づけた。空に書く。空で書く↓⑦。巧みな命名だと思われる。

◉グループの研究はさらに進み、子どもたちの場合にはどうなのか…と、年齢を追って「空書」の出現率を調べている。七歳から十二歳の子どもが対象となった。

七、八歳の低学年の場合には、ほとんど空書は行われない。九歳になると、二十パーセント。ところが十歳以上では、空書を書く率が過半数を越えはじめる。十歳になると六百字近い漢字学習を終えているので、空書出現と漢字学習のあいだには深い関係があるらしい…と予感された。

◉調査はさらに弾みをつけ、日本に在留する外国人たちの空書の可能性を調べている。中国人の場合には、きわめて明瞭に、空書の手法に依存していることがわかったという。

空書と漢字の記憶法は、深い結びつきをもっている。むしろ、漢字文化圏に顕著な現象だといってよいのではないか…と、佐々木さんは記している。

◉漢字は、目で見る記号体系だといわれる。

だがこの結果が示すものは、漢字の視覚的表象をただ単に「目で追う」だけでなく、

「運動感覚としても」覚えこんでいるということである。画数の多い漢字では、文字の総体が包みこむ点画の動きを加えあわせた労働の総量といったものも加えて、文字の形を記憶しているのではないか…とも推定される。

つまり、漢字の字形は、単に視覚的なものではない。「身体の動きにのせて、漢字の字形が転がりでる」。そのことが明確に浮かびあがる。漢字とは、じつに特異な文字体系だということを確認できた…と佐々木氏は述べている。

◉漢字を書く。書道では文字の書法、運筆法というものを教えこむ。

たとえば、「一」という文字を書くときの筆の「起筆（最初の筆をおろすこと）」。次に、グッと筆を引くときの「胴」の部分のすばやい動き。最後に、終了の「止筆（筆を止める部分）」。この三分節の動き、三つのリズムが漢字の運筆の基本になる→⑧。

子どもたちが文字を覚える過程にも、この運筆法と重なりあう身体の動きが刻みこまれているのではないだろうか。人間の心臓の鼓動と同じように、運筆のリズムが脈打つ波となり、文字の字形をたどる音楽的な運動感覚ともなって、動きとともに覚えこまれてゆくのではないか…と推定される。

身体の動きを重ねあわせ、記憶する…

◉大脳の左脳、側頭葉の中央部から少し後ろの部分。このあたりに、文字認識に

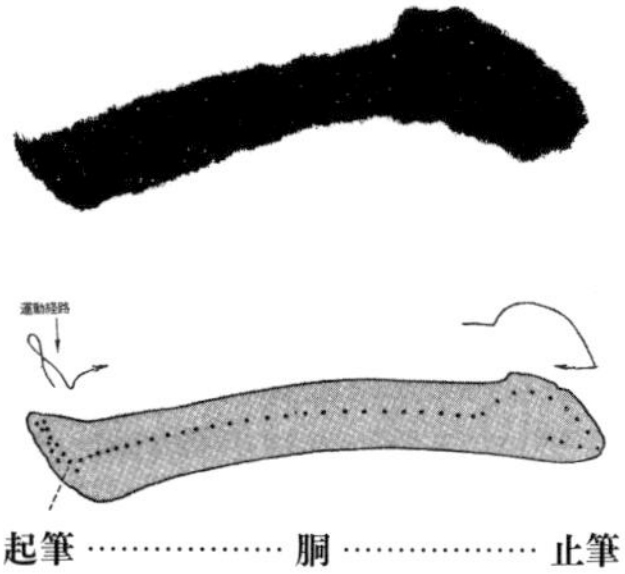

⑧—毛筆で描かれる「一」文字、筆の動きに潜む三分節のリズム(上)。起筆—胴—止筆。この動きが、漢字の運動感覚として、書き手の身体に記憶される。下に並ぶものは、さまざまな書家による「一」の文字。

まつわる特別な部位があるといわれている。

脳血栓などでこの部分を破損した人たちには、「純粋失読症」と呼ばれる症状が見られるという。文字を書くことができるのだが、その文字を読むことができない。読む機能が失われる…という症状である。

◉側頭葉には、運動野がひろがっている。

真ん中から少し後ろは聴覚野で、その後方、つまり後頭部には視覚野がある。この聴覚野と視覚野を結ぶ部分は、角回《かくかい》と呼ばれている→⑨。

聴覚野と視覚野、二つの部位の橋渡しをし、結びつけているのが、角回である。

「失読症」は、この部位が脳血栓などで破損されることに起因するらしい。文字を書くことができるのに、文字を読むことができない。見る機能と読む機能が、分断されてしまう症状なのだ。

●ところが純粋失読症の人たちに、自分の手を動かして、空中に文字を書くことをすすめてみる。あるいは掌の上にもう一方の指先で、文字を書かせてみる。すると不思議なことに、手の動きに誘われるかのように、その文字が読めるようになるという。

他人、たとえば、医師が患者の腕を持ち文字を書くように動かしてみても、読むことができるらしい。

「文字を書き」、「文字を読む」…ということ。この二つの行為が連鎖して、運動野に記憶されているのではないか。眼で文字を読むこと、動きとして文字を記憶すること…という複合行為が、患者たちに読むことを回復させるのではないだろうか。この連鎖は、「運動覚醒促進現象」と名づけられている。

●さて、これらの事象から読みとれることは、何なのか。

漢字がもつ象形的な字形と音声的な要素は、一体化し

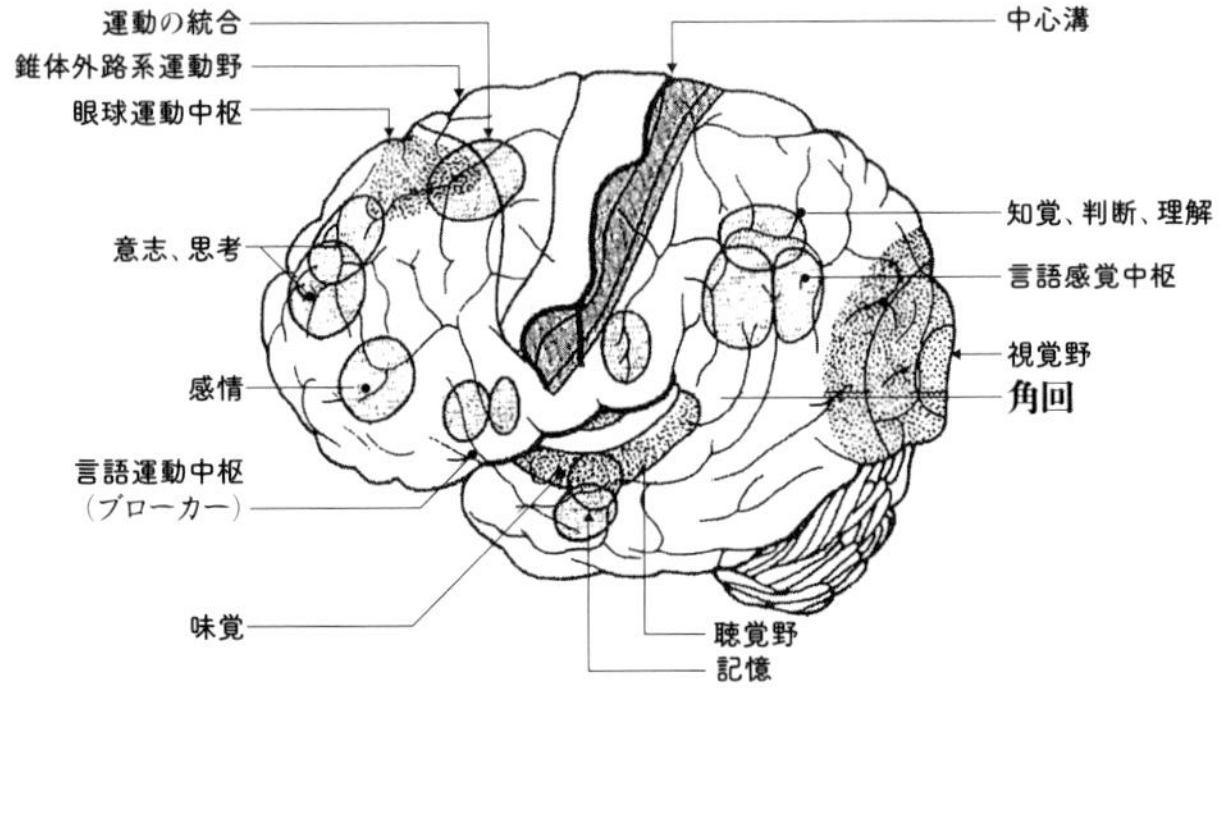

ていて分かちがたいはずなのだが、絵として見えていても、音声化されない…というのが失読症の人たちの場合である。だが、書くという運動を重ねてゆくことで、音声の記憶もまた呼び醒まされ、読むことができるようになるというのである。漢字の字形は、視覚野だけでも記憶できる。手の運動にのせ、その形を書きだすことができる。手の運動をくりかえし増幅させると、聴覚野に眠る音声の記憶が呼び醒まされる。「見ることと聴くことの共同作業」が回復されるからではないだろうか。


◉言語処理の部位だとされる大脳の左半球も、左脳・右脳の働きと漢字の関連に興味深い問題を投げかけているのではないだろうか。

脳における視覚野・聴覚野と、角回の関係。さらに左脳・右脳の働きの違い…といったもの。これまでに見てきた空書や失読症の現象は、身体運動と図形記憶の結びつきや、脳内の記憶連鎖のメカニズムとの関連をも想起させる。

右上がりに反る、横棒の動き…

◉さて、少し話題を転じて、「右」と「左」という、「逆転しあう関係」についても考えてみたい。

ここに、左右を逆転させた鏡文字を掲げてみる→⑩。

⑨—**大脳皮質**に分布する、視覚野、聴覚野、運動野、連合野など。角回は聴覚野の後上方、視覚野とのあいだに位置している。

明朝体の活字、あるいはフォント文字は、水平・垂直の直角度を守って作字された幾何的な文字なのだが、この図のように百八十度裏返し左右を逆転させてみると、なぜか、水平線が傾いて見えることに気づくだろう。水平線がほんの少し、「左上がり」に見えるのではないだろうか。

正常な向きでは、きちんと水平に見えていた文字の横棒。だがその横棒が、左右が裏返しされただけで左上がりに感じられる。

◉考えてみると、われわれがごく普通に書き記す手書き文字や、子どもたちが読む教科書の文字などは、多くの人（右利きの人）の場合、「右上がり」になることが多いという。

⑨

⑩――上は、裏がえしにみた写植文字、秀英初号明朝。水平に設計されていると思われがちな活字や写植文字の横棒が、左上がりに歪んでみえる。つまり正位置でみるとき、やや右上がりに設計された横棒を水平な線と感じていることになる。下の「文字」は十二世紀ごろに中国で生みだされた宋朝体。右上がりの字形が、心地よいリズムを形づくる。今日の基本書体となる明朝体は十六世紀に成立した。

漢字・かな文字は、まず左上隅から書き始められ、やや右上りの上昇する線の動きでその字形が整えられる。手書き文字では多くの場合、漢字やカナの字形は左右対称の幾何的構図としてまとまらずに、少し傾き、わずかな歪みをもつ右上りの枠の中でその形を整える。
漢字の字形を考えるうえで、右上がりになるということは、まず第一の問題点ではないだろうか。そこで「右上がり」について、さらに深く考えてみたい。

右上がり文字に、身体運動の偏りが投影されている…

◉世界の文字は、その字形の多くが、紙面の左上隅から書きはじめられる。文字の形も、左端からゆっくりと右上がりのストロークへと移行する。こうした特徴は漢字やアルファベットを問わず、かなり多くの文字体系に共通するものである。

特異な例外は、イスラム圏の文字、アラビア文字の書き方だ↓⑪。この場合には出発点が右端の中ほどで、左に向かって巻き上げる円弧の動きが続いている。右から下へと回転して巻き上げ、半円を描くストローク。

⑪―優美な流れをみせる、アラビア文字。ナスターリク(筆写)体は十～十一世紀ごろから流行し、現在の書体はこれにもとづく。右から左へ、下から巻きあがるように書き記される。子音のみを記し、それに補助記号をつけて短母音、二重子音をあらわす。ミール・イマード・フサインによる書記帳より。十七世紀のもの。

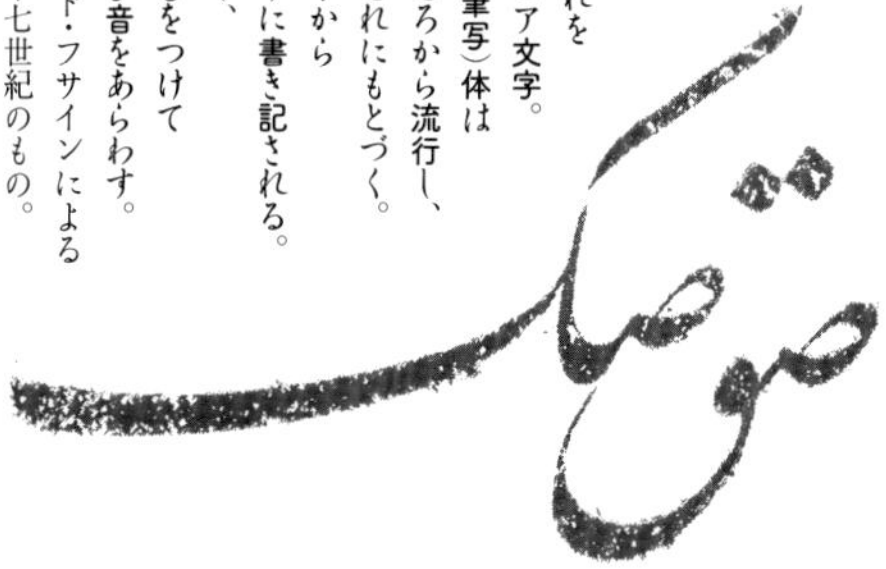

白い紙を見ていると左ページのような空間図式が浮かびあがる。

イスラム文字の書字の動きは、アルファベットの動きの対極にあり、漢字の筆法にも反する趣きをもつ。

●さて、「左上隅に起点を持ち、右上がりになる」…という書字の動きに重ねあわせて考えることができる、一つの研究がある。目のまえにひろがる白い紙。何も描かれていない白い空間を眼の前にしたとき、私たちがごく自然に感じとるイメージの動きがある。そのダイナミズムを探ろうとする試み、空間意識の研究が、M・グリュンワルドによってまとめられた↓⑫。（↓★3）

●一枚の白い紙。A4サイズほどの紙のひろがりが、それ自身でごく自然に意味を紡ぎだし、身体感覚をも投影する…ということを明かそうとする。

たとえばA4サイズの白い紙に、一本の長い水平線を鉛筆で引いたとする。多くの人はこの水平線を見て、たとえば時間の流れを感じとることができるだろう。向かって左側を過去とし、右側に未来を見とる動きである。今日の統計グラフの多くのものは、ごく自然に、このイメージに従って提示される。白い紙に一本の垂直線を引けば、上端はいうまでもなく天であり、下端は地だと感じられる。線の上端に近づくほどに精神的な高みが連想され、下端に向かうと重く淀むもの、物質的なもの、無意識の領域などを感じとる。

★3—C・コッホ『バウム・テスト—樹木画による人格診断法』林勝造＝訳、日本文化科学社、一九七〇年。

⑫—グリュンワルドによる「空間図式」。紙面のひろがりが、人間の身体意識を映しだす。

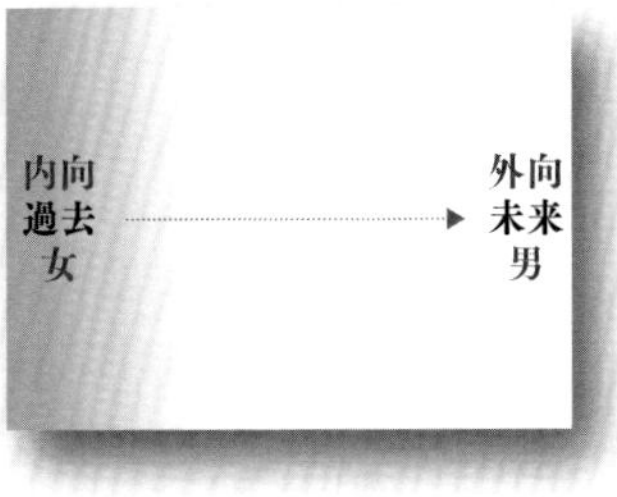
内向
過去
女
外向
未来
男

受動
消極的
積極的
能動

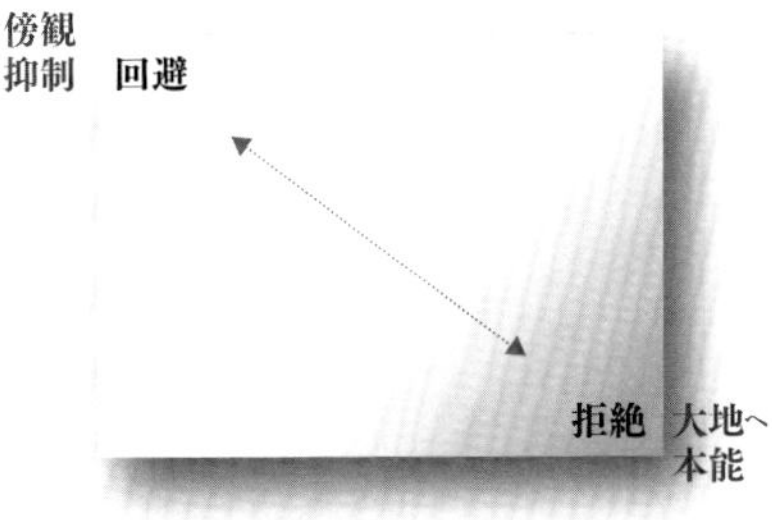
傍観
抑制
回避
拒絶
大地へ
本能

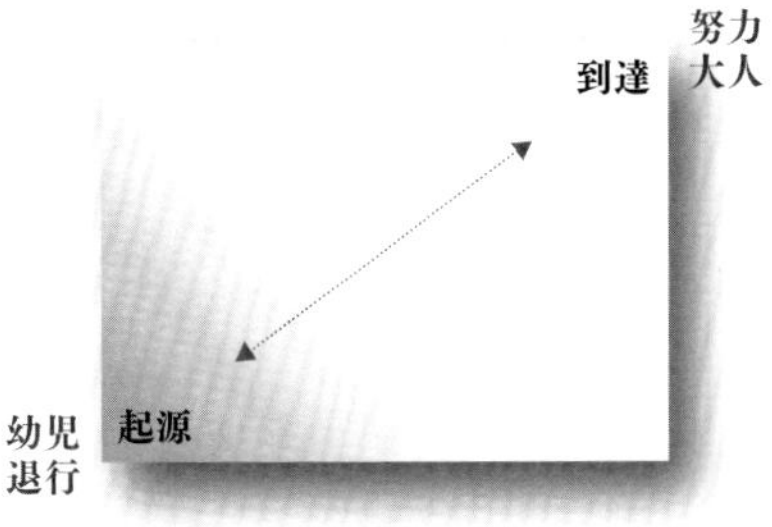
努力
大人
到達
幼児
退行
起源

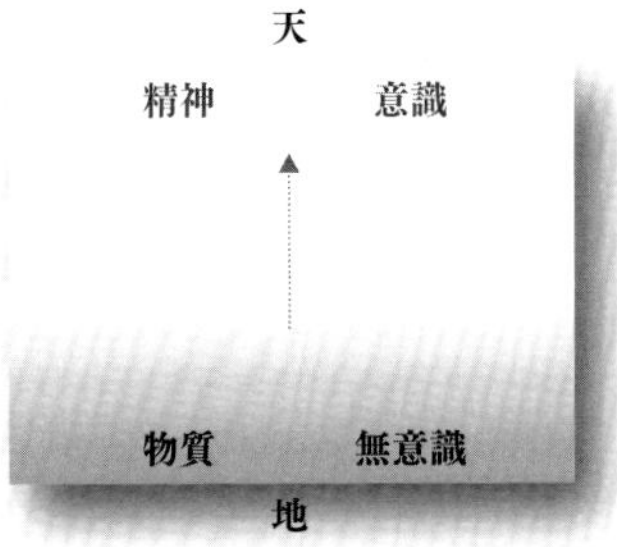
天
精神
意識
物質
無意識
地

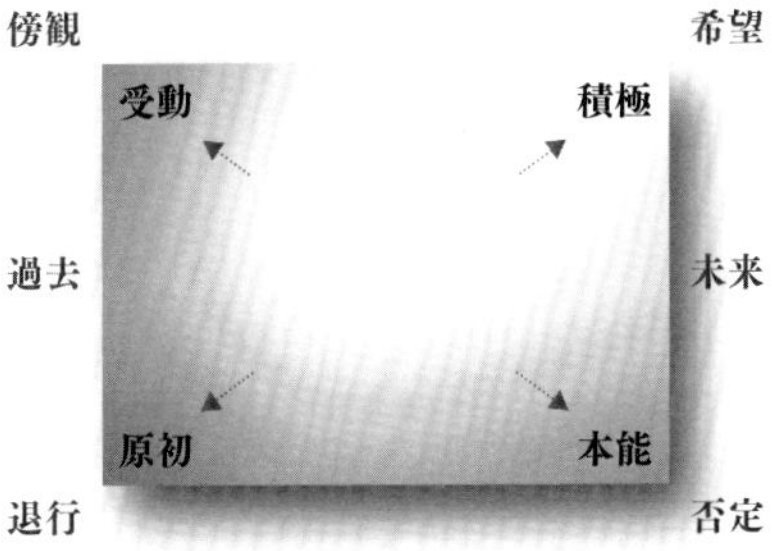
傍観
希望
受動
積極
過去
未来
原初
本能
退行
否定

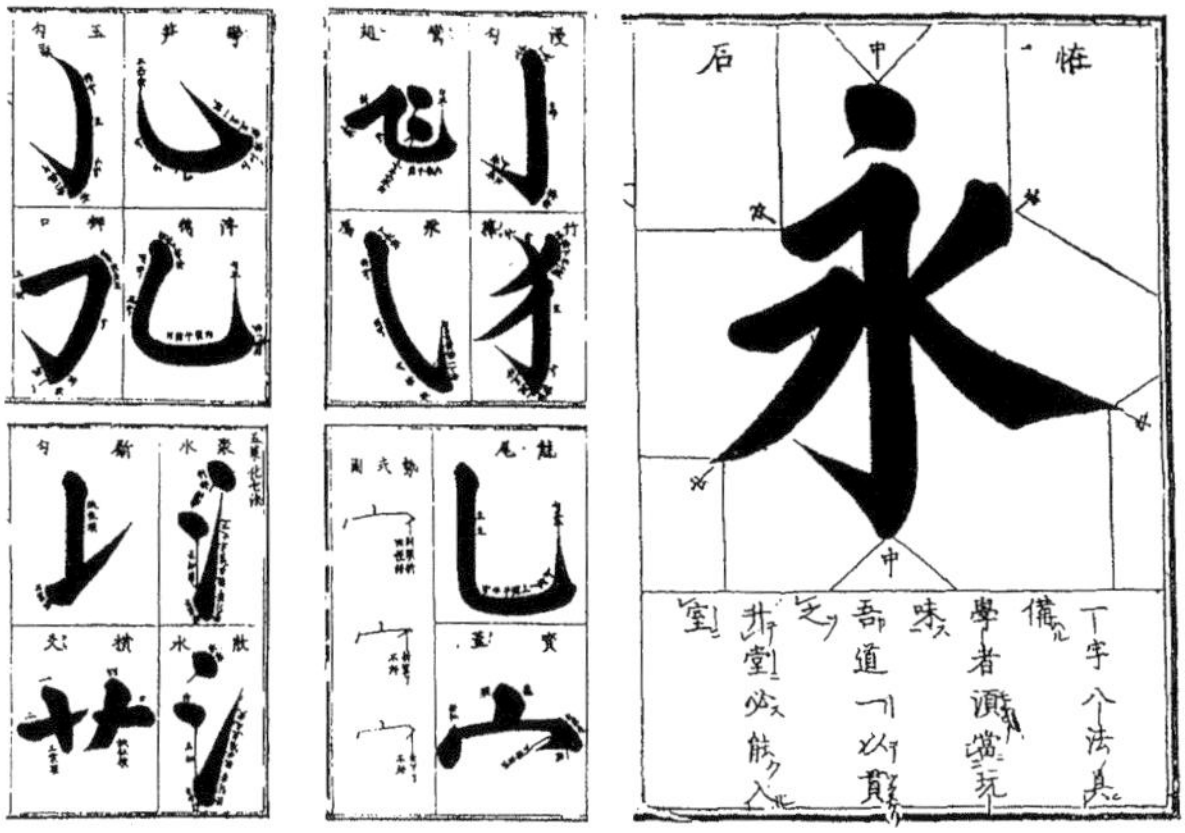

◉このように、空間それ自身が包みこみ、それ自身が意味を紡ぐイメージの偏りに聴き耳を立てたグリュンワルドは、紙面の白い空間のひろがりを大きな四つのゾーンに分けている。右上、右下、左上、左下…、それぞれのエリアが、かなり明瞭な象徴性を語りだすことを見いだしたからである。

◉右から左への水平軸は、左側の内向性に右側の外向性を対比させた軸となる。紙面の右半分が父性的・男性的なものへと傾き、左半分は母性的・女性的なものが支配している。過去と未来と、内向的と外向的と、母性的と父性的と…。右手側は能動的で、左手側は反対の受動的。上に向かう動きは積極的で、下へ沈むと退行的になる。白い紙面が誘いだすこのような意識のうつろいは、ごく自然に納得できるものではないだろうか。

◉この結果を白い紙面のひろがりに記してみると、直立する人の姿、人間の存在意識というものが、見事に映しだされているかのように感じられる。

⑬——漢字の書法を記す。江戸末期の『内閣秘傳字府』より。漢字の字配り、点・画の傾きに、手の動きとの深い関係が読みとれる。

「永字八法」に、書法の核が集約される……

◉紙面のひろがりに書き記す線。無意識に記す一本の線も、知らずしらずのうちに空間性・身体機能との深い関わりをもつ。たとえば、文字を書く指と筆。普通は、親指と人差し指、中指を近づけ筆を持つ。書字の際に動かすものは、指の関節、手首の関節、さらに肘であり、肩である。腕全体の複合運動によって、たて棒、よこ棒、文字の回転、端末のはね…などという、さまざまな字画の集合体としての合成文字を書き記す。「永字八法」といわれるものが、漢字の書法の基本をなす↓⑬⑭。

◉「永字八法」。楷書の書体を構成する一点一画が、「永」という一文字に凝集していることに気付いた中国の書家たちが、多くの文人たちの模索を集約して、書法の核となるものを、八つの運筆法にまとめあげた。楷書の様式が定着した、唐の時代に敷衍したといわれている。

唐　王陽明
九成宮碑

唐　孔子廟堂碑

晉　王羲之
蘭亭序

北魏
元洛神墓誌

北魏
吐谷渾璞墓誌

東魏　敬史君碑

唐　李勣碑

唐　温泉銘

◉「永」の文字は、まず、頂上の一点を印すことで書きはじめられる。

「側（そく）」と呼ばれるこの点は、その名のごとく、左上から右下へ、45度ほど「側

⑭—水流の合流するところ、あるいは水勢が盛んなさまを象形する「永」の古字と、中国の書家たちが技をふるった「永」字のさまざま。『書道大辞典』角川書店による。

（かたむ）く」角度で打ちこまれる。漢字の字形に多用される点、傾く一点は、多くの場合、この「側」の形で記される。

次は、水平の、やや右上がりに引かれる短い横棒で、「勒（ろく）」。勒は「勒（おさえ）る」ことを意味し、その右上がりの筆勢を短くおさえ、素早く垂直の棒「弩（ど）」へと筆先を移す。弩はその字が示すように、「強靭な弩（ゆみ）」を張るかのように、天―地を貫く力をこめた垂直棒として書き記す。だが縦棒の下端が地についた瞬間、筆先を「趯（てき）」としてはねあげる。趯とは、「趯（おど）る」ようにはねることを意味している。

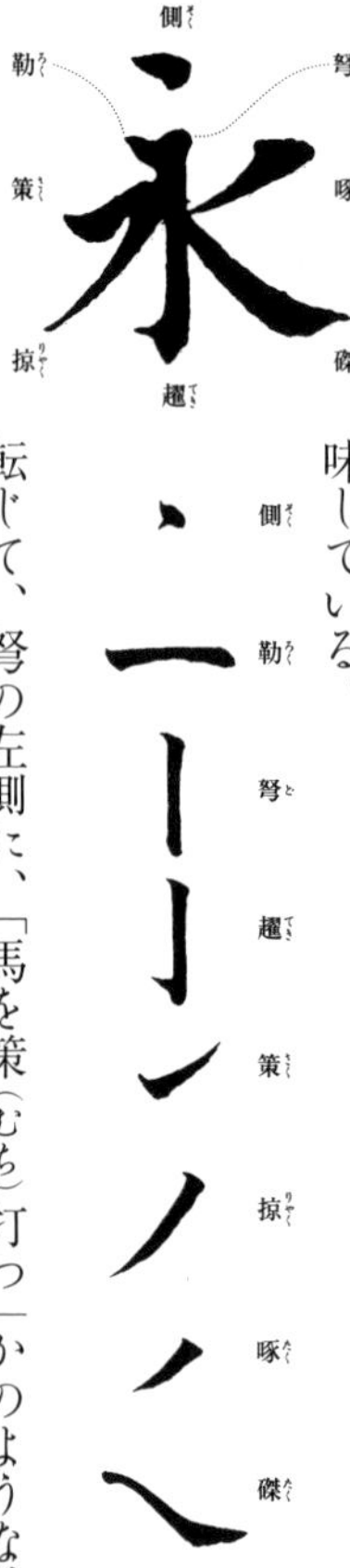

転じて、弩の左側に、「馬を策（むち）打つ」かのような勢いをこめて仰横画「策（さく）」を記し、次いで長髪を「掠（かすめ）る」かのように梳《くしけず》る「掠（りゃく）」の素早い動きで、右上から左下へと振りおろす。

最後に、右側の上方から左に向けて、米を「啄（ついば）む」鳥のくちばしの動きに似た「啄（たく）」の筆勢を入れ、その動きを受けて左から右下に45度の角度で伸びる「磔（たく）」の一画で締めくくる。磔の動きは、あたかも、肉を「裂（さ）く」に似る…と説かれている。

こうした動き、一点一画を特徴づける八つの動きとその意味を織りあげて、「永」の一文字が均衡を保ち、生命をえて形づくられる。

腕の構造や、筋肉の複合運動が引きおこす、文字の偏り…

◉小さな文字を紙に記す場合には、指先と手首だけが微かに動く。

複雑な文字、大きな文字を書くときには、指をふくむ幾つもの部位を連動させ、ときに身体全体を動かして、黒々とした一文字が生まれでることになる。

冒頭でみた身体の内部協働が深部で働き、記憶に蓄えられた身体感覚が投影されて、複合的なイメージをもつ書字の字形が誕生する。

◉ところで、筆を握り書字運動をはじめるときに、人間の腕の構造や腕の運動が引き起こす「ある偏り」が、筆跡に生まれでるといわれている。

このことを示す一つの図形を次ページに掲げてみよう↓⑮。（↓★4）

この円形の図は、筆を持つ右手の肘と手首を支点にし、いろいろな角度に向けて一センチの長さの線を書くように書き手に指示をあたえ、その書字速度を計測したものである。

◉実線に囲まれ、斜めに左傾して上下に伸びる角度は「動きが遅い方向」を示し、狭まる角度ほど、「速く動きうる」方向であることを示している。

★4—橘覚勝『手—その知恵と性格』誠信書房、一九七六年。

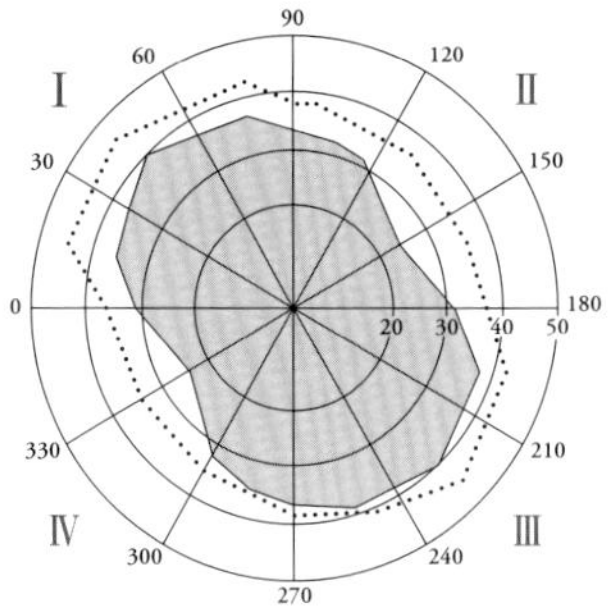

⑮——右手の腕、右手の指の運動の方向と、その速さ。30°—210°方向が最も速く、120°—300°方向が最も手を動かしにくい角度であることが読みとれる。

反時計廻りに、小判型に三十度ほどから四十五度傾く形。素早く線が書けるのは、右廻りの三十度と二百十度を結ぶ方向。素早く書けない角度は、右傾した百二十度と三百度を結ぶ軸だということが読みとれる。

ほぼ三十度の角度で左に傾き、直交する「動きやすさ」「動きにくさの軸」が現れて、二つの速度差が約二倍ほどになることがわかるだろう。

◉この図を見ると、「水平線よりも少し右上に傾く線」、逆に見れば、右上から左下に打ちおろす線が、肘と手首の動きに乗せて生まれやすく、「左上反時計廻り三十度から右下へと引き降ろす線」が最も書きにくい…と考えられるのではないだろうか。

人間に内在する書字機能に、このような偏りが検出されているのである。

◉ここに、楷書の筆法、漢字の構築法の規範を生み出したとされる唐代の書家・歐陽詢の手になる「永」字の構築法を分析した図があるので、それを隣りに並べてみよう。日本の現代書家の共同研究によるものである。(↓★5)

古来から「楷書の極則」とも呼ばれた「九成宮醸泉銘」の碑文。歐陽詢の手になる理知的で整然とした点画の構築体が、理想の楷書体を形づくる…といわれている。

◉ここに並べた「永」「新」「越」も、この碑文に記された代表的な書字である。その一点一画の動きに眼をこらすと、「新」では二十度右上

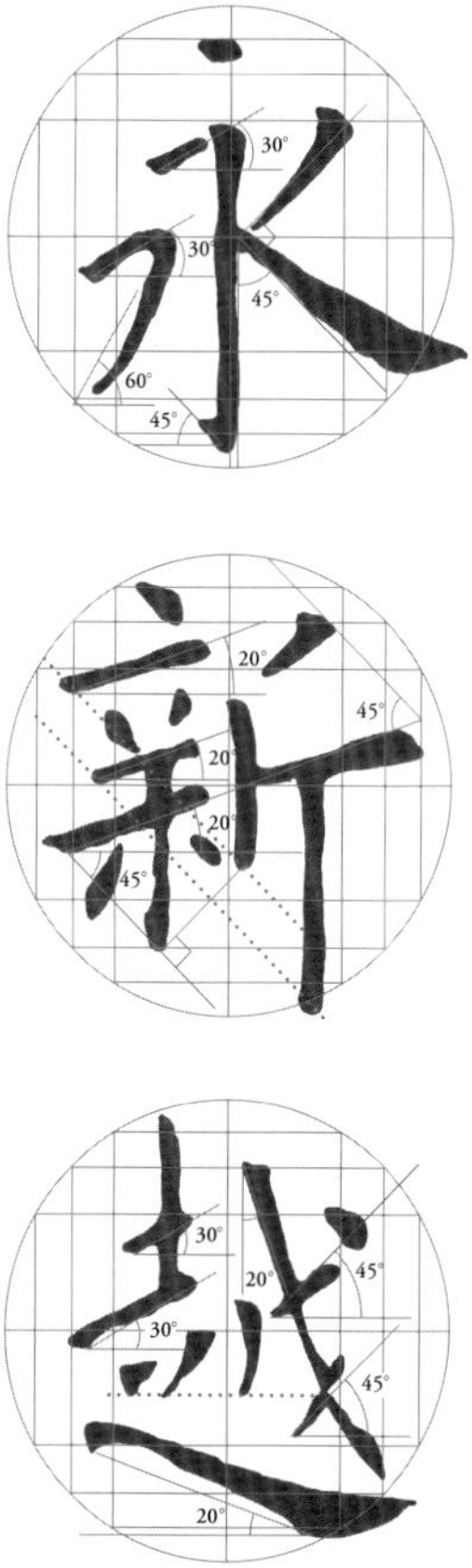

がりの勒《ろく》の動きが多用され、「永」や「越」ではそれが三十度へと上昇して筆勢を昂めている。

一方、啄《たく》の画は四十五度右上から勢いよく打ちこまれ、右上がりに傾く字形にさらなる活力をあたえている。さらに「永」の右下に力強く伸びる磔《たく》の動きや、「越」の磔、辶（しんにゅう）の動きは、手指を動かしにくい角度である左上から右下に向って伸びだして、筆勢の止めを形づくる。

◉多くの漢字は左上端から書き始められ、右下隅で止筆する。

書き始めには、手指を動かしやすい勒《ろく》や策《さく》の動きが、一方の止筆には、手指が動きにくい磔の動きが潜んでいる。さらに、漢字に多用される縦棒、天から地へと垂直に引かれる弩《ど》の動きも、手指が動かしにくい角度である。

字形にこめられた筆の勢いと書字運動の偏りが協調しあい、ときに逆らいあって、一つの文字が力強く形をととのえ、書きあげられる。

★5―岡本光平ほか
中央美術学園
書道造形科・編『美しき書のモデュールたち』
中央美術学園出版局、
一九八八年。

「動きの複合体」、「気の流れの同調」が漢字の形を整える…

◉この章では、これまでに、身体に刻みこまれた運動記憶が、共感や感動を呼び覚ますという「内部協働」の現象…空中で指先を動かし、手の運動の記憶を追試して文字の形を呼び覚まそうとする「空書」の行為…、脳(側頭葉)の視覚野と聴覚野という二つの部位を結ぶ角回の働き…など、身体の動きと文字の関係、とりわけ、「身体内部に蓄積された運動記憶」が果たす書字活動や文字記憶に結びつく、幾つかの研究事例を併記してみた。

さらに、漢字の字形を形づくる一点一画の書法のなかに、腕や指の動かしやすさという運動記憶に重なりあうものがあるのではないか…と考えられる、身体運動とのかかわりへの推論を取りだしてみた。

◉こうした事象を重ねあわせると、文字を見、文字を憶え、文字を記す…という行為——人間と文字のかかわりが、外部に現れる書字行為ばかりでなく、身体という生命体の内部に刻みこまれたさまざま事象との深い協働関係に支えられたものであること。「内部協働」の集合体としての書字行動であることが、予感されるのではないだろうか。

◉中国の子供たちは、大声を出しながら、ノートの上に同じ漢字を繰りかえし繰りかえし書き記す。三十年以上前の訪中時に私が見た、忘れがたい光景である。

声を出し、手を動かし、書字作業を懸命に繰りかえして、瞬く間にノートの数ページを漢字の列で埋めつくす。

腕や指先を構成する筋肉の繊細な協働作業。さらに、胸や背を構成する身体各部の身じろぎ。声帯の振動や肺の呼吸作用も加わっている。こうした動きの複合体としての文字が生き生きと形を整え、筆跡となって紙の上に記録される。

◉簡潔な記号素による、書きやすく憶えやすいアルファベットとは比較にならぬ画数の多さと、重層的な構造をもつ漢字という文字体系。その形態の複雑さ、書き順の多様さは、より深く、脳をふくむ身体の内部運動と結びあい、響きあうことが予想される。

「漢字のカタチ」。それは単に、紙の上に記された一点一画が形づくるものではない。

太極拳のしなやかな動き(第2章、074ページ)を思い出すまでもなく、漢字の字形は、身体の動きに支えられて形づくられ、大自然に充満する「気の流れ」にも深く同調して形づくられるものでもあったのだ。

月刊『ひと』234号(太郎次郎社/一九九二年六月)

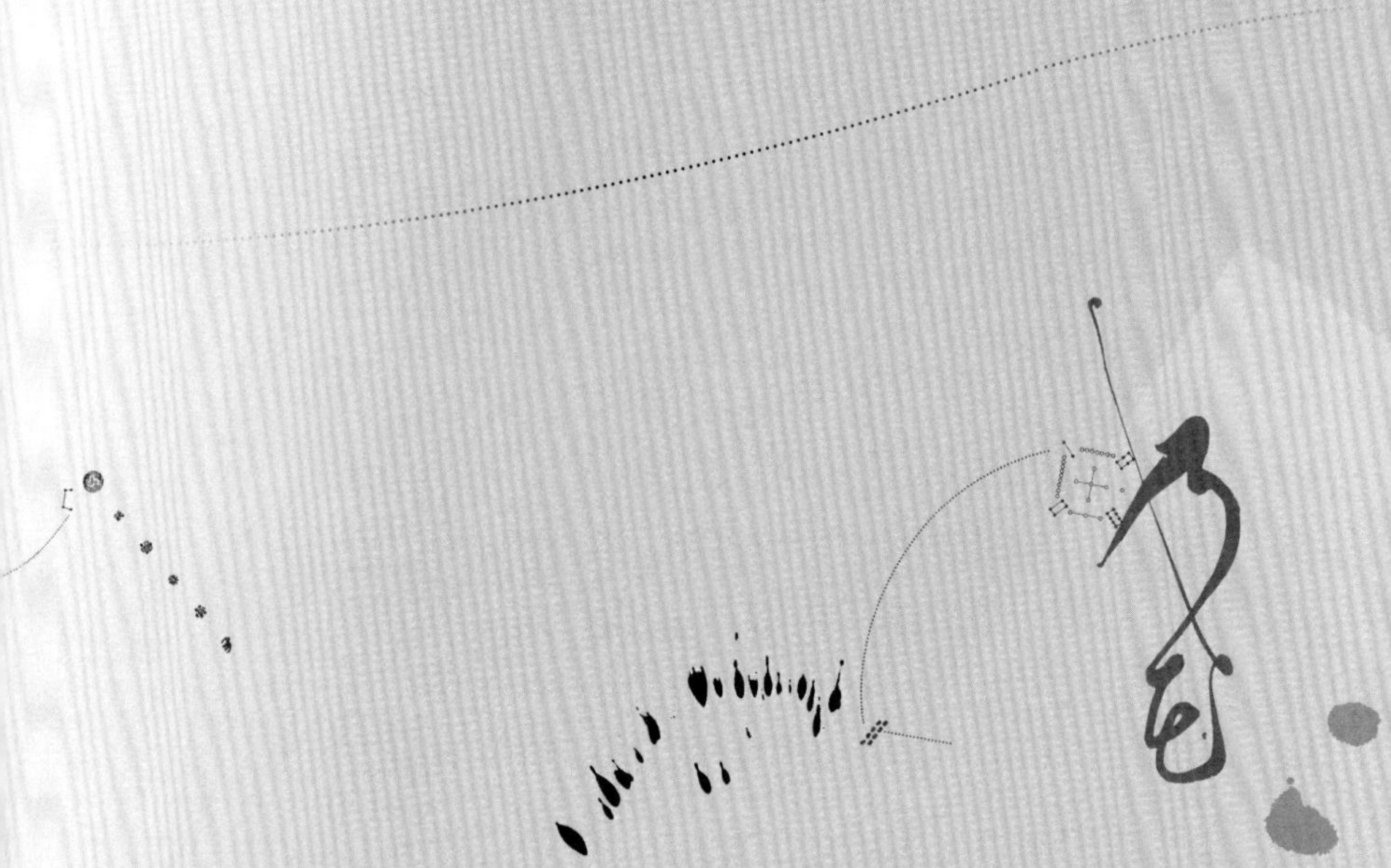

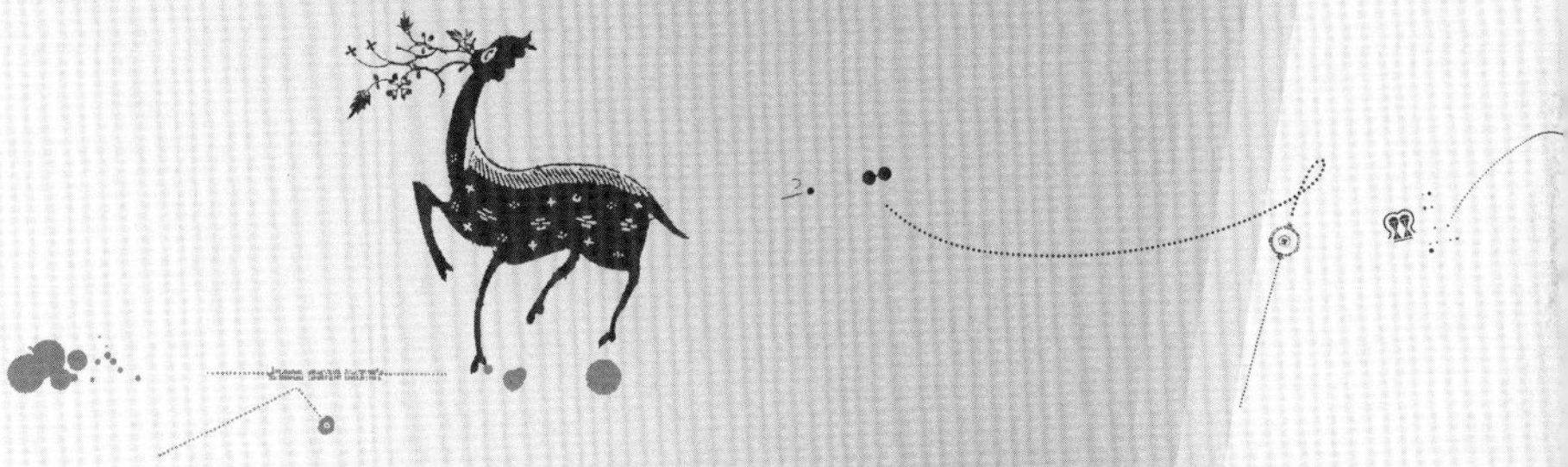

【初出一覧】

【はじめに】

◉**文字の生息圏を歩く**——『文字の宇宙』写研　一九八五年

【1】

◉**「文字」を巡って**——**松岡正剛さんとの対話**——『武蔵野美術』No.113夏号　武蔵野美術大学出版局
一九九九年

【2】

◉**人間・線・音のつながり**——**漢字のカタチ①**——月刊『ひと』224号　太郎次郎社　一九九一年八月

◉**森羅万象のざわめきを映す**——**漢字のカタチ②**——月刊『ひと』225号　太郎次郎社　一九九一年九月

【3】

◉**方形の大地に根をのばす**——**漢字のカタチ③**——月刊『ひと』226号　太郎次郎社　一九九一年十月

◉**印す文字、祀る文字、奏でる文字**——**漢字のカタチ④**——月刊『ひと』228号　太郎次郎社
一九九一年十二月

【4】

◉木の音、本の響き——『土星紀』0101　標本箱044　工作舎　一九九一年四月

◉文字の海、魚が吐く——原稿用紙の謎①——『土星紀』0104　標本箱046　工作舎　一九九一年七月

◉マカラの渦、豊穣の海——原稿用紙の謎②——『土星紀』工作舎0106　標本箱048　工作舎　一九九一年九月

◉うねり・波うつ宇宙山——山文字の謎①——『土星紀』0110　標本箱052　工作舎　一九九二年三月

◉産まれ・増殖する「三つ山」の気——山文字の謎②——『土星紀』0112　標本箱054　工作舎　一九九二年七月

◉「手」文字の象《カタチ》——『土星紀』0118　標本箱059　工作舎　一九九三年九月

◉日・月、両眼の輝き——『土星紀』0116　標本箱058　工作舎　一九九三年四月

◉「壽」「福」融合——『土星紀』工作舎0121　標本箱061　工作舎　一九九四年三月

【5】

◉壽字爛漫、変幻する文字——漢字のカタチ⑤——月刊『ひと』232号　太郎次郎社　一九九二年四月

◉壽字爛漫、森羅万象と照応する——漢字のカタチ⑥——月刊『ひと』233号　太郎次郎社　一九九二年五月

◉漢字の形…、身体の記憶とむすびつく——漢字のカタチ⑦——月刊『ひと』234号　太郎次郎社　一九九二年六月

あとがき

◉「杉浦康平デザインの言葉」シリーズの第三巻は、三つの異なる文字論・文字談義を集め、編集している。いずれもが古代中国で生みだされ、東アジア文化圏形成の礎《いしずえ》となった漢字文化に焦点をあてたものである。

◉第一のものは、畏友、松岡正剛氏との文字問答で、対談として掲載されたもの（本書1章）。

第二のもの、この本の大半を占め文字論の核をなすテキストは、教育雑誌『ひと』（太郎次郎社）に七回にわたり掲載されたもの（本書2・3・5章）。

第三のもの、第二部の中間に挿入された小文の連なりは、工作舎が単行本に挟みこむブックレットに掲載したもので、漢字が包みこむ多面的な生態圏、意外性にあふれた漢字の存在を探索している（本書4章）。

◉いずれもが、古代から日本文化の基層部に浸透し、日本文化の精神構造に血脈を通わせ、骨格を形づくるための重要な役割を果たした漢字文化の功績をデザイナーの視点でとらえ、造形的特質に力点を置いて考察する試みである。漢字の魅力にとりつかれ、その新たな可能性の探索に日々取り組みながら考え、実践しつづけた文字論である。

◉中国の太極拳の動きに、書字運動の起点を見る…という話題で始まる第2章以下の「漢字論」は、一九九一年、七回にわたり『ひと』という教育問題提言誌に掲載されたもの。

『ひと』の名編集長だった浅川満さん（故人）と北山理子さんが聞き役としてうなずいてくださるのに力をえて、自由に話題を展開したものである。今回の収録に当たり、本文や図版選択に大幅な手入れを重ねている。

◉「とりあえず一回で…」という、未知への旅立ちのように始まったインタビュー。だが、毎回積み残した話題があり、それを追って語り進むうちに、七回もの構成へと増殖してしまった。今から二十年前、仕事に大学に、超多忙な日々の隙間を縫ってよく調べ、考えつづけてきたものだ…と、文字論に入れあげていた頃がなつかしくよみがえる。

この論考の全体は、「漢字という生きもの」——ざわめき、複合化へと増殖しつづけ、霊力を放射し、さまざまな姿・形で東洋の宇宙観と照応し、身体論にもかかわりをもつ——の面白さに触発された、起承転結になっている。学問的な文字論には程遠いが、デザイナーとして漢字を扱い、文字と対話しつづけた「日々の息づかいに触発された文字論」として読んでいただければ幸いである。

◉こうした漢字探究の背景には、孤高の文字学者・白川静先生の透徹した漢字論の教えがあり、『字統』をはじめとする深遠な研究遺産に学びつづけることができたこと（杉浦「世界模型としての複合文字」、『白川静読本』所収　平凡社刊2010）。さらに一九七四年以降、私自身も「文字の生態圏」と名付けたアジア文字の面白さを探る旅を続けていたこと。その成果は三十四年におよぶ写研のカレンダー製作や、それを集大成した『文字の宇宙』、『文字の祝祭』（ともに株式会社写研刊1985,1995）、あるいは『文字の美・文字の力』（誠文堂新光社刊2008）と題した書物に結晶している。

もう一つ、編集者の浅川さんも、小学生を対象とした『漢字がたのしくなる本』（ワーク全六冊、太郎次郎社刊）というユニークなシリーズの完成直後という事情も絡んでいる。漢字の力を学びとり、漢字の心とともに生きてきた人びとの気概に触発されて紡ぎだした、漢字論であったのだ。

◉松岡さんとの対談は、一九九九年に収録された。松岡さんが編集長となってまとめられたカタログ『日本のタイポグラフィックデザイン1925-95』（銀座グラフィックギャラリーで開催）の完成に重なることもあって、松岡さんの多彩な文字観——古今東西の文字史に通暁し、文字論、コミュニケーション論などにも眼をとどかせる——と、話題の展開力に刺激されて、跳躍的な文字談義が生まれている。

◉いま、改めて読み返すと、七〇年代初期、『遊』の時代に二人で毎晩のように交わした深夜電話トークの熱気が思い出される。

他者がつぶやく何気ない言葉の核をとらえ、一瞬にして磨きをかけイメージの気泡で包み、次の話題へと織りあげてゆく。松岡さんのいつもながらの発想力・誘導力に導かれ、私のイメージも際限なくひろがってゆく。光速で文字世界を駆け抜けるような、爽快感に満ちた対談になった。

◉短い文字認識の集積となった第4章は、工作舎の月報パンフレット「土星紀」に連載したものだ。割付用紙に印された一つの標《しるし》と大屋根の棟飾りの関係。寿司屋のスノコと古代書物、神に捧げる打音の関係…など。

◉同じような発想による文字談義に、雑誌『書道研究』連載の「文字の霊力」シリーズ(1987-90)がある。今回はページ数の関係で収録できなかったが、レイアウトにも気を配った二ページ見開きエッセイの集積である。二十数回におよぶ連載なので、何かの折に目を通していただければ幸いである。

◉今回も編集の田辺澄江さんには一方ならぬお世話になった。既発表の文章を集めたものなのだが、入念な見直しを繰り返し、図版もより適切なものに差し替えないと気がすまず、時間ばかりかかって多大なご迷惑をおかけした。私の我儘に辛抱強くお付き合いくださり、的確な助言の数々を頂いたことに、また工作舎スタッフの熱い友情と支援にも深い感謝を捧げたい。

二〇一四年七月　杉浦康平

杉浦康平〔すぎうら・こうへい〕

●一九三二年、東京生まれ。東京芸術大学建築学科卒。グラフィックデザイナー。現在、神戸芸術工科大学名誉教授、同大のアジアンデザイン研究所所長をつとめ、アジア各国のデザイナーたちとの交流を図る。当研究所主催の国際シンポジウムが『動く山・アジアの山車―この世とあの世を結ぶもの―』（左右社）となって二〇一二年に出版された。二〇一四年には、ダイアグラムと時間の全貌に迫る『空間のシワ・時間のヒダ』（鹿島出版会）をまとめる。

●主著に「杉浦康平デザインの言葉」シリーズ『多主語的なアジア』『アジアの音・光・夢幻』（工作舎）『文字の美・文字の力』（誠文堂新光社）、『アジアの本・文字・デザイン』（DNPアートコミュニケーションズ）、『宇宙を叩く』（工作舎）、『宇宙を呑む』（講談社）、『かたち誕生』（NHK出版）、作品集『脈動する本　デザインの手法と哲学』（武蔵野美術大学　美術館・図書館）、『疾風迅雷　雑誌デザインの半世紀』（DNPアートコミュニケーションズ）、編著書に『ヴィジュアル・コミュニケーション』（講談社）、『文字の宇宙』『文字の祝祭』（以上、写研）ほか多数。

文字《もじ》の靈力《れいりき》——杉浦康平デザインの言葉

●著者＝杉浦康平
●発行日＝二〇一四年九月二〇日
●アートディレクション＝杉浦康平
●エディトリアル・デザイン＝新保韻香＋宮城安総＋小倉佐知子
●編集＝田辺澄江
●印刷・製本＝三美印刷株式会社
●発行者＝十川治江　●発行＝工作舎（editorial corporation for human becoming）
〒一六九-〇〇七二　東京都新宿区大久保二-四-一二新宿ラムダックスビル12F　電話＝〈〇三〉五一五五-八九四〇
URL http://www.kousakusha.co.jp　E-mail saturn@kousakusha.co.jp
ISBN978-4-87502-459-0